Stettiner
Koch-Buch.

Anweisung
auf eine
feine und schmackhafte Art
zu kochen, zu backen und einzumachen.

Nach durch fünfzigjährige eigene Erfahrung
bewährten Recepten bearbeitet
von
Marie Rosnack.

Fünfte, verbesserte und vermehrte Auflage.

Mit einem Anhange,
enthaltend Speisen und Getränke für Kranke und Genesende.

Stettin, 1845.
Nicolai'sche Buch- und Papierhandlung.
(C. F. Gutberlet.)

Das Gastmahl wie es sein soll.

Viele Schüsseln machen das Gastmahl nicht,
Wenige, aber conform zugericht,
Wirth und Wirthin, ein freundliches Gesicht,
Gäste, denen es an Witz nicht gebricht,
Lauter gute Weine, gut zugepicht,
In Körben sortenweise aufgeschicht
Und prompte Bedienung, die wenig spricht:
In dieser Art sauber den Tisch gedeckt,
Macht, daß man alle Finger darnach leckt.

Lact. Lanthani.

Vorwort

zur fünften Auflage.

Wir übergeben hiermit dem Publicum die fünfte Auflage dieses Kochbuchs, dessen wiederum neues Erscheinen wohl hinlänglich für den Werth des Inhaltes bürgt. Diese Auflage, welche durch viele neue, durchaus gute Recepte vermehrt worden ist, bleibt im Allgemeinen den vorigen gleich. — Auch haben wir dieser wieder eine Auswahl von Recepten zu Speisen und Getränken für Kranke und Genesende, von einem tüchtigen Arzte durchgesehen, angehängt.

Erste Abtheilung.

Verschiedene Suppen und Klöße.

1. Schaumsuppe.

Nimm einen großen Topf, schlage 16 frische Eier hinein, schlage sie mit einer Schaumruthe von geschälten Reisern (welche man beim Korbmacher bekömmt) so lange, bis sich das Gelbe und Weiße vereiniget hat, gieße alsdann ¾ Quart guten Franzwein und ¼ Quart Wasser dazu, reibe eine gute Citrone auf Zucker ab und thue das Abgeriebene mit einem Messer in den Topf und dann so viel abgeriebenen Zucker dazu, als man für nöthig erachtet. Der Saft von der Citrone wird auch dazu genommen, doch ohne Kerne; — ist die Citrone nicht saftreich, so muß man 2 nehmen. Der Topf wird ans Feuer gestellt, um denselben herum starkes Kohlenfeuer gemacht, und mit der Schaumruthe die erwähnte darin befindliche Masse immer geschlagen, ohne anzuhalten; sie muß scharf heiß sein, darf aber nicht kochen. Sobald sie anfängt zu steigen, kann man mit einem Löffel davon etwas zum Versuch auf einen Teller schöpfen. Wenn der Schaum stehen bleibt, und kein Flüssiges mehr darunter sich zeigt, ist es gut — entgegengesetzten Falls muß es noch beim Feuer bleiben, bis es lauter Schaum ist. — Es muß aber sogleich aus dem Topfe in das Geschirr gethan werden, in welchem es auf die Tafel kommen soll. — Man kann auch eine große, tiefe, verzinnte Kasserolle statt des großen Topfes nehmen.

2. Chocoladen-Suppe mit Milch.

Nimm ein Quart guter Milch, setze sie ans Feuer, und wenn sie kocht, schütte 8 Loth geriebene gute Chocolade dazu, lasse sie einmal aufkochen, und quirle zugleich das Gelbe von 4 Eiern mit einem Tassenkopfe voll kalter Milch. Hiernächst wird dies zu der kochenden Chocolade gequirlt und dann diese noch ein wenig auf das Feuer gestellt, auch wenn es nöthig ist, noch etwas Zucker dazu gethan und endlich in ein Geschirr gegossen, in welchem sie auf den Tisch kommt. — Will man sie mit Schaum haben, so schlägt man das Weiße von jenen Eiern zu Schaum, setzt eine Kasserolle mit Wasser auf das Feuer, nimmt sie vom Feuer, wenn das Wasser kocht, legt den Schaum darauf und deckt sogleich einen Deckel darüber; alsdann ist der Schaum gleich gahr. Man legt ihn mit einem Schaumlöffel in einen Durchschlag, daß er ein wenig abläuft und breitet ihn über die Suppe; doch muß jene Zubereitung geschehen, ehe die Chocoladensuppe bereitet wird, auch muß man noch von 4 Eiern das Weiße zu dem Schaume nehmen, sonst wird es zu wenig.

3. Chocolade mit Wasser.

Nimm 1 Quart Wasser, setze es auf das Feuer und wenn es kocht, schütte 8 Loth geriebene Chocolade, etwas gestoßenen Zimmet, 3 gestoßene Gewürznäglein und so viel Zucker dazu, daß es die gehörige Süße bekömmt; dann wird das Gelbe von 4 Eiern in einem halben Tassenkopf voll kalten Wassers recht gut gequirlt und die Chocolade damit abgerührt.

4. Milchsuppe auf Chocoladenart.

Es wird 1 Quart Milch mit einer Stange Vanille aufgekocht; man macht etwas Mehl in Butter gut braun, gießt die kochende Milch mit 4 Loth Zucker und etwas gestoßenem Zimmet dazu, läßt dieses wieder aufkochen, rührt diese Suppe mit dem Gelben von 3 Eiern ab, und thut geröstetes Franzbrod dazu. Mann kann auch das Mehl ohne Butter in einem irdenen Tiegel bei gelindem Kohlenfeuer trocken rösten.

Marie Rosnack

Stettiner Kochbuch

REPRINT – VERLAG
LEIPZIG

Die zum Teil geminderte Druckqualität ist auf den
Erhaltungszustand der Originalvorlage zurückzuführen.

Bibliografische Information Der Deutschen Bibliothek
Die Deutsche Bibliothek verzeichnet diese Publikation in der Deutschen Nationalbibliografie; detaillierte bibliografische Daten sind im Internet über http://dnb.ddb.de abrufbar.

Volker Hennig, Goseberg 22–24, 37603 Holzminden
www.reprint-verlag-leipzig.de
ISBN 978-3-8262-1808-6

3. erweiterte Reprintauflage der Originalausgabe von 1845
nach dem Exemplar des Verlagsarchives

Lektorat: Andreas Bäslack, Leipzig
Gesamtherstellung: Westermann Druck Zwickau GmbH

5. Brauner Sago mit Wein.

Man nehme Sago, reinige und wasche ihn mit kaltem Wasser, schütte ihn in eine verzinnte Kasserolle und gieße kaltes Wasser darauf. Man lasse ihn einmal aufkochen, nehme ihn alsdann vom Feuer, gieße etwas kaltes Wasser hinzu, gieße ihn in ein Haarsieb oder einen feinen Durchschlag, und spüle ihn mit kaltem Wasser so lange ab, bis kein Schleim mehr da ist. Der Sago muß klar sein, dann in einen passenden Topf gethan und kochendes Wasser darauf gegossen werden, in welchem er ans Feuer gestellt und weich gekocht wird, hierauf wird er in einen andern Topf gethan, und Medoc dazu gegossen. Zucker, Zimmet, Citronenscheiben, dies alles kann nach Geschmack hinzugefügt werden. — Wenn man es noch ein wenig kochen läßt, dann ist es gut. — Man kann auch statt des rothen Weins Franzwein nehmen.

6. Weißer Sago mit Franzwein.

Wasche den Sago mit kaltem Wasser, thue ihn in einen Topf, gieße kaltes Wasser darauf und laß ihn weich kochen; er muß aber öfters umgerührt werden, damit er nicht kloßig (klümprig) wird; alsdann wird er in einen Topf gethan, Wein, Zucker, Zimmet, Citronenscheiben, alles nach Geschmack beigefügt, und noch ein wenig gekocht, aber nicht lange, sonst verliert der Wein an Kraft.

7. Suppe von frischen Kirschen.

Nimm frische Kirschen, pflücke Sie von den Stengeln, wasche sie und nimm die Steine heraus, thue die Kirschen in einen Schmoortopf, gieße Wasser darauf, stelle sie zum Feuer und wenn sie kochen, so thue gleich Zucker und ganzen Zimmet, so viel wie nöthig ist, daran; zerrühre Stärke mit Wasser und gieße dies zu den Kirschen, wenn sie weich sind, damit die Masse etwas seimig werde; laß sie noch ein wenig kochen, dann richte sie an, und bringe sie kalt zu Tische. — Man kann auch von den ausgebrochenen Steinen die Kerne nehmen und zu der kalten Suppe thun.

8. Suppe von gebackenen Kirschen.

Man nehme gebackene Kirschen, wasche sie zweimal mit warmem Wasser, damit sie gut rein werden; stoße sie in einem Mörser, thue sie in einen Topf, gieße kaltes Wasser darauf, und lasse sie kochen. Wenn sie weich sind, so streiche man sie durch einen feinen Durchschlag in eine Schüssel, kläre sie ab, und thue sie wieder in einen Topf. Es bleiben noch immer kleine Steine auf dem Boden liegen: damit diese zurückbleiben, gieße man noch etwas Wasser dazu. Etwas Franzwein, Zimmet und Zucker wird nach Belieben hinzugethan und so angerichtet.

9. Feine Graupen mit Wein.

Nimm feine Graupen, thue sie in einen Topf und gieße kochendes Wasser darauf, stelle sie zum Feuer und laß sie 3 bis 4 Stunden kochen. Sie müssen recht weich sein, und auch räumlich kochen, wenn sie seimig sein sollen. Wenn sie eingekocht sind, muß immer wieder Wasser zugegossen werden, und wenn sie hinreichend weich sind, wird, nachdem sie in einen andern Topf gethan sind, Franzwein und Wasser dazu gegossen und ganzer Zimmet, etwas Citronenschale auch Citronenscheiben nach Geschmack, hinzugefügt. Laß das Ganze noch ein wenig kochen, und so es noch nicht seimig genug ist, quirle es mit Gelbem von Eiern ab.

10. Körbel-Suppe.

Man nehme Körbel, pflücke ihn von den Stengeln, wasche und drücke ihn mit den Händen gut aus, lege ihn auf ein reines Brett, und zerschneide ihn mit einem Wiegemesser recht fein, thue ihn alsdann in einen Topf, gieße kochendes Wasser darauf, thue Butter und Salz hinzu (man kann auch etwas Muskatenblumen nehmen) und wenn der Körbel gahr ist, rühre ihn mit Gelbem von Eiern ab, und richte die Suppe an.

11. Apfel-Suppe.

Nimm gute saure Aepfel, schäle sie ab, schneide sie in 4 Theile, schneide das Kernhaus heraus, thue die Aepfel in einen Topf, gieße Wasser darauf, stelle sie zum Feuer und lasse sie kochen, thue auch gleich etwas ganzen Zimmet daran und wenn die Aepfel weich sind, so streiche sie durch einen feinen Durchschlag, thue sie wieder in einen Topf, ein wenig guten Franzwein dazu, etwas Citronenschale und Zucker nach Geschmack, stelle sie wieder ans Feuer, laß sie noch ein wenig kochen, und richte dann an.

12. Grobe Brodsuppe.

Man schneide Brod in einen Topf, gieße Wasser darauf, stelle es zum Feuer, daß es kocht, stecke auch gleich etwas Zimmet hinein, und wenn das Brod weich ist, streiche es durch einen feinen Durchschlag, gieße es wieder in den Topf, gieße guten Franzwein hinzu, reibe eine Citrone auf Zucker ab, thue den Zucker mit der abgeriebenen Citrone zu der Suppe, drücke auch etwas Citronensäure und so viel Zucker dazu, daß die Suppe süß wird, stelle sie ans Feuer, lasse sie noch einmal aufkochen, und so richte sie an.

13. Mandelmilch.

Nimm 8 Loth süße und 1 Loth bittere Mandeln, gieße kochendes Wasser darauf, stelle sie mit dem Topfe noch ein wenig ans Feuer, doch so, daß sie nicht kochen und nur daß man die Mandeln aus den Hülsen nehmen kann, schütte sie in einen Durchschlag, hülse sie aus, wasche sie noch einmal mit kaltem Wasser und stoße sie recht fein in einem Mörser mit ein wenig Milch. Dann setze 1 Quart gute Milch in einer verzinnten Kasserolle auf das Feuer, thue gleich etwas Zucker und ganzen Zimmet, den man ein wenig zerbricht, dazu, lasse es etwas auf kleinem Feuer kochen, damit der Zimmet seinen Geschmack mittheile; dann thue die Mandeln dazu, lasse es noch einmal aufkochen, streiche es durch ein Haarsieb, wo kein Fett durchgegoßen ist, oder wenn das nicht ist, durch einen feinen Durchschlag, wobei man den Durchschlag in die Milch tauchen, und immer wieder durchstreichen muß. Die Mandeln müssen so fein zerstoßen werden, daß wenig davon zurückbleibt, alsdann muß man sie wieder in der Kasserolle noch einmal aufkochen lassen und mit Gelbem von vier Eiern, so vorher mit einem Tassenkopf voll Milch gut gequirlt worden, abziehen, wieder in die Kasserolle gießen und ein wenig auf Kohlenfeuer stellen, daß die Eier gahr werden. Damit es ja nicht gerinne, muß man es gut rühren. — Diese Suppe wird kalt gegessen; man kann sie auch nach Belieben trinken. Wenn man sie essen will, lege man Zuckerplätzchen darauf.

14. Wein-Kalteschale mit Reis.

Man vermische ¾ Quart weißen Wein mit ¼ Quart Wasser, thue dazu 1 Pfund Zucker, auf dem vorher eine halbe Citrone abgerieben, der Saft derselben ausgedrückt und dazu gethan ist. Es wird sodann ¼ Pfund Reis, welcher vorher gut gelesen und gereiniget ist, mit kaltem Wasser zum Feuer gebracht; sobald er gut aufgekocht, wird das Wasser abgegossen, damit er das Seimige verliert; alsdann wird er nochmals mit kaltem Wasser ein wenig auf- und eingekocht; jedoch darf er nicht gerührt werden, damit die Reiskörner ganz bleiben. Hierzu kommt nun ¼ Pfund kleine Rosinen, welche bisher gut gereiniget und mit kochendem Wasser abgebrüht sind. Der vorher erwähnte Wein wird darauf gegossen und in einer Terrine, nachdem der Reis vorher erkaltet ist, zur Tafel gebracht.

15. Gute Rindfleisch-Suppe.

Nimm eine gute Rinderbrust von 24 Pfund und ein Stück aus der Keule von 6 Pfund, (die vordersten Rippen von der Rinderbrust, welche vom Schlächter eingeknickt sind, werden herausgeschnitten, um bequemer zu kochen) lege die Brust eine Stunde lang in kaltes Wasser, wogegen das Fleisch aus der Keule nur abgewaschen und nicht gewässert wird; dann nimm ein passendes Geschirr, entweder einen guten verzinnten Schinkenkessel, oder einen hohen Topf, gieße Wasser auf das Fleisch, stelle es zum Feuer, schäume es gut, thue Salz daran, und lasse es kochen. Alsdann putze Wurzeln, welche man zu der Bouillon gebraucht, als Petersilienwurzeln, Sellerieknollen und Porree, auch einige gelbe Rüben — von den ersteren kann man ein ganz Theil nehmen, von 2 Sellerieknollen schneide das Auswendige ab. Alles wird ein wenig zerschnitten, gut gewaschen und etwas spät zu dem Fleisch gethan; es muß aber nicht lange kochen, der gute Geschmack verkocht sich sonst. Lorbeerblätter und englisch Gewürz muß gar nicht dazu kommen, das giebt der Bouillon einen schlechten Geschmack. Die abgeschälten Sellerieknollen, von denen jedoch nur das Inwendige da ist, schneide in feine Scheiben, 2 gute Petersilienwurzeln schneide ebenfalls in feine längliche Streifen, auch etwas fein Geschnittenes von dem gelben Borree, gieße Bouillon auf, stelle es zum Feuer und lasse es weich kochen. Wenn das Fleisch weich und durch ein Suppensieb gegossen ist, dann nimm das überflüssige Fett ab, lasse die Bouillon ein wenig stehen und kläre sie alsdann in den Topf, in welchem sie bereitet werden soll. Der Satz von unten muß nicht dazu kommen, denn alle Bouillon hat noch Satz, und so muß man sie auch immer stehen lassen, wenn man sie auch schon durchgegossen hat, damit sie sich erst setzet und recht klar wird. Dann stelle sie zum Feuer, und wenn sie kocht, thue in Butter geschwitztes Mehl, so viel wie nöthig ist, und ein wenig feine Sellerieblätter daran. Beim Anrichten ziehe sie mit Gelbem von Eiern ab, welches vorher mit ein wenig kaltem Wasser gut gequirlt worden und richte sie in der Terrine an; die gekochten feinen Wurzeln werden dann auch hinzugethan, und Muskaten-Nuß darüber gerieben; Klöße kann man nehmen nach Belieben. Zu 30 Personen ist dies eine gute Suppe, und Fleisch ist es auch hinreichend.

16. Krebs-Suppe.

Nimm 2 Mandel gute Mittel-Krebse, koche sie mit Salz und Wasser, nimm alle das Rothe davon, stoße es in einem Mörser ganz fein, aber ohne Butter, weil diese es zähe macht, sich nicht so fein stoßen läßt und auch nicht so schön roth wird, als wenn man es ohne Butter stößet; thue in eine verzinnte Kasserolle oder Schmoortopf Butter, lasse sie zergehen: thue dann das Gestoßene darein und laß es auf gelindem Feuer braten, (aber nicht zu lange, sonst wird es braun statt roth), siehe fleißig darnach und rühre es um, damit es sich nicht ansetze. Wann nun die Butter schön roth ist, dann gieße Bouillon darauf, schneide 4 Sellerieknollen, eben so viel Petersilienwurzeln und die Hälfte gelber Rüben, in kleine Stücken, thue es dazu und laß es weich kochen, alsdann thue für 1 Sgr. alte Semmel, von der man die Rinde abschneidet, in kaltes Wasser, und wann sie weich ist, so drücke sie aus, und thue sie ganz zuletzt dazu; dann streiche sie durch ein Haarsieb und gieße immer etwas Bouillon nach. Semmel und Wurzeln müssen sich alles durchstreichen lassen, es muß aber kein Bischen Fett auf der Bouillon bleiben. Alsdann gieße so viel Bouillon dazu, als man haben will, setze es zum Feuer, daß es kocht, thue geschwitztes Mehl zu der Bouillon, damit sie etwas seimig werde, und rühre sie mit dem Gelben von 8 Eiern ab, thue aber etwas Muskaten-Nuß oder -Blumen zu den Eiern, quirle es mit einem Tassenkopf voll kaltem Wasser recht gut, und thue die Bouillonsuppe dazu. Dieses ist berechnet auf 24 Personen.

ad 16. Klöße zu dieser Suppe.

Man nehme 1½ Mandel kleine rohe Krebse, schneide die Köpfe ab (mache mit einem Messer den Magen und die Galle heraus, sonst wird es bitter), stoße sie in einem Mörser, nehme ein 1 Quart unaufgekochte Milch, setze einen feinen Durchschlag darein, lege das gestoßene Krebsmarter hinein, und fahre fort es durchzudrücken. Man kann nur immer 4 bis 5 in einem Mörser stoßen; dann drücke man es mit einer Kelle gut aus, nehme davon immer etwas in den Mörser, stoße es wieder, und drücke es abermals aus, und so wird es zum 3ten Mal und zwar recht fein gestoßen, damit es recht roth wird. Alsdann kläre man es durch ein Haarsieb, oder einen äußerst feinen Durchschlag ab in eine verzinnte Kasserolle (denn unten pflegt sich noch immer etwas von der Schaale zu setzen, damit hievon nichts darunter bleibe), nehme hierauf 6 ganze Eier in einen Topf, quirle sie gut durch einander, gieße dies ebenfalls zu in die Kasserolle, setze es auf gelindes Kohlenfeuer, rühre es behutsam, damit es sich nicht ansetze, und lasse es darauf gerinnen und nur einmal aufkochen. Dann gieße man es in einen feinen Durchschlag, lasse es ablecken und kalt werden. Hierauf nehme man ¾ Pfund Butter, rühre sie zu Sahne, thue etwas Zucker, Muskaten-Nuß oder -Blumen, eine abgeriebene Citrone und das Krebsmarter dazu, auch **12** ganze Eier und **26** Loth geriebene Semmeln, daß es zusammen hält. — Die Krebsschwänze und das Fleisch aus den Scheeren, schneide man in kleine Würfel und thue es ganz zuletzt dazu; es muß gut umgerührt, aber nicht verrührt werden, — dann nehme man ein Backblech, lege Papier darauf, bestreiche es mittelst eines Pinsels mit warmer Butter und bestreue es mit geriebener Semmel; sodann setze Klöße auf, wie eine große Wallnuß, und lasse es in einem Backofen backen.

17. Eine andere Krebssuppe.

Nimm eine gute Bouillon, wo vorher zu dem Fleisch Petersilienwurzeln, Sellerieknollen, etliche gelbe Rüben und Borree (dieses muß an alles Fleisch kommen, aber Lorbeerblätter und englisch Gewürz muß an keine Bouillon kommen, wenn sie einen feinen Geschmack haben soll; denn Kraft bekömmt sie hiervon nicht, es verdirbt nur den Geschmack) gethan war, gieße die Bouillon durch, und um eine Viertelstunde kläre man sie ab, damit der Satz zurückbleibt, den sie hat. Alsdann setze man sie zum Feuer zum Kochen, thue geschwitztes Mehl daran, daß sie seimig wird, nehme von 8 Eiern das Gelbe, etwas Muskaten-Blumen oder -Nuß und einen Tassenkopf voll kaltes Wasser, quirle es recht gut, thue alsdann recht schöne Krebsbutter dazu und ziehe die Bouillon damit ab, die aber gut eben von geschwitztem Mehl sein muß, damit die Krebsbutter nicht nach oben kömmt, weil die Suppe durch und durch roth bleiben muß. Man kann auch ein wenig Wurzelwerk, als Sellerieknollen und Petersilienwurzeln fein länglich schneiden, mit Bouillon beisetzen, und weich kochen lassen, und wenn die Suppe angerichtet, in die Terrine schütten, sonst verquirlt man die Wurzeln, welche ganz bleiben müssen. —

Die ad 16 aufgeführten Krebsklöße sind ebenfalls passend zu dieser Suppe.

Nota. Die Krebsbutter zur nebenbezeichneten Suppe, wird aber auf eine andere Art gemacht, nemlich: Die gestoßenen Krebsschaalen werden ebenfalls mit Butter aufgesetzt, und wann die Butter schön roth ist, gießet man Wasser darauf, läßt es eine gute halbe Stunde langsam kochen und gießet es durch ein feines Sieb oder Durchschlag. Es muß aber hinreichend Wasser darauf gegossen werden, damit die Butter nicht in den Krebsschaalen sitzen bleibt, auch muß das Gestoßene nicht mit in den Durchschlag kommen, sondern man muß es mit kochendem Wasser noch einmal abspülen, damit die Butter, welche noch in den Krebsschaalen sitzt, und die sich alsdann vorfinden wird, mit einem Löffel abgenommen werden kann. Diese Krebsbutter kömmt zu den Eiern, womit die Suppe abgerührt wird; es muß aber nie zu wenig Butter zu den Krebsschaalen genommen werden, sondern hinreichend, weil immer etwas verdampft, sonst wird sie schlecht.

18. Braune Jus-Suppe.

Nimm 20 Pfund Rindfleisch aus der Keule von der inwendigen Seite, schneide nach Gutdünken 8 Pfund schieres Fleisch heraus, schneide dieses in dünne Scheiben, wie ein Finger dick; nimm alsdann 2 Pfund geräucherten guten Schinken, schneide ihn ebenfalls in dünne Scheiben, bestreiche eine verzinnte Kasserolle gut mit Butter, lege den Schinken hinein, darauf ein Theil von dem Rindfleisch, ein Paar Sellerieknollen, Petersilienwurzeln und gelbe Rüben, auch einige Zwiebeln, was vorher geschnitten sein muß, und dann das noch zurückgebliebene Rindfleisch oben auf. Das Wurzelwerk muß in die Mitte kommen. Nun gieße ein Paar Tassenköpfe voll kaltes Wasser auf, decke es dicht zu und setze es auf gelindes Kohlenfeuer; lasse es ziehen und langsam kochen, bis die Bouillon beinahe übersteht, alsdann mache stärkeres Feuer darunter, daß es mehr kocht und einkocht, und so muß es wieder, wann es eingekocht ist, auf Kohlenfeuer langsam schmooren. Wenn es anfängt laut zu werden, gieße man 2 Tassenköpfe kaltes Wasser dazu, und so verfahre 3 bis 4 mal; wenn zum 4ten Mal Wasser zugegossen ist, so nimm die Kasserolle vom Feuer, halte sie um und siehe, ob es schön braun ist; alsdann gieße ohngefähr 4 Quart Wasser darauf und kehre es um, bis dahin muß es aber vorher durchaus nicht gerühret werden. Nun muß es kochen, daß das Fleisch recht weich wird, 3 Quart Bouillon muß aber darauf bleiben. Sollte es mehr einkochen, ehe es weich wird, dann muß von der Fleischbrühe, die von den übriggebliebenen 12 Pfund Fleisch und Knochen, so zur Erhaltung der Kraft in kleine Stücken zerlegt und in einem passenden Topf zuvor gekocht worden, zugießen. — Gieße es hierauf durch ein feines Sieb, spüle es mit der noch übrigen Fleischbrühe ein wenig ab, so daß keine Kraft darin bleibt, dann setze die Suppe — von der das Fett zuvor rein abgenommen worden — wieder zum Feuer, damit sie heiß bleibe; sie darf jedoch durchaus nicht mehr kochen. In diese Suppe nimmt man Sago, oder Farce-Klöße. Nimm hierzu 1 Pfund braunen Sago, verlese ihn, daß keine Steine darin bleiben, wasche ihn mit kaltem Wasser, setze ihn in einer verzinnten Kasserolle mit kaltem Wasser auf, lasse ihn einmal aufkochen, und rühre ihn mitunter einmal um, damit er sich nicht ansetze, und wenn er einmal aufgekocht ist, so gieße ihn in ein Haarsieb oder feinen Durchschlag, und spüle ihn mit kaltem Wasser so lange ab, bis er ganz klar ist, und der Schleim sich gänzlich verloren hat. Dann thue ihn in einen Topf, gieße heiße Bouillon auf, lasse ihn recht weich kochen, und thue ihn ganz zuletzt zu der Suppe. Will man Farce-Klöße nehmen, so bleibt der Sago zurück. — Zu Farce-Klößen nimm 3 Pfund Rindfleisch aus der Keule, schabe es recht gut von den Sehnen ab, daß keine darin bleiben, schneide ein halbes Pfund frisches fettes Schweinefleisch, nemlich von dem man den geräucherten Speck macht, in Würfel, hacke es ganz fein, thue es unter das geschabte Rindfleisch, und arbeite dieses mit einem Hackmesser zusammen recht gut durch, so, daß sich das Fette mit dem Magern ganz vereinigt. Dann nimm für 6 Pfennige Semmel, schneide die Rinde ab, lege sie in Wasser, lasse sie aber nicht zu lange darin, sonst wird sie teigig, drücke sie mit reinen Händen gut aus, lege etwas Butter in eine Kasserolle, lasse sie warm zergehen, aber nicht heiß werden, thue die Semmeln dazu, quirle drei ganze Eier in einem Topf, füge auch diese hinzu und setze es auf gelindes Feuer. Unter fortwährendem Rühren muß es sich recht gut abbacken, und wenn es sich von der Kasserolle löset, dann ist es gut. Nun muß es kalt werden, alsdann wird es mit unter das gehackte Fleisch genommen, 2 ganze Eier, und von einem Ei das Gelbe, gehackte Schalotten, fein gehackte Citronenschaale, ein wenig Pfeffer, Muskatenblumen, und gehöriges Salz dazu gethan und alles recht gut durcheinander gemischt. Dann bestreue ein reines Brett mit geriebener Semmel und verfertige die Klöße, nachdem man sie klein oder groß haben will, mit der Hand länglich, und koche sie in der braunen Bouillon.

Dieses ist ebenfalls auf 24 Personen eingerichtet; soll es für minder oder mehr, so muß es nach vorstehender Bezeichnung berechnet werden.

19. Grüne Kräuter-Suppe.

Sauerampfer, Körbel, etwas Spinat, und ein wenig Petersilie werden von den Stengeln abgepflückt, recht sauber gewaschen, mit den Händen ausgedrückt und auf einem reinen Brett ganz fein gewiegt. Hierauf thue man Butter in eine verzinnte Kasserolle, oder in einen Schmoortopf, lasse sie zergehen und thue das Grüne dazu, lasse es in der Butter gahr kochen, thue es zu der bestimmten Rindfleisch-Bouillon, lasse es noch einmal damit aufkochen, mache geschwitztes Mehl daran, daß sie seimig werde, rühre sie mit Gelbem von Eiern ab, und verfertige dazu verlorne Eier auf folgende Art: Man setze Wasser in einer Kasserolle auf; wenn es kocht, so nehme man gute frische Eier, schlage immer Eins in einen Tassenkopf und lege das Ei so in das gekochte Wasser behutsam hinein. Wenn die Eier darin befindlich, muß das

Wasser nur schwach kochen, sonst würden sie alle zergehen, und so verfahre man mit allen. Wenn es aber mehr als 12 Eier sein sollen, dann nehme man diese heraus, weil sonst die Ersten gegen die Letztern zu hart werden würden; sie müssen aber überhaupt weder zu hart noch zu weich gekocht sein. Verlangt man also 20 bis 24 Eier, so schlage man wieder von neuem ein, nehme selbige mit einem Schaumlöffel heraus, und nachdem mit einem Eßlöffel das gespaltene Weiße sauber abgemacht, so lege man sie in eine Suppen-Terrine, und richte die Suppe darüber an.

20. Gelbe Erbsen-Suppe.

Nimm frische Schweins-Ohren und Schnauzen, senge sie rein ab, wasche sie mit warmem Wasser, putze sie sauber in dem Wasser ab, nimm Salz und Salpeter, reibe sie gut damit ein, lege sie in einen Topf, oder in eine tiefe Schüssel, begieße sie alle Tage mit der eigenen Laake, und wenn sie 8 Tage gelegen haben, dann wasche sie, setze sie zum Feuer, und laß sie weich kochen. Setze gelbe Erbsen bei, so, als wenn man sie zum Gemüse haben will; wenn sie weich sind, drücke sie mit einer Kelle klein, nimm einen Durchschlag, gieße etwas Rindfleisch-Bouillon dazu und rühre die Erbsen durch. Man kann auch von der Pökel-Brühe des Schweinfleisches etwas dazu nehmen, man muß aber damit behutsam sein, um es nicht zu versalzen. Gieße dann so viel Rindfleisch-Bouillon zu, daß die Suppe ihre gehörige Ebene bekömmt, gieße sie alsdann wieder durch einen ganz feinen Durchschlag, damit die Hülsen, die durch den ersten noch durchgegangen, jetzt zurückbleiben, setze sie dann ans Feuer und thue ein gutes Stück Butter daran. Nun wird das Fleisch in kleine längliche Stücken geschnitten, eben so auch frische Semmel länglich geschnitten und in Butter schön gelbbraun gebraten, Petersilienwurzeln, Sellerieknollen und Borree auch in feine lange Stückchen geschnitten, von der Bouillon darauf gegossen, allein beigesetzt und weich gekocht. Das Fleisch muß sich blos in der Suppe durchwärmen, aber nicht darin gekocht werden, sonst verliert das Fleisch, und die Suppe würde zu salzig werden. Endlich werden die Semmeln und die weich gekochten Wurzeln in die Terrine geschüttet, und die Suppe wird darüber angerichtet.

21. Grüne Erbsen-Suppe.

Man nehme grüne Erbsen, pahle sie aus, die großen allein, auch die kleinen; die groben setze man mit kochendem Wasser bei, und die feinen mit Rindfleisch-Bouillon; man muß aber von den groben Erbsen so viel nehmen, daß die Suppe eben werden kann; sind nicht so viel grobe unter den kleinen, so muß man noch etwas dazu kaufen. Wenn sie weich sind, gieße man das Wasser ab, und verfahre 'eben so, wie bei der vorher aufgeführten gelben Erbsen-Suppe gesagt, damit die Hülsen zurückbleiben; alsdann schütte man die feinen Erbsen dazu, thue ferner etwas viel fein gehackte Petersilie, auch ein gutes Stück Butter und etwas geschwitztes Mehl in die Suppe, wenn sie nicht eben genug sein sollte. Mit den Wurzeln wird es eben so gemacht wie bei der vorherigen, auch wird gebratene Semmel hinein gethan. Beim Anrichten wird etwas Muskaten-Nuß übergerieben.

22. Klare Bouillon mit Würsig-Kohl.

Nimm guten Würsig-Kohl, mache die auswendigen Blätter, so schlecht sind, alle ab; aus den guten Blättern schneide die Rippen heraus, wasche die Blätter recht gut und setze Bouillon in einer Kasserolle auf, so viel, daß sich der Kohl darin gahr kochen läßt; wenn er weich ist, so thue ihn in eine Terrine, und gieße so viel recht gute klare Bouillon darauf, als nöthig ist. Muskaten-Nuß wird übergerieben, und geröstete Semmel darauf gelegt.

23. Klare Bouillon mit Maccaroni und Parmesan-Käse.

Die Maccaroni werden, gebrochen wie ein Finger lang, in einen Topf gelegt, kochendes Wasser darauf gegossen, und damit eine Stunde hingestellt, aber nicht beim Feuer, sodann durch einen Durchschlag gegossen, und abermals in einen Topf, der passend ist, gethan, kräftige Rindfleisch-Bouillon darauf gegossen, und weich gekocht, alsdann in eine Terrine geschüttet und kräftige Bouillon darauf gegossen, so viel man haben will. Zu einer guten Terrine gehört ein halbes Pfund Maccaroni, auch wird etwas Muskaten-Nuß übergerieben, und dann ein Viertel Pfund geriebener Parmesan-Käse zu der Suppe herumgegeben.

24. Kalbfleisch-Suppe.

Nimm gutes Kalbfleisch, gieße kaltes Wasser darauf, lasse es eine halbe Stunde ausziehen, nimm es sodann heraus, wasche es noch einmal recht gut, gieße kaltes Wasser darauf, und setze es zum Feuer. Wenn es kocht, so nimm es ab, gieße die Brühe in einen reinen Topf, gieße auf das Kalbfleisch kaltes Wasser, wasche und putze es gut ab, lege es wieder in den Topf, den man vorher gut ausgewaschen hat, gieße die Brühe durch ein Sieb wieder darauf, so daß der Satz, der sich unten in dem Topfe gesetzt hat, zurück bleibt, lasse es kochen, schäume es recht gut, und thue hierauf Salz und Butter dazu. Dann nimm Reis, so viel zur Suppe nöthig ist, in einen Topf, wasche ihn mit kaltem Wasser, setze ihn mit kaltem Wasser bei und wenn er kocht, so gieße das Wasser ab, und kochendes Wasser darauf; setze ihn wieder bei, lege Butter daran, und laß ihn weich kochen. Petersilien-Wurzeln, gelbe Rüben und Sellerie werden an das Fleisch gethan, und wenn das Fleisch gahr ist, gieße man die Bouillon durch ein Sieb ab. Die Suppe wird in einen passenden Topf gegossen und der Reis dazu gethan, eben so etwas geschwitztes Mehl und ein wenig Grünes, wenn man es haben will, und so wird die Suppe angerichtet und Muskaten-Nuß übergerieben. Das Fleisch muß man in demselben Topf, in welchem es gekocht ist, gut warm erhalten, und so kann man es nach Belieben in die Suppe, oder für sich allein auf eine Schüssel legen. Man kann auch zu dieser Suppe Fadennudeln nehmen.

25. Hühner-Suppe.

Wenn das Huhn von Federn und Spulen (gemeinhin Spielen genannt) recht sauber gereinigt ist, dann nimm es aus. Um dies zu bewerkstelligen, mache eine Oeffnung am Halse gleich bei den Flügeln, dann schneide das Huhn auf und nimm zuerst den Kropf und auch zugleich die Röhre nebst dem Schlund heraus. Nun schneide das Huhn unten, gleich am Steiße auf und so nimm die Eingeweide heraus, nimm aber ja die Lunge, die an den Rippen sitzt, auch weg, denn dort setzt sich immer Blut und dies macht die Suppe schwarz. Alsdann stecke ein starkes Messer inwendig hinein, setze solches da, wo der hohe Brustknochen sich befindet, auf und drücke so den Brustknochen hinein (es muß aber kein Fleisch beschädigt werden), alsdann schiebe die Keulen in die Höhe, stecke durch beide einen hölzernen Speil, damit das Huhn ein schönes Ansehen bekömmt, lege es in kaltes Wasser eine gute Stunde lang, nimm es sodann heraus, binde es mit einem feinen Bindfaden hinten zusammen, damit die Enden der Keulen nicht in die Höhe stehen, gieße kaltes Wasser darauf, setze es zum Feuer, und wann es kocht, so gieße die Brühe ab, aber gieße sie nicht fort. Jetzt gieße kaltes Wasser in eine Schüssel auf das Huhn, imm die feinen Spulen und was sich noch sonst Unreines sehen läßt, davon weg, putze es sauber ab, lege es wieder in den Topf, der vorher gut ausgewaschen ist, gieße die Bouillon wieder auf, aber nicht den Satz, der sich unten im Topfe gesetzt hat, stelle es wieder zum Feuer und lasse es kochen; schäume es recht gut, lege gleich Butter und Salz daran, und wenn es gahr ist, so gieße die Bouillon ab, und setze sie zum Feuer, daß sie wieder kocht. Ein wenig fein geschnittenes Wurzelwerk und etwas geschwitztes Mehl wird daran gethan, man kann auch Blumenkohl, feine grüne ausgepalte Erbsen, auch feine gelbe Rüben, nachdem die Jahreszeit ist, hinzufügen und zuletzt die Suppe mit Gelbem von Eiern abrühren, worunter etwas Muskaten-Nuß oder -Blumen gequirlet ist. — In dieser Art verfährt man auch mit Tauben und Puten.

26. Bouillon auf Reisen. (Tafelbouillon.)

Nimm 12 Pfund Rindfleisch aus der inwendigen Seite der Keule, eine Kälberkeule von 12 Pfund, 3 Kälberfüße und 2 alte Hühner, schneide alles bis auf die Hühner in kleine Stücken, zerhacke die Knochen, damit man auch die Kraft davon bekömmt, schneide jedes Huhn in 4 Stücke und wasche es gut ab. Es muß aber das Fleisch nicht, sondern nur die Hühner gewässert werden. Dies alles wird in eine große verzinnte Kasserolle gelegt, hinreichendes Wasser aufgegossen, damit es gut geschäumt werden kann, und wann es ein Paar Stunden gekocht hat, werden einige gute Sellerie-Knollen, etwas Petersilien-Wurzeln, ein Paar gelbe Rüben, und das Weiße von einigen Stangen Borree hinzugethan und so lasse es langsam kochen, bis alles gahr ist. — Es muß so weit einkochen, bis man berechnen kann, daß nur noch 5 Quart Bouillon darauf sind, und daher gleich so viel Wasser aufgegossen werden, daß nichts zugegossen werden darf. Alsdann gieße es durch ein Sieb, spüle das Fleisch, weil auch noch Kraft darin ist, mit etwas kochendem Wasser ab, nimm alle das Fett herunter und wann es eine Viertelstunde gestanden hat, so kläre es wieder in eine verzinnte Kasserolle ab und decke diese gut zu, damit sich keine Kraft verliert. Sodann stelle es aufs Feuer und lasse es so lange kochen, bis es sich ziehen läßt, wenn man mit einer Kelle hinein faßt; gieße alsdann etwas davon auf einen Teller, stelle es eine halbe Stunde an einen kühlen Ort, und wenn es so ist, daß es sich ausschneiden läßt, dann scharre das Feuer unter der Kasserolle weg, damit sie nur warm stehe und es nicht mehr koche; läßt es sich aber nach der obigen Probe noch nicht schneiden, dann laß es noch eine halbe Stunde kochen, doch muß es umgerührt werden, damit es sich nicht ansetze. Dann gieß es, etwa zwei Finger hoch, auf flache Schüsseln und wann es steif ist, so schneide es in kleine längliche Tafeln; nimm ein Brett, lege rein Papier und dann die Tafeln darauf, setze sie an einen etwas warmen Ort, damit sie langsam trocknen, und kehre sie fleißig um, damit sie an dem Papier nicht antrocknen.

27. Weiße Bohnen-Suppe.

Man nehme gute weiße Bohnen, wasche sie sauber, gieße kaltes Wasser darauf, setze sie zum Feuer und lasse sie recht weich kochen, alsdann gieße man das Wasser ab und kräftige Rindfleisch-Bouillon dazu, nehme etwas geschwitztes Mehl, worein ein wenig fein gehackte Zwiebeln gethan werden, und wann die Suppe kocht, so thue man davon so viel hinzu, daß sie gut seimig wird. Etwas fein geschnittenes Wurzelwerk wird besonders gekocht und wenn die Suppe angerichtet worden, dazu geschüttet.

28. Linsen-Suppe.

Die Linsen werden verlesen, gut gewaschen, mit kaltem Wasser beigesetzt und weich gekocht. Man gießt hierauf das Wasser ab, nimmt ein Vierteltheil Linsen aus dem Topf heraus, zerdrückt die übrigen in dem Topf, rührt sie dann durch einen feinen Durchschlag mit Rindfleisch-Bouillon, und so verfährt man mit dieser Suppe, wie bei der gelben Erbsen-Suppe unter Nr. 20 vorgeschrieben ist. Wann nun die Ohren und Schnauzen, sofern man dieselben hinzuthun will, zugethan worden, dann wird auch gleichzeitig die ¼ Portion ganze Linsen, welche vorher aus dem Topf genommen, hineingelegt.

29. Weiße Sago-Suppe.

Nimm weißen Sago, wasche ihn mit kaltem Wasser, gieße kräftige Rindfleisch-Bouillon darauf, lasse ihn weich kochen und gieße dann so viel Bouillon hinzu, als nöthig ist. Lasse es noch einmal aufkochen und so richte die Suppe an. — Auf eine etwas große Terrine nimmt man ¾ Pfund Sago.

30. Klöße zur Suppe.

Man nehme ½ Quart Milch, 9 Loth feines Weizen- oder Reismehl, 6 Loth Butter, 6 Eier und etwas Muskatenblüte. Vier ganze Eier werden in einen Topf geschlagen und gequirlt, und dann die Milch und das Mehl nach und nach zugeschüttet. Die Butter lasse man erst ein wenig zergehen, dann gieße man die Masse dazu und stelle es auf's Feuer, und dann rühre man es so lange, bis es von der Kasserolle los läßt; dann thue es in eine Schüssel, und wenn es abgekühlt ist, so schlage man noch 2 ganze Eier dazu, und rühre es recht gut.

31. Schwemm-Klöße.

Nimm ½ Quart Milch, 6 Loth Butter, einen kleinen Eßlöffel voll geriebenen Zucker, setze es in einer Kasserolle auf's Feuer und wenn es kocht, streue unter beständigem Rühren ½ Pfund Reismehl dazu, und wenn es etwas steif ist, so nimm 4 ganze Eier, die vorher gut gequirlt sind, setze die Kasserolle vom Feuer, und gieße die Eier dazu; rühre es gut durcheinander, setze es auf gelindes Kohlenfeuer, rühre es gut, damit es sich nicht ansetze (das Mehl und die Eier müssen recht gut gahr sein, wenn die Klöße gut werden sollen); dann thue es in eine Schüssel und wann es kalt ist, so schlage noch 4 ganze Eier hinein; thue etwas Muskatenblüte und abgeriebene Citronenschaale dazu, rühre es recht gut, und stecke alsdann Klöße davon in die Suppe.

NB. In einem hohen Topfe werden die Klöße, es möge eine Art sein, welche es wolle, immer nicht gut; man muß einen guten Schmoortopf oder eine verzinnte Kasserolle zu der Bouillon, worein man die Klöße steckt, nehmen und sie langsam kochen lassen, bis sie gahr sind.

32. Topf-Klöße.

Man nehme 8 ganze Eier, schlage sie mit einem Quirl gut klein, thue ein Paar gute Eßlöffel voll geriebenen Zucker, etwas Muskaten-Nuß und ½ Quart Milch dazu, und gieße es in einen passenden Topf. Man kann auch gleich einen Topf nehmen, worin es bleiben soll, derselbe muß aber nicht ganz voll sein, sondern 3 Finger hoch muß noch fehlen. Alsdann wird der Topf in einen Kessel oder Kasserolle, worin kochendes Wasser befindlich ist, gesetzt. Der Topf wird dicht zugedeckt und man läßt es kochen, bis es oben steif ist; das äußere Gefäß muß aber immer so weit mit Wasser vollgehalten werden, wie die Masse in dem Topf Höhe hat. Wann die Suppe angerichtet ist, werden Klöße von der in dem Topfe befindlichen Masse gestochen; wird diese früher gahr, so nimmt man den Topf heraus, und stellt ihn hin, wo er warm steht; aber nicht ans Feuer.

33. Semmel-Klöße.

Nimm 25 Loth alter Semmel, von welcher die Rinde zuvor abgeschnitten ist, schneide jede Semmel in 3 Theile, lege sie in einen Topf und gieße räumlich Wasser auf, lasse sie nur ein wenig darin liegen, sonst wird sie teigig, drücke sie dann recht gut aus; nimm 10 Loth Butter, lege sie in eine Kasserolle und die ausgedrückte Semmel dazu, gieße 6 ganze in einem Topf recht gut gequirlte Eier hinzu, setze alles nun auf ein kleines Feuer und rühre es immer recht gut, und lasse es so wie die Schwemmklöße abbacken. Alsdann thue es in eine Schüssel, lasse es kalt werden und schlage hierauf noch gerade wieder 6 ganze Eier dazu, füge nach Geschmack Zucker, Muskaten-Nuß oder -Blumen und etwas abgeriebene Citronenschaale hinzu, lege die davon abgestochenen Klöße in die Suppe und lasse sie gahr kochen.

34. Semmel-Klöße anderer Art.

Man nehme ein Stück Butter, rühre sie zu Sahne, wärme aber zur Abkürzung dieser Arbeit den Napf etwas; schlage nach und nach immer ein Ei nach dem andern, nach der Anzahl Klöße, die man haben will, hinzu, rühre es recht gut durch; thue dann geriebene Semmel, Zucker nach Geschmack, etwas Muskaten-Blumen und abgeriebene Citronenschaalen dazu, und rühre es abermals recht gut durcheinander, dann stecke man einen Kloß davon in kochende Fleischbrühe, und sehe zu, ob er zusammenhält, wo nicht, so füge man noch Eier und geriebene Semmel hinzu.

35. Lockere Klöße.

Ein halbes Pfund Butter, wenn sie salzig ist, gut ausgewaschen und zu Sahne gerührt, von 5 Eiern das Gelbe dazu gethan, und dann 12 Loth feines Weizenmehl und noch 3 ganze Eier, eine abgeriebene Citrone, aber kein Zucker; dies alles wird recht gut gerührt, oder geschlagen, und dann werden davon Klöße gestochen, diese in Bouillon gelegt und so lange gekocht, bis sie gahr sind.

36. Gebackene Reis=Klöße.

Nimm ½ Pfund Reis, verlese, wasche und schütte ihn in eine Kasserolle und gieße kaltes Wasser darauf, setze sie zum Feuer, und lasse den Reis einmal aufkochen; dann gieße das heiße Wasser ab und noch einmal kaltes Wasser darauf, rühre den Reis mit der Kelle um, und gieße das Wasser wieder ab. Nun gieße kochende Milch darauf, und lasse den Reis gahr kochen, doch nicht zu weich. Der Reis muß aber recht steif sein, weshalb man nicht gleich zu viel Milch aufgießen, sondern lieber etwas nachgießen muß, wann er eingekocht ist. Sobald er nun gut ist, dann thue ihn in eine Schüssel, rühre 8 Loth Butter zu Sahne, und thue den Reis, wenn er kalt ist, dazu, er darf jedoch nicht zu kalt sein, sonst läßt er sich nicht gut zerrühren. Hierauf nimm abgeriebene Citronen, Muskaten=Blumen, Zucker nach Belieben, das Gelbe von 4 Eiern, 4 ganze Eier, und für 2 Gr. süße Mandeln, die vorher abgebrüht und fein gestoßen sind, und rühre alles recht gut mit dem Reis durcheinander. Dann lege Papier auf ein Backblech, bestreiche das Papier mittelst eines Pinsels, oder der rauhen Seite von Federposen mit geschmolzener Butter, bestreue es mit geriebener Semmel, setze von obiger Masse Klöße darauf und lasse sie beim Bäcker backen. Diese Klöße werden bei Tische zur Suppe herumgegeben und nicht gleich beim Anrichten der Suppe hinein gelegt.

37. Aufläufer zur Suppe.

Lege ein Pfund Butter, recht gut ausgewaschen, daß kein Salz darin bleibt, in ½ Quart Wasser, setze es auf's Feuer und wann es kocht, so schütte unter beständigem Rühren ein Pfund feines Weizen=Mehl dazu und rühre es auf gelindem Kohlenfeuer recht gut, bis das Mehl gahr ist. Es ist aber noch nicht gahr, wenn die Butter absetzt, sondern es muß noch in der Kasserolle bleiben und immer gerührt werden. Hierauf thue es in eine Schüssel und wann es kalt ist, so schlage 16 Eier, eins nach dem andern, und thue auch Muskaten-Blumen dazu. Eine gute halbe Stunde muß dieses nun noch gerührt, dann auf ein Backblech Papier gelegt, solches mit geschmolzener Butter bestrichen, mit Semmel bestreuet, Häufchen wie eine große Wallnuß darauf gesetzt und beim Bäcker gebacken werden. Diese Aufläufer werden zu der Suppe herumgegeben.

38. Aufläufer von Reismehl.

Nimm ½ Quart Milch und 12 Loth Butter, welche vorher gut gewaschen ist, damit sie kein Salz behält, setze es auf's Feuer, und streue, wenn es kocht, unter beständigem Rühren, ½ Pfund Reismehl hinzu. Wenn es von der Kasserolle losbackt, so ist es noch nicht gut, sondern es muß noch immer ein wenig gerührt und umgekehrt werden, damit das Mehl recht gahr werde. Thue es dann in eine Schüssel und lasse es kalt werden; dann schlage 8 ganze Eier, immer eins nach dem andern, unter beständigem Rühren hinzu, auch etwas Muskaten-Blumen und abgeriebene Citronen; lege Papier auf ein Backblech, bestreiche es mit heißer Butter, bestreue es mit geriebener Semmel, setze von der Masse Klöße darauf, so groß man sie haben will, und lasse sie beim Bäcker backen.

NB. Zucker muß nicht hinzugesetzt werden, weil dies das Aufgehen verhindert.

39. Klöße von Weizen-Gries.

Ein halbes Quart Milch, 6 Loth Butter und ein Eßlöffel voll geriebenen Zucker werden zusammen an's Feuer gesetzt, und wenn es kocht, wird ½ Pfund feines Weizen-Gries dazu geschüttet und beständig gerührt, bis es dick wird. Alsdann werden 2 ganze Eier, die vorher gequirlt sind, dazu gegossen und dieses wiederum so lange gerührt, bis es recht steif ist; dann wird es in eine Schüssel gethan, und wann es kalt ist, werden noch 4 ganze Eier, eins nach dem andern, auch etwas Muskaten-Nuß hinzugethan und recht gut gerührt, endlich Klöße davon gestochen und in die Suppe gelegt.

Farce-Klöße.

Deren Zubereitung ist bei der braunen Jus-Suppe unter Nr. 18 angegeben.

40. In klarer Butter ausgebackene Klöße.

Nimm ½ Quart Milch und 6 Loth Butter, setze es auf das Feuer, und wenn es kocht, streue unter beständigem Rühren ½ Pfund Reismehl dazu; rühre es so lange bis es steif und das Mehl gahr ist; dann thue es in eine tiefe Schüssel und wenn es kalt ist, so schlage 8 ganze Eier, eins nach dem andern, unter beständigem Rühren hinein, und thue etwas Muskaten-Nuß oder -Blumen dazu. Wenn die Eier auch alle zugeschlagen sind, muß es dennoch eine gute Viertelstunde gerührt werden; sodann stich die Klöße mit einem Löffel aus, lege sie in geriebene Semmel und wälze sie darin um, (es muß aber von dieser Semmel nicht zu viel daran sitzen bleiben) nimm sie zwischen beide Hände, gieb ihnen eine längliche Form, lege sie dann auf eine Schüssel, einen neben den andern und so fahre fort, bis kein Teig mehr vorhanden ist. Vorher muß aber schon die Butter auf folgende Art abgeklärt sein: Setze die Butter in einer verzinnten Kasserolle oder in einem Schmoortiegel auf das Feuer, lasse sie ganz gelinde kochen und auf gelindem Feuer so lange braten, bis sie klar, jedoch nicht zu braun wird. Den Schaum, welcher sich während des Kochens darauf setzt, muß man nicht abnehmen. Ist die Butter klar und es befindet sich dann noch etwas Schaum darauf, so kann man selbigen abnehmen. — Dann kläre die Butter in einer verzinnten Kasserolle, oder in einem breiten eisernen Tiegel ab, setze sie auf Kohlenfeuer und lasse sie wieder kochen; dabei muß aber gut darauf gesehen werden, daß sie nicht braun wird. So wie die Butter anfängt zu kochen, müssen die Klöße hinein gelegt werden. Der Tiegel muß zwar voll sein, die Klöße müssen aber Raum darin haben, um aufgehen zu können, auch muß man sie fleißig mit einer Gabel umkehren, und wenn sie schön braun und gahr sind, mit einem Schaumlöffel herausnehmen und sie auf Löschpapier legen. Die herausgenommenen Klöße muß man gleich durch frische ersetzen. Endlich legt man sie auf Teller, und giebt sie bei der Suppe herum.

NB. Zur Aufklärung gehören 2 Pfund Butter.

Zweite Abtheilung.

Verschiedene Speisen nach der Suppe und Saucen zum Rindfleisch.

41. Kleine Pasteten.

Zwei Pfund harte und zähe Butter wird in kaltes Wasser gelegt und mit reinen Händen gut durchgearbeitet, damit alles Salz entfernt und die Butter ganz eben wird. Es werden sodann zwei Theile davon gebildet und mit den Händen breit und glatt gemacht, welche hierauf wieder in frisches Wasser gelegt und an einen kalten Ort, im Sommer in den Keller, im Winter in die Speisekammer gestellt werden. Dies muß aber alles den Tag vor dem Gebrauche geschehen. Dann schütte man 2 Pfund schönes Weizenmehl auf ein Kuchenbrett oder einen reinen Tisch, trockne die Butter mit einem reinen Tuche recht gut ab, thue 16 Loth von dieser Butter in lauter kleinen Stücken zu dem Mehl, verkrümele sie mit demselben, mache eine Vertiefung in das Mehl, gieße ein knappes halbes Quart kaltes Wasser nach und nach dazu und verfertige einen festen Teig davon, streue ein wenig Mehl darunter (jedoch nicht von dem vorher abgewogenen, und nur so wenig, als es sich thun läßt) und rolle es mit einem Rollholze aus. Die Butter wird auch ausgerollt, aber ein wenig Mehl oben und unten gestreuet. In die Hälfte des ausgerollten Teiges lege man die Butter und die andere Hälfte des Teiges über dieselbe und rolle es dann wieder aus. Dann schlage man es zweimal über und fahre in dieser Art im Ganzen fünfmal fort. Mit dem letztmaligen Ueberschlagen rolle man es in der Stärke eines Messerrückens, jedoch ganz aus, so daß nicht eine Stelle dicker, wie die andere ist. Nun nehme man ein kleines Bierglas, steche den Teig damit aus, lege Papier auf ein Backblech und die Platten darauf, streue aber kein Mehl unter. Nun steche man noch einmal so viel Platten, wie auf dem Bleche liegen, aus, nehme ein kleines Glas mit einer Mündung von der Größe eines Thalers und drücke es noch einmal auf die Platten, wobei man jedoch die Mitte treffen muß und steche es aus. Dann schlage man ein Paar ganze Eier gut auf einen Teller, nehme einen Pinsel (in Ermangelung desselben eine Feder), bestreiche damit die Platten ganz dünn und lege den Kranz, welcher bei dem Ausstechen mit dem kleinen Glase entstanden ist, auf die Platte. Der Rand mit dem Boden muß egal sein, er muß aber nicht gedrückt werden und nicht überstehen, sonst werden die Pasteten nicht gut. Auch die Ränder bestreiche man mit den Eiern. Die mit dem Glase ausgestochenen, zu Deckeln bestimmten Platten werden allein auf ein besonderes Blech gelegt und auch bestrichen; so läßt man alles beim Bäcker backen. Wenn die Pasteten angerichtet werden sollen, muß man dafür sorgen, daß sie warm sind, sie ein wenig eindrücken, mit einem der folgenden Hachés füllen und die kleinen Platten als Deckel darauf legen.

42. Haché von Kälbermilch zur Füllung von Pasteten.

Wässere 3 Pfund Kälbermilch recht gut aus, damit kein Blut darin bleibt, nimm sie aus dem Wasser, thue sie in einen Topf, gieße wieder kaltes Wasser darauf und stelle ihn ans Feuer, lasse es ein wenig geräumig kochen und wenn es etwas gekocht hat, siehe zu, ob die Milch steif ist, alsdann ist sie gut. Gieße nun das Wasser ab und wieder kaltes auf. Das Fleisch und die Häute muß man alles von der Milch abnehmen. Nun schneide die Milch auf einem reinen Brett in feine Würfel, thue Butter in einen Tiegel, etwas Mehl dazu und lasse es ein wenig durchschwitzen und thue dazu etwas feingehackte

Schalotten, kräftige Fleischbrühe und die in Stücken geschnittene Kälbermilch. Im Anfang muß man es zum öftern umrühren und endlich feingehackte Sardellen, etwas Maskaten-Nuß oder -Blumen, Citronen-Säure und Butter, alles nach Geschmack hinzufügen. Es muß aber nicht lange kochen und wenn es etwa noch zu dünn ist, so mache noch ein wenig geriebene Semmel dazu. Man kann auch Austern dazu nehmen, muß aber darauf sehen, daß eine jede Pastete eine Auster bekömmt.

43. Haché von Aal zur Füllung von Pasteten.

Nimm 2 große grüne Aale, ziehe ihnen die Haut ab, reiße sie auf, nimm den Rückgrat heraus, schneide die Aale in feine Würfel und lasse sie ein wenig wässern. Dann lege ein Stück Butter in einen Tiegel, thue den Aal und Salz und Wasser, so viel wie nöthig ist, dazu, stelle alles aufs Feuer und lasse es kochen. Citronensäure, Muskatenblüte, ein wenig Pfeffer wird auch, und wenn der Aal gahr und eingekocht ist, geriebene Semmel dazu gethan und hiermit jede Pastete vor dem Anrichten gefüllt.

44. Haché von Hechten und Krebsen.

Man nimmt einen Mittel-Hecht, reißt und schneidet ihn, wäscht ihm das Blut aus und kocht ihn mit Salz, Wasser und Zwiebeln. Wenn er gahr ist, nimmt man ihn aus der Brühe, und wenn er ein wenig abgeraucht ist, dann nimmt man mit einem Messer die Schuppen sammt der Haut ab und alle Gräten heraus, so daß auch nicht die kleinste darin bleibt und macht kleine Stückchen von dem Fleische. Dann nimmt man von einem halben Schock Krebsen die Schwänze, zieht die Därme, wenn es in der Jahreszeit ist, auch den Faden, aber nicht die Leber heraus, schneidet dies und das Fleisch aus den Scheeren in kleine Würfel, thut es alsdann in einen Tiegel, gießt kräftige Rindfleisch-Bouillon, ferner Butter, auch ein wenig Krebsbutter hinzu, stellt es aufs Feuer, und läßt es, aber nicht lange, kochen; weshalb man nicht zu viel Fleischbrühe zugießen muß. Zuletzt wird Muskaten-Blüte, geschwitztes Mehl, worunter Schalotten sind, hinzugethan und dies in die Pastete gefüllt. — Diese Portionen sind berechnet zu den Pasteten, die aus dem Blätterteig Nr. **41** gemacht werden können. Will man nun mehr oder weniger haben, so muß man das Haché darnach einrichten.

45. Haché von Kälberbraten.

Man nehme Kälberbraten, schneide ihn, nachdem man das Braune davon getrennt hat, in dünne Scheiben und dann in feine Würfel, eben so die Niere mit allem Fette; thue dieses in einen Tiegel, gieße kräftige Fleischbrühe darauf, thue Butter dazu, stelle es auf das Feuer und lasse es ein wenig kochen, füge alsdann etwas Citronensäure, Muskatenblumen, etwas fein gehackte Sardellen, und ganz zuletzt geschwitztes Mehl mit Schalotten dazu, damit es gut eben wird.

46. Sardellen-Butter.

Nimm ½ Pfund Sardellen, lege sie in kaltes Wasser, spüle das Salz und die Laake ab, nimm alsdann wieder frisches Wasser, lege die Sardellen hinein, putze sie mit den Fingern in dem Wasser, nimm die Schuppen und das Weiße, so viel man abnehmen kann, auch auf dem Rücken die kleinen Floßfedern ab, reiße sie in dem Wasser durch und nimm die Rückgräte heraus und auch zugleich die Floßfedern von dem Schwanze mit fort. (Förmlich gewässert müssen die Sardellen nicht werden, sondern ihr Salz behalten.) Dann muß man sie hinlegen, daß sie gut ablaufen, und demnächst mit einem Tuche rein abtrocknen. — Lege sie alsdann auf ein reines Brett und mache sie mit einem Wiegemesser ganz fein wie einen Brei, so daß kein Stückchen darin bleibt. Alsdann nimm ½ Pfund gute frische Butter, wasche sie mit kaltem Wasser aus und drücke demnächst mit der Kelle das Wasser gut aus, damit nichts davon in der Butter bleibe, thue die Sardellen dazu und arbeite dies recht gut durch einander, damit die Butter recht eben wird und keine Streifen, sondern überall gleiche Farbe bekommt. Dann mache ein Stück von beliebiger Form daraus, lege dieses auf einen Teller und gieb es bei Tische zugleich mit geröstleter Semmel herum.

47. Sardellen-Schnitte.

Reinige die Sardellen, so wie bei der Sardellen-Butter Nr. 46 gesagt ist, nimm runde Milchbrode, welche nicht aufgeschnitten sind, schneide sie in Scheiben, aber nicht zu dünne, ohngefähr eines halben Fingers dick und röste sie auf dem Roste ein wenig, damit sie steif und etwas gelbbraun werden. (Man muß sie deshalb etwas dick schneiden, damit sie auf dem Roste gerade bleiben.) Nun koche Eier hart, nimm das Gelbe heraus und mache es mit einem Wiegemesser ganz fein. Ferner hacke Petersilie recht fein, und drücke sie demnächst mit der Hand gut aus, damit sie keine Nässe behält.

Man schmiert die Semmel mit Butter, legt zwei Hälften der Sardellen darauf, in der Mitte der Sardellen grüne Petersilie, an beiden Seiten das Gelbe von den Eiern, es muß aber kein Grünes in das Gelbe und kein Gelbes in das Grüne kommen, legt sie dann auf Schüsseln und giebt sie bei Tische umher.

48. Kälbermilch mit frischen Austern.

Die Kälbermilch wird in der Art gereinigt, wie bei dem Haché, zu den kleinen Pasteten (Nr. 42) gesagt ist; dann schneidet man sie in Stücken und zwar die großen Stücken drei bis vier mal, und die kleinen einmal durch. Dann thut man sie in einen Tiegel, gießt kräftige Fleischbrühe darauf und legt Butter daran, läßt sie ein wenig, ungefähr eine Viertelstunde lang, kochen, thut dann Austern dazu und läßt alles einmal aufkochen, damit die Austern steif werden. Citronensäure, Muskaten-Blumen werden nach Geschmack und auch geriebene Semmeln dazu gethan. Ganz zuletzt beim Anrichten wird es mit Gelbem von Eiern abgezogen.

49. Salat von Neunaugen.

Man nehme Schalotten, pelle sie ab, setze sie mit Weinessig auf und lasse sie weich kochen; thue etwas Butter und Mehl in einen irdenen Tiegel, lasse es ein wenig gelbbraun werden, setze es sodann vom Feuer und gieße etwas fein gehackte Schalotten, guten Essig, auch etwas Wein dazu, jedoch daß es sauber bleibt. Dann gieße die Sauce von den Schalotten dazu, setze es so auf's Feuer und wenn es kocht, ziehe es mit etwas Gelbem von Eiern, wozu ein Eßlöffel voll Wasser gegossen und welches gut gequirlt wird, ab und lasse es kalt werden. — Die Neunaugen werden auf ein Brett gelegt und wie ein Finger breit schräge geschnitten, Kopf und Schwanz bleiben aber zurück. Sie werden alsdann auf Assietten servirt, die Sauce wird darüber angerichtet, alles mit feinen guten Capern bestreuet und die Schalotten darauf gelegt. Man kann auch einige kleine ganze Champignons dazwischen setzen und rundherum in die Assiette kleine Pfeffergurken, ebenfalls schräge geschnitten, legen.

50. Herings-Salat.

Der Hering wird gut ausgewässert, so daß man ihn zum Salat brauchen kann, alsdann abgezogen, bei dem Schwanz gerissen und die Gräten werden recht gut ausgesucht. Der Hering wird in feine längliche Streifen geschnitten und auf die Assiette gelegt. Dieselbe Sauce, wie bei dem Salat von Neunaugen gesagt ist, wird über den Hering angerichtet und die Assiette mit Capern, Zwiebeln, auch Gurken und Champignons in derselben Art garnirt und belegt, wie bei dem vorigen Salat.

51. Salat von Hechten.

Nimm gute Mittel-Hechte, reiße sie, schneide sie in etwas große Stücken und wässere sie aus, lege sie in eine Kasserolle, thue Zwiebeln und Wasser hinzu und salze sie etwas scharf; stelle sie aufs Feuer und lasse sie kochen. Wann der Hecht weich ist, so nimm ihn ab, lege ihn auf eine Schüssel und sobald er abgekühlt ist, nimm ihm die Schuppen und Haut weg, alle Gräten, so viel wie möglich, heraus und mache Stückchen von der Dicke und Länge eines Daums daraus. Nimm ferner große Krebse, koche sie auch mit Salz und Wasser gahr und nimm die Schwänze und die Gedärme, in dem Schwanz ebenfalls, aber behutsam, heraus, damit der Schwanz seine Form behalte; ist es die Jahreszeit, wo er Faden hat, so müssen auch diese herausgenommen werden. Das Bittere, was im Kopfe sitzt, muß auch heraus, aber nicht die Leber. Die kleinen Scheeren pelle aus, die großen schneide auf der inwendigen Seite auf, setze dann Eier bei, laß sie hart kochen, nimm das Gelbe heraus, gieße feines Provenceröl darauf, lege sie in einen Napf, drücke das Gelbe mit einer Kelle recht fein, und rühre es gut, damit es eben wird. Dann thue etwas gehackte Sardellen, auch ein wenig gehackte Schalotten dazu, rühre alles gut durcheinander, gieße guten scharfen Essig und etwas von der Hecht-Brühe dazu, streiche es durch einen feinen Durchschlag, damit die Stücken, welche sich nicht zerdrücken lassen, zurückbleiben, thue etwas Mostrich und fein gehackte Petersilie dazu, lege den Fisch auf etwas tiefe Schüsseln, oder Assietten, und zwischen den Stücken das wenige Fleisch aus den Krebsscheeren, richte die Sauce darüber an, bestreue sie mit Capern und garnire die Schüssel mit Krebsschwänzen, einen gegen den andern. Sardellen, welche man zuvor sauber bereitet hat, werden streifenweise über den Fisch und über dieselben dünne Citronenscheiben, welche vorher ausgeschnitten sind und in die Mitte eine ganze Scheibe und verschiedene halbe Scheiben an den Seiten und endlich die aufgeschnittenen Scheeren zwischen die Schwänze gelegt, damit es schön aussieht. Auf Schüsseln servirt ist es am schönsten.

52. Ausgebackene Rinderzunge.

Man nehme Rinderzungen, lasse sie mit Salz und Wasser weich kochen; wenn sie kalt sind, nehme man die Haut ab und schneide sie in beinahe fingerdicke Scheiben. Schlage 10 ganze Eier in einer tiefen Schüssel recht gut mit der Kelle und dann 24 Loth feines Weizenmehl recht gut dazu, damit es recht eben wird, thue dann einen Tassenkopf voll geschmolzener Butter, 2 Tassenköpfe lauwarmer Milch, 4 Löffel Weißbier-Bärme, von einer Citrone die abgeriebene Schaale hinzu, und lasse es ein wenig stehen, damit es in die Höhe geht und backe es dann gleich. Dann stelle man einen Tiegel mit abgeklärter Butter auf Kohlenfeuer und wenn sie kocht, lege man die Scheiben von der Zunge in den Teig, kehre sie mit einem Löffel darin um, lasse sie so in der kochenden Butter gelbbraun backen, und wenn sie auf der einen Seite gut sind, kehre man sie um. Wenn sie so auf beiden Seiten gut gebacken sind, lege man sie auf Löschpapier, und so fahre man fort, bis alle gebacken sind. Dies ist berechnet auf 2 Zungen.

Wenn die Zungen gebacken und herausgenommen sind, thue man in die kochende Butter Petersilie, lasse sie ein paarmal aufkröschen, nehme sie alsdann mit einem Schaumlöffel heraus und lege sie auf Löschpapier, sie muß aber nicht verbrennen, sondern grün und kraus bleiben, auch zuvor von den Stengeln gepflückt, gewaschen und wieder abgetrocknet worden sein. Sind die Zungen angerichtet, so garnirt man sie mit dieser gebratenen Petersilie.

53. Gebackene Kälberfüße.

Die Füße werden gut gereinigt, die Knochen hinten abgehauen, gespalten und mit Salz und Wasser weich gekocht und wenn sie kalt sind, nimmt man alle Knochen heraus und schneidet die Hälfte in 2 Theile. Man schlägt 5 Eier in eine tiefe Schüssel, nimmt 12 Loth Mehl dazu, schlägt solches recht klar, thut dazu 2 Löffel geschmolzene Butter, 1 Tassenkopf lauwarme Milch, 2 Löffel gute Weißbierhefen und von einer halben Citrone die Schaale abgerieben. Nun legt man das Fleisch hinein, nimmt es mit einem Löffel wieder heraus, und läßt dasselbe in klarer Butter, die recht heiß ist, ausbacken: dieses ist zu 6 Kälberfüßen berechnet. Wenn die Füße heraus sind, dann nimmt man Petersilie, welche vorher gut gelesen und gewaschen in einem Tuch gut ausgeschwenkt worden, damit kein Wasser darin bleibt, und legt sie in die heiße

Butter; sie muß aber hart werden und auch grün bleiben, dann ist sie gut. Die Füße werden warm angerichtet, und die Petersilie darüber gethan.

Saucen zum Rindfleisch.

54. Braune Sardellen-Sauce.

Nimm in Butter braun gemachtes Mehl, worunter Schalotten, gieße kräftige Rindfleisch-Bouillon dazu, nimm ferner feingehackte Sardellen, die vorher gereinigt, ein wenig ausgewässert und mit kalter Butter zerrührt sind, und thue diese nebst Citronenscheiben und Citronensäure dazu.

55. Weiße Sardellen-Sauce.

Zu einem Stück Butter in einem Tiegel werden das Gelbe von 6 Eiern, ein Löffel voll Weizenmehl, ein wenig feingehackte Schalotten, 8 feingehackte Sardellen und Muskaten-Blüthe hinzugethan, alles gut durcheinander gerührt; alsdann wird etwas abgekühlte gute Rindfleisch-Bouillon dazu gegossen, alles wieder gerührt und endlich heiße Bouillon, auch Citronenscheiben dazu gethan. Dies stellt man auf's Feuer und läßt es unter beständigem Rühren einmal aufkochen; dann ist die Sauce fertig.

56. Schalotten-Sauce.

Mache in Butter geschwitztes Mehl, lasse es ein wenig gelblich, aber nicht braun werden, thue dazu ein gutes Theil feingehackte Schalotten und lasse sie ein paarmal damit aufkröschen; gieße alsdann kräftige Rindfleisch-Bouillon und thue Muskaten-Nuß oder -Blumen dazu. Ist es in einer Jahreszeit, wo man Schnittlauch haben kann, dann nimm auch davon ein wenig feingeschnittenen dazu. Beim Anrichten ziehe diese Sauce mit Gelbem von Eiern ab.

57. Mostrich-Sauce.

Mache in Butter geschwitztes Mehl mit ein wenig Schalotten darunter, thue kräftige Rindfleisch-Bouillon, Mostrich, Citronenscheiben, ein gut Stück Butter, Weinessig, auch Zucker dazu, und lasse die Sauce einige Zeit, aber nicht lange, kochen; so ist sie fertig.

58. Braune Kapern-Sauce.

Nimm in Butter braun gemachtes Mehl, worunter etwas Schalotten sind, kräftige Rindfleisch-Bouillon dazu, auch feingehackte Sardellen, Citronenscheiben, Kapern und Zucker, man kann auch Mousserons dazu nehmen, man muß sie aber waschen und fein hacken.

59. Kalte Sauce.

Man nehme das Gelbe von hart gekochten Eiern, gieße gutes Provenceröl darauf, drücke und rühre es mit der Kelle ganz fein, thue feingehackte Schalotten und gehackte Sardellen, oder statt deren gehackten guten Hering und alsdann guten Weinessig dazu, gieße es so in einen Durchschlag und rühre es durch; thue alsdann Mostrich und Zucker, nach Belieben, auch feingehackte Petersilie dazu; und ist es in der Jahreszeit, wo man feines Lauch haben kann, so wird solches, ganz fein geschnitten, dazu gethan.

60. Zwiebel-Sauce.

Nimm ganz kleine Zwiebeln wie Haselnüsse groß, schäle sie ab, thue sie in einen Topf, gieße Rindfleisch-Bouillon darauf, stelle sie zum Feuer und lasse sie kochen. Dann mache geschwitztes Mehl in Butter ein wenig gelbbraun, gieße etwas feingehackte Zwiebeln und Rindfleisch-Bouillon, auch die Brühe von den gekochten Zwiebeln und Butter und Muskaten-Nuß dazu, stelle es auf's Feuer, daß es kocht, und beim Anrichten ziehe die Sauce mit Gelbem von Eiern ab. Die kleinen Zwiebeln muß man bis dahin warm erhalten, dann schütte man sie in Saucièren und richte die Sauce darüber an.

61. Gelbe Erbs-Sauce zu Pökel-Rindfleisch, auch zu geräuchertem Fleische.

Man verlese gelbe Erbsen, wasche und koche sie so, als wenn man sie zum Gemüse haben will; dann schäle man Zwiebeln ab, zerschneide sie ein wenig, lege sie in einen Tiegel, gieße kräftige Rindfleisch-Bouillon darauf, und lasse sie weich kochen. Wenn sie weich sind, so gieße man das Wasser ab und drücke die Erbsen mit der Kelle klein, thue auch die Zwiebeln mit der Brühe dazu, drücke die Zwiebeln mit den Erbsen recht gut zusammen und streiche sie durch einen Durchschlag, so daß keine Hülsen mit durchgehen. Dann thue man ein gut Stück Butter und Salz, so viel wie nöthig ist, in einen Tiegel, setze ihn auf das Feuer und lasse alles noch einmal aufkochen. Sind die Erbsen noch zu steif, dann gieße man noch etwas gute Bouillon dazu, doch muß die Sauce nicht so dünn sein wie eine andere Sauce, nur etwas dünner wie man sie zum Gemüse bereitet. Endlich schicke man sie in Saucièren zu Tische.

62. Sauce Bochumelle.

Man läßt 3 weiße große Zwiebeln, ¼ Pfund Schinken (roh und mager) in Scheiben geschnitten in Butter weich kochen, thut etwas kochende Sahne, in Bouillon klar gerührtes Mehl hinzu und läßt es säumig kochen. Man muß immer von der Brühe des Fleisches, Fisches oder Geflügels, wozu man diese Sauce giebt, hinzugießen und zuletzt Champignons, Citronensaft und ein wenig weißen Pfeffer daran thun.

63. Sauce von Champignons.

Nachdem die Champignons gehörig gereinigt und gewaschen, wie Nr. 335 vorschreibt, so schneide sie in Stückchen und schwitze sie mit Butter und dem Saft einer Citrone; sind sie weich, so quirle etwas Mehl nebst Wein und etwas Eigelb dazu.

64. Krebs=Butter.

Nimm das Rothe von den Krebsen, nemlich die Schaalen von den Scheeren, die Häuser, die obersten Schaalen von den Schwänzen und auch die Füße, lasse aber alles, was schwarz ist, zurück, und stoße es fein in einem Mörser, doch ohne Butter, denn diese macht es zähe und schlechter, weil man die Schaalen darin nicht fein stoßen kann. Wenn nun alles gestoßen ist, so lege in einen Tiegel Butter, verhältnißmäßig zu dem Gestoßenen, setze sie auf das Feuer, lasse sie zergehen, thue das Gestoßene dazu, lasse es auf gelindem Kohlenfeuer kochen und hernach braten. Es muß aber hinreichend Butter sein, diese auch fleißig umgerührt und darnach gesehen werden, damit sie nicht zu lange brate und anstatt roth nicht schwarz werde. Wenn sie recht schön roth ist, gieße kochendes Wasser dazu und lasse sie eine halbe Stunde räumlich im Wasser kochen, damit sie klar wird; sodann gieße sie durch einen feinen Durchschlag, in welchem die Schaalen nicht mit hinzu kommen, ab, und etwas kochendes Wasser auf und rühre sie mit der Kelle gut durch, damit keine Schaalen in der Butter sitzen bleiben. Es ist gut, wenn die Krebsbutter bereitet wird, ehe man sie brauchen will, damit man sie kalt und steif abnehmen kann. Zuweilen setzt sich noch etwas Schwarzes unten an die Butter, welches man alsdann mit einem Messer abnehmen muß.

65. Angeschlagene Hammel= oder Kälber=Karbonade.

Man nehme die dicken Kammrippen vom Hammel, oder Kalbe, schneide das Fleisch von oben weg, auch den Knochen, wo das Blatt sitzt; an den Rippen bleibt aber das Fleisch sitzen; das Fleisch, was oben an den Knochen sitzt, schneide man ab und hacke es mit einem Hackmesser ganz fein; dann hacke man den Kammknochen zwischen jeder Rippe durch, so daß jede Rippe einzeln kommt und nehme von jeder derselben den Kammknochen, doch so weg, daß das Fleisch an den Rippen sitzen bleibt. Haut und Sehnen müssen aber von den Rippenknochen mit einem Messer abgeschabt werden. Dann nehme man ein großes Küchenmesser und klopfe mit dem Rücken das Fleisch an den Knochen, daß es mürbe werde, zugleich aber am Knochen sitzen bleibe. Ist zu wenig Fleisch an den Rippen, so nehme man von dem gehackten Fleische, klopfe noch etwas daran; und dem, was dann von dem Gehackten noch übrig ist, gebe man eine Form, wie dasjenige hat, was am Knochen sitzt. Hierauf schlage man ganze Eier mit der Kelle auf einem Teller, nehme geriebene Semmel, fein gehackte Petersilie, etwas Pfeffer und Salz, lege die Karbonade in die Eier, begieße sie mit einem Löffel mit geschlagenen Eiern, lege sie dann in die Semmel und bestreue sie ganz damit. Endlich setze man Butter in einem eisernen Tiegel auf's Feuer, lasse sie gelbbraun werden, lege die Karbonade hinein, lasse sie langsam braten und wenn sie auf der einen Seite gut ist, so kehre man sie um. Die Karbonade muß übrigens nur gut gelbbraun werden und auch nicht zu lange braten, sonst wird sie hart.

66. Farcirte Karbonade.

Nimm 2 Pfund Hammelfleisch aus der Keule und 1 Pfund von Braten-Rippen, schneide das Fleisch von der Keule aus den Sehnen und Häuten und auch von den Rippen ab, und hacke es zusammen mit einem Hackmesser recht fein, damit kein Stückchen darin bleibe. Dann lege das Gehackte in eine Schüssel voll geschmolzener Butter, thue ein ganzes Ei und von 2 Eiern das Gelbe, ferner fein gehackte Schalotten, auch geriebene Semmel und etwas Pfeffer und Salz dazu und rühre alles recht gut durcheinander. Dann nimm ein Brett, bestreue es mit geriebener Semmel, lege Häufchen von jener Masse darauf, so wie eine Karbonade sein muß, streue etwas geriebene Semmel darüber, klopfe die Karbonade mit den Händen, aber nur so, daß sie zusammenhält, etwas breit, dann schlage Eier auf einem Teller, das Gelbe und Weiße mit einem Löffel zusammen, daß es sich vereinigt, begieße die Karbonade damit und bestreue sie mit geriebener Semmel. Die Rippen schabe mit einem Messer ganz rein, hacke sie in der Länge ein oder zweimal durch, nachdem sie lang sind, oder spalte sie, doch müssen es so viel Knochen wie Stückchen Karbonade sein, stecke die Knochen in die Karbonade und brate sie, wie bei Nr. 65 gesagt ist.

Man kann auch Kalbfleisch nehmen und auf dieselbe Art bereiten.

67. Braunes Mehl auf eine gute Art zu verfertigen.

Man stelle Butter in einem eisernen Tiegel auf Kohlenfeuer, lasse sie ein wenig braun werden, thue dann so viel Mehl dazu, wie nöthig ist und rühre es mit der Kelle beständig, damit es sich auf keiner Stelle ansetzen könne, nicht brandig schmecken und kein schlechtes Ansehen bekommen möge. Wenn es gut braun ist, dann stelle es vom Feuer zurück; man muß aber darauf rechnen, daß es noch nachbrennt, daher muß man es noch immer rühren. Wenn es sich dann etwas abgekühlt hat, so thue man ganz fein gehackte Schalotten, oder Zwiebeln dazu, es muß aber doch noch so heiß sein, daß selbige darin gahr werden. Hierauf thue man alles in einen irdenen Tiegel, denn in dem eisernen kann es nicht stehen bleiben, sonst schmeckt es nicht gut. Man kann es gleich, auch nach einer Weile gebrauchen und dann davon zur Sauce nehmen, so viel man will; will man es aber zum Gemüse gebrauchen, so bleiben die Zwiebeln und Schalotten zurück.

68. Geschwitztes Mehl.

Man legt Butter in einen irdenen Tiegel, stellt sie auf's Feuer, (aber Kohlenfeuer) und wenn sie geschmolzen ist, thut man Mehl dazu, rührt es gut und läßt es ein wenig gelblich, doch nicht braun werden. Dann wird es vom Feuer zurückgestellt und fein gehackte Zwiebeln oder Schalotten werden, so viel man nöthig findet, dazu gethan.

In dieser Art braucht man es zu allen weißen Saucen, die zum Rindfleisch gehören.

69. Wie man Sardellen wässern muß

Die Sardellen, welche man zur Sauce braucht, müssen nur wenig gewässert werden, sonst verlieren sie den guten Geschmack. — Ueberhaupt muß eine Sardelle, man mag sie gebrauchen, wozu man will, nicht stark gewässert werden.

Dritte Abtheilung.

Verschiedene Gemüse und Vorkosten.

---

70. Sauerkohl mit Pflückhecht.

Nimm Weißkohl, schneide ihn fein und länglich, so gut es sich thun läßt, dann nimm einen Schmoortopf, oder eine gut verzinnte Kasserolle, lege halb Butter, halb Schmalz, auch etwas Salz hinein (man kann auch lauter Butter nehmen, desto besser wird der Kohl an Geschmack), lege den Kohl darauf, so daß der Topf voll wird, drücke ihn ein wenig ein, gieße kochendes Wasser darauf (aber nur die Hälfte des Kohls muß Wasser haben), decke ihn zu und stelle ihn auf gelindes Feuer, damit der Kohl, wo er kein Wasser hat, nicht Schaden leidet.

Hat man so viel Kohl, daß er nicht gleich in die Kasserolle hineingeht, so legt man ihn nach, und läßt ihn dann kochen, bis er weich ist. — Dann schäle saure Aepfel, die wohlschmeckend sind, und schneide sie in beliebige Stücke, lege sie oben auf den Kohl, decke das Geschirr wieder zu und kehre alles, jedoch nicht eher, bis die Aepfel weich sind, behutsam um, so daß der Kohl und die Aepfel sich vereinigen. Sodann versucht man, wieviel Säure er noch haben muß, worauf man guten Essig zugießt, und auch Zucker und wenn es nöthig ist, etwas geschwitztes Mehl dazu thut.

Nimm hierauf einen guten Mittel=Hecht, reiße ihn und schneide ihn gerade durch, wasche die Stücken recht gut aus, koche ihn mit Wasser und Salz und wenn er weich und kalt ist, so nimm die Schuppen mit der Haut fort und auch alle Gräten heraus, schneide Stückchen wie zwei Finger breit, lasse in einem eisernen Tiegel etwas Butter gelbbraun werden, lege die Stückchen hinein und lasse sie ebenfalls gelbbraun, aber nicht hart werden. Beim Anrichten des Kohls streue man gute feine Kapern darüber, und mit dem Hecht belegt, giebt man ihn dann zu Tische. Nachdem man viel Kohl hat, muß auch der Hecht berechnet werden. Man kann auch Neunaugen oder Hasenbraten auflegen. Die Neunaugen müssen geschnitten sein und der Hasenbraten in kleine Stücke gehackt.

71. Grünkohl mit Kastanien.

Man nehme von gutem Grünkohl alle groben Blätter ab, die feinen Blätter streife man ab, daß die Stiele herauskommen und das Herz schneide man heraus (man kann auch die sogenannten Spruten nehmen), wasche ihn alsdann recht rein, damit kein Sand darin bleibt und lege die Hälfte davon in kochendes Wasser und wenn er kocht, die andere Hälfte dazu. Sobald er weich ist, schütte man ihn in einen Durchschlag, drücke ihn mit einer Kelle gut aus und wenn es nöthig ist, schneide man ihn noch mit einem Küchenmesser ein wenig in dem Durchschlag durch. Dann lege man ihn in eine Kasserolle, gieße gute Fleischbrühe darauf, thue Butter, Muskaten-Nuß, Zucker und Salz nach Geschmack daran, setze ihn wieder aufs Feuer, lasse ihn kochen und füge zuletzt ein wenig geschwitztes Mehl hinzu. Hiernächst nehme man frische Kastanien, thue sie in einen Topf, gieße Wasser darauf, stelle sie ans Feuer und lasse sie kochen. Wenn sie eine halbe Stunde gekocht haben, so nehme man eine zum Versuch, ob sie weich ist, heraus; wo nicht, so lasse man sie noch ein wenig kochen; wenn sie aber gut sind, so schäle man die erste Schaale ab und dann die zweite, wobei man sich aber in Acht nehmen muß, daß sie nicht zerkrümeln. Das Wasser bleibt darauf; man muß sie mit einem Löffel herausnehmen, denn sie müssen alle warm abgeschält werden, weil sie kalt und ohne Wasser in Stücke zerbrechen.

Hierauf nimmt man etwas Fleischbrühe und Butter, aber nur so viel, daß die Kastanien darin gewärmt werden können; dann richtet man den Kohl an und legt die Kastanien darüber. Die eine Hälfte von den Kastanien kann man in die Mitte des Kohls legen. Umher legt man Bratwurst, die vorher in Stücke geschnitten ist.

72. Spinat.

Nimm Spinat, verlies ihn; ist der Spinat klein, so schneide die Wurzei weg, damit er sich vom Sand reinigen lasse, ist er aber groß, oder wenn er lange Stengel hat, so schneide erst die Blätter und dann das Herz mit den kleinen Blättern von der Wurzel ab und wasche ihn recht gut, damit er keinen Sand behalte, stecke ihn hierauf in kochendes Wasser und lasse ihn kochen. Wenn er nun weich ist, so schütte ihn in einen Durchschlag; und wenn er kalt ist, drücke ihn mit der Kelle recht gut aus, damit er kein Wasser behalte; dann lege ihn auf ein reines Brett und schneide ihn mit einem Wiegemesser ganz klein, thue ihn sodann in eine verzinnte Kasserolle und gieße gute Fleischbrühe dazu, thue Butter, Salz, auch Muskaten-Blumen oder -Nuß daran und lasse ihn kochen. Wenn er nun gahr ist, so nimm geschwitztes Mehl mit etwas fein gehackten Zwiebeln, thue dies zuletzt an den Spinat, richte ihn an und lege verlorne Eier darauf. Diese mache so, wie bei der grünen Kräutersuppe unter Nr. 19 in der ersten Abtheilung gesagt ist.

73. Blumenkohl mit einer Sahn-Sauce und mit Krebsen.

Nimm guten Blumenkohl, schneide den Strunk ab, doch so, daß der Kohl nicht zerfallen kann, schneide alle kleinen Blätter und auch die inwendigen weg und beschneide den Strunk, damit alles Harte wegfalle. Sind es kleine Köpfe, so lasse man sie ganz, sind sie aber groß, so schneide man sie nach Belieben durch. Nun wasche den Kohl, lege ihn in kochendes Wasser, welches zuvor in einem Schmoortopf oder einer Kasserolle aufgesetzt worden ist und lasse ihn, aber sehr geräumig, nachdem hinlänglich Salz hinzugethan worden, kochen. Wenn der Blumenkohl weich ist, so nimm ihn vom Feuer, lege ihn mit einem Schaumlöffel auf eine zuvor gewärmte Schüssel, die Blumen alle nach oben, damit es zierlich aussehe, decke ihn zu und setze ihn auf das kochende Wasser, in welchem er gekocht ist, aber so, daß der Kohl nicht durch das Zudecken zerdrückt werde.

Um die Sauce zu bereiten, nimm geschwitztes Mehl, gieße heiße Sahne dazu, nach der Menge der Sauce, welche man haben will; dann werden gute Butter, auch etwas Krebsbutter, und die gehörigen Krebsschwänze und Zucker dazu gethan. Dies wird nun auf das Feuer gestellt, einmal aufgekocht, mit Gelbem von Eiern, wozu etwas kalte Sahne gegossen ist und Muskatenblumen recht gut gequirlt, die Sauce damit abgerührt, und diese über den Kohl angerichtet. — Man muß aber zuvor das Wasser, welches sich auf dem Kohl gesetzt hat, rein abgießen. Will man den Blumenkohl mit einer Fleischbrühe haben, so macht man die Sauce auf folgende Art: Man legt Butter in eine Kasserolle, schlägt das Gelbe von 6 Eiern, einen guten Eßlöffel voll Weizenmehl, auch etwas Muskatenblumen dazu, rührt es gut untereinander nimmt dann etwas kalte Bouillon und rührt es wieder durch, gießt alsdann kochende Bouillon, so viel wie nöthig ist, dazu, stellt es aufs Feuer und läßt es, unter beständigem Rühren, aufkochen. Dieses wird alsdann über den Kohl angerichtet und mit Saucischen belegt. — Die Sauce muß nach der Menge des Kohls berechnet und das Ingredienz dazu nöthigenfalls verdoppelt werden.

74. Geschmoorte Enten mit weißen Rüben.

Nimm eine gute verzinnte Kasserolle, lege Butter hinein, setze sie auf gelindes Feuer und wenn die Butter gelbbraun ist, dann lege die Enten hinein und lasse sie auf gelindem

Kohlenfeuer schmooren; thue auch Salz daran, kehre sie öfter um, und wenn sie etwas stark schmooren, dann gieße immer ein wenig kaltes Wasser dazu und lasse sie recht schön gelbbraun und gahr werden.

Wenn nun die Rüben geputzt sind, dann gieße heiß Wasser auf dieselben, reibe sie mit den Händen recht gut ab, nimm sie heraus und gieße noch einmal kochendes Wasser darauf, rühre sie mit der Kelle um, nimm sie mit einem Durchschlag heraus, und schütte sie so aus dem Durchschlag wieder in kochendes Wasser hinein; gieße etwas kochende Fleischbrühe dazu, und thue auch gleich Butter und Salz daran. Dann lege ein Stückchen Zucker in einen Tiegel, gieße ein wenig Wasser darauf und lasse ihn scharf braun werden, dann gieße etwas, kochendes Wasser darauf, lasse es kochen, daß der Zucker vergehe; gieße so viel davon an die Rüben, daß sie etwas aber auch nicht zu sehr braun werden, sonst schmecken sie bitter; thue so viel braunes Mehl, wovon die Sauce seimig werden kann, auch noch etwas weißen Zucker daran; dann lasse die Rüben weich kochen und richte sie endlich an. Die geschmoorten Enten lege man auf eine besondere Schüssel, nehme das Fett ab, gieße die Jus darüber und gebe nun beide Schüsseln zu Tische.

75. Weiße Rüben mit Bratwurst.

Lege die Wurst in einen Tiegel oder Schmoortopf, gieße Wasser darauf und lasse sie kochen. Es kann auch Fleischbrühe darauf gegossen werden, wenn man diese hat. Wenn die Rüben geputzt sind, so schneide sie fein länglich; dann setze Fleischbrühe auf's Feuer und wenn sie kocht, so thue die Rüben hinein, lege aber gleich Butter an. Man muß die Rüben eben so waschen, wie es in Nr. 74 vorgeschrieben ist. Wenn die Wurst gahr ist, so gieße die Brühe von derselben zu den Rüben (das Fett muß aber von der Brühe abgenommen werden) und wenn die Rüben weich sind, so mache geschwitztes Mehl daran, damit die Sauce seimig werde, auch etwas Muskaten=Nuß oder =Blumen, und etwas Zucker, wann es nöthig ist, sofern die Rüben an sich nicht süß genug sein mögten. Sollte die Wurst nicht mehr heiß sein, so legt man sie auf die Rüben; beim Anrichten aber, nimmt man die Wurst heraus, schneidet sie in beliebig große Enden, richtet die Rüben an und legt die Wurst darauf, rund um die Schüssel und so schickt man sie zu Tische.

76. Grüne Bohnen mit Karbonade.

Nimm Schwerdtbohnen, oder andere gute Bohnen, ziehe ihnen von beiden Seiten den Faden ab, wasche sie mit kaltem Wasser, nimm ein reines Brett und schneide sie mit einem Messer, wie man die Bohnen schneidet, schräg und lang, aber nicht fein. Wenn sie nun geschnitten sind, so setze halb Wasser und halb Fleischbrühe in einer verzinnten Kasserolle, oder in einem Schmoortopf aufs Feuer und wenn es kocht, schütte die Hälfte der Bohnen und wenn diese einmal aufgekocht sind, die andere Hälfte hinein. Man muß nicht zu viel Brühe haben, weil die Bohnen selbst viel Wässeriges enthalten. Wenn die Bohnen nun abermals kochen, so lege gleich Butter und Salz, auch etwas Pfefferkraut daran, und so lasse sie einkochen. Wenn sie bald weich sind, thue fein gehackte Petersilie und Muskaten=Nuß oder =Blumen und nachdem sie ganz weich sind, geriebene Semmel dazu, richte sie an und lege Karbonade darüber.

NB. Man muß keine grünen frischen Bohnen abkochen, denn sie verlieren das Süße und man kann ihnen dies auf keine Art wieder geben. Eine unabgekochte Bohne schmeckt besser mit Wasser, als eine abgekochte mit Fleischbrühe und eben so muß die Bohne deshalb grob geschnitten werden, daß sie nicht so zusammen fallen kann und ein besseres Ansehen behalte; auch muß man sie nicht zu kurz einkochen lassen, indem sie dadurch ebenfalls, wie durch das feine Schneiden, an Geschmack verliert.

77. Farcirte Sellerie.

Man nehme 16 Sellerieknollen, so groß und schön sie zu haben sind, breche die groben Blätter rund herum ab, schneide oben, wo das Herz sitzt, eine Scheibe ab, so daß das Herz daran sitzt und der Knollen stehen bleibt, wenn man ihn auf den Tisch stellt; dann beputze man die Knollen, nehme die Wurzeln und alles Schwarze davon ab, wasche die Knollen gut ab, schneide sie einmal gerade durch, putze sie noch einmal in Wasser ab, so daß sie ganz glatt werden und höhle sie, jedoch nicht zu tief aus, denn es muß auch noch Sellerie darin bleiben. — Zur Farce nehme man 4 Pfund Kalbfleisch aus der Keule, schneide es gut aus den Sehnen und der Haut und fein würflich; 8 Loth frischen, ungeräucherten Schweinespeck schneide man auch darunter und hacke beides ganz fein, schabe es mit einem Messer noch einmal aus, daß keine Sehnen darin bleiben, thue etwas fein gehackte Citronenschaalen, auch fein gehackte Schalotten, Salz, ein wenig Pfeffer, Muskaten-Blumen und geschmolzene Butter, 2 ganze Eier und das Gelbe von 2 Eiern und auch etwas alte Semmel dazu. Von der Semmel schneide man zuvor die Rinde ab, weiche sie in kaltem Wasser, lasse sie aber nicht lange liegen, sonst zieht sie zu viel Wasser und drücke sie mit der Hand aus, das kein Wasser darin bleibt. Dies alles arbeite man mit dem Fleische mittelst einer Kelle gut durch, daß es sich vereinige und drücke es so in die Höhlungen der Selleriekn ollen ein. Dann setze man in einer verzinnten Kasserolle Bouillon auf, ist sie stark, so gieße Wasser dazu, sonst wird es zu strenge, und wenn sie kocht, so setze die Sellerie hinein, lege Butter, auch Salz, wenn es nöthig ist, dazu und lasse sie kochen und wenn sie weich ist, thue etwas geschwitztes Mehl dazu, daß die Sauce seimig werde; Muskaten-Blumen und ein wenig Pfeffer wird auch hinzugefügt und so richtet man sie an. Die abgeschnittenen Platten mit dem Herz, die vorher sauber abgeputzt worden, stelle man oben darauf, aber nicht alle, sechs sind genug und so schicke man es zu Tische.

NB. Man muß alle Farcen, die man kocht, versuchen, nemlich: man stelle ein Töpfchen mit Bouillon, oder Wasser an's Feuer, und wenn es kocht, mache man einen runden Kloß von der Farce und lege ihn hinein und probire ihn, sobald er gahr ist. Ist er zu fest und trocken, dann thue man noch geschmolzene Butter dazu; ist er zu lose, noch Eier und geriebene Semmel, und so kann man nie fehlen.

78. Farcirter Würsig- (Savoyen-) Kohl.

Nimm guten, festen Würsigkohl, dessen Köpfe oben recht fest sind, breche die auswendigen Blätter davon ab, schneide den Strunk heraus und nimm auch noch Blätter heraus, damit die Farce gehörig Raum bekömmt, spüle ihn gut ab und setze ihn auf ein Brett, die hohle Seite unten, daß das Wasser abläuft. Zu 6 großen Köpfen Kohl nimm eine Hammelkeule von 4 Pfund, schneide sie so, daß Sehnen und Haut zurück bleiben (das feste Talg, was die Keule hat, kann daran bleiben), schneide dann ½ Pfand frischen, ungeräucherten Speck in Würfel, thue dieses zu dem Fleische, hacke es zusammen ganz klein und entferne die etwa noch darunter befindlichen Sehnen. Ferner nimm gehackte Schalotten, fein gehackte Citronenschaalen, Salz, etwas Pfeffer, Muskatenblumen, auch geschmolzene Butter, 2 ganze und das Gelbe von 3 Eiern und etwas alte Semmel, nachdem man von der letztern die Rinde abgeschnitten, sie ein wenig in kaltem Wasser eingeweicht und hierauf mit der Hand recht gut ausgedrückt hat; thue dies alles zu dem Fleische, rühre es mit der Kelle gut durch, damit sich alles vereinige, thue es in die Höhlungen der Kohlköpfe, drücke es fest ein, nimm alsdann ein Paar gute Kohlblätter, lege sie auf die Farce und binde den Kohl mit feinem Bindfaden über Kreuz recht fest zusammen, daß er nicht auseinander gehen kann. Setze nun Bouillon in einer verzinnten Kasserolle auf's Feuer und wenn sie kocht, so lege den Kohl hinein, decke ihn zu und lasse ihn kochen, mache aber gleich Butter und Salz daran. Wenn der Kohl weich ist, so thue etwas geschwitztes Mehl und Muskatennuß daran; beim Anrichten nimm den Bindfaden ab und gieße die Sauce darüber.

79. Farcirte Gurken.

Schäle etwas große, grüne Gurken ab, schneide sie einmal in der Rundung durch, höhle sie aus, nimm alle Kerne und alles Wasser heraus, spüle sie ab und setze sie auf ein Brett, die hohle Seite unten, damit kein Wasser darin bleibt. Sodann nimm dieselbe Farce, deren Bereitung bei dem Würsigkohl Nr. 78 angegeben ist, aber zu einer Mandel großer Gurken nur die Hälfte; dann fülle die Farce in die Gurken, und drücke sie fest hinein. Fertige recht kräftige Hammelfleisch-Bouillon, wenigstens von 3 Pfund Hammelfleisch, sonst schmeckt es schlecht, weil die Gurken viel Wässeriges enthalten; setze dieselbe in einer verzinnten Kasserolle auf's Feuer, und wenn sie kocht, so lege die Gurken hinein. Sobald sie darin eine Viertelstunde gekocht haben, gieße recht guten, scharfen Weinessig dazu; und wenn sie weich sind, setze etwas geschwitztes Mehl, Pfeffer und Muskatenblumen hinzu. Wenn man die Gurken anrichtet, dann setze man die Farce-Seite unten, damit die runde Seite oben kommt, thut die Sauce darüber, und so giebt man sie zu Tische.

80. Zuckerwurzeln mit Krebsen.

Nimm gute starke Zuckerwurzeln, schneide die Herzen davon ab, damit sie einzeln sind, wasche sie rein und lasse sie ein wenig abtrocknen, alsdann putze sie (welches in der Rundung geschehen muß, weil man auf diese Weise die Fugen besser reinigen kann, und weil auch nicht so viel davon verloren geht, als wenn man sie in der Länge putzt), hierauf schneide davon kurze Enden, wasche sie zweimal mit warmem Wasser (man muß sie nicht in kaltes Wasser legen), lege sie dann in eine verzinnte Kasserolle oder in einen Schmoortopf, gieße kräftige Bouillon darauf, thue auch ein wenig Butter und etwas Salz daran, wenn es nöthig ist, setze sie auf's Feuer und lasse sie kochen. Wenn sie nun weich sind, so thue das Fleisch aus den Krebsschwänzen daran und lasse es noch einmal aufkochen. Alsdann wird Krebsbutter, worunter man etwas geschwitztes Mehl rührt, damit es seimig werde; Muskatenblumen, auch Zucker, wenn es nöthig ist, genommen; dazu Brühe von den Zuckerwurzeln gegossen, dies gut durcheinander gerührt, dann wieder zu den Zuckerwurzeln gegossen und mit diesen geschüttelt und gedreht, daß es sich vereiniget; man muß aber sehr behutsam damit umgehen, damit die Zuckerwurzeln ganz bleiben. Lasse es dann noch einmal aufkochen und richte es so an, daß die großen Scheeren, die von den Krebsen zurückbehalten und auf einer Seite aufgeschnitten sind, rund um die Schüssel liegen, damit es Ansehen bekomme; und so schicke es zu Tische. Man kann auch Morcheln darunter nehmen, die aber vorher gut gereinigt sein müssen.

81. Grüne Birnen mit Klößen.

Schäle gute Birnen, und wenn sie groß sind, schneide sie einmal durch und das Kernhaus heraus; sind sie klein, dann können sie ganz bleiben; wasche sie, lege sie in einen Schmoortopf, gieße Wasser und etwas weißen Wein darauf, lege gleich ganzen Zimmet und Zucker nach Belieben daran, stelle sie aufs Feuer und lasse sie kochen. Ist es in der Kirschenzeit, so thue zu gleicher Zeit einige daran, weil die Birnen dadurch nicht allein eine schöne Röthe, sondern auch einen bessern Geschmack bekommen. Man kann auch eingekochten Kirschensaft dazu nehmen; im Fall man aber beides nicht hat, so nimmt man rothen Wein. Wenn die Birnen weich sind, so quirle ein wenig feines Weizenmehl in einem Topfe und gieße es zu den Birnen, damit die Sauce seimig werde. Alsdann nimm die Masse zu den Klößen, nemlich die abgebackenen Semmelklöße, welche in der ersten Abtheilung unter Nr. 33 aufgeführt stehen, setze Wasser aufs Feuer, thue Salz dazu; wenn es kocht, stecke Klöße ein und wenn sie gahr sind, so richte die Birnen an; nimm mit einem Schaumlöffel die Klöße aus dem Wasser, lege sie zwischen die Birnen und wenn Kirschen in der Sauce sind, so gieße sie durch einen Durchschlag über die Birnen und Klöße und so schicke sie zu Tische.

82. Farcirte Zwiebeln.

Nimm Zwiebeln, so groß sie zu haben sind, schneide die Wurzeln unten behutsam weg, schäle sie ab und wasche sie; lege sie in einen Schmoortopf, oder in eine verzinnte Kasserolle; gieße Wasser darauf, thue auch etwas Salz daran, stelle es aufs Feuer und lasse es kochen. Wenn die Zwiebeln weich sind, jedoch nicht so, daß sie zerfallen, dann lege sie mit einem Schaumlöffel in einen irdenen Durchschlag, lasse sie ablecken und höhle sie hierauf von oben aus, daß sie eine Oeffnung bekommen. Wenn die Zwiebeln geschält, so muß oben nichts abgeschnitten werden, sondern sie müssen ganz bleiben.

Mache nun eine Farce auf folgende Art: Nimm Kälberbraten, auch die Niere mit dem Fette, schneide all das Braune zur Farce nicht Brauchbare ab, hacke das Uebrige ganz fein, thue dazu etwas gehackte Citronenschaalen, feingehackte Schalotten und etwas von den ausgehöhlten und feingehackten Zwiebeln, ferner geschmolzene Butter, etwas Salz, sofern es nöthig ist, Muskatennuß, ein wenig Pfeffer und einige ganze Eier, und rühre dieses alles recht gut durcheinander. Nun fülle die Zwiebeln damit voll, nimm Gelbes von Eiern, streiche es mit einer Feder über die Farce, alsdann stelle die Zwiebeln in eine gut verzinnte, vorher mit Butter ausgeschmierte Tortenpfanne, und lasse sie backen. Man kann auch eine irdene Bratenpfanne dazu nehmen und sie zu dem Bäcker schicken, die Zwiebeln müssen aber nicht zu stark, sondern nur so lange backen, bis die Farce gahr ist.

Zur Sauce nimm geschwitztes Mehl, etwas feingehackte Schalotten, kräftige Rindfleisch-Bouillon, Butter und etwas Muskatennuß, so viel wie zu den Zwiebeln nöthig ist, quirle dies mit Gelbem von Eiern ab, gieße die Sauce in eine Schüssel, setze die Zwiebeln hinein und so schicke es zu Tische.

83. Spargel mit Morcheln und Krebsen.

Man nehme Spargel von beliebter Stärke, putze und schneide ihn in kurze Enden, doch nur so weit er mürbe ist, wasche und stecke ihn in einen hohen Topf, gieße kochendes Wasser darauf, wirf Salz hinzu, stelle den Topf zum Feuer und lasse den Spargel kochen. Zu dieser Speise nimmt man auch Morcheln, läßt sie aber 2 Stunden räumlich in Wasser kochen, damit all das Braune abzieht, alsdann gießt man das kochende Wasser ab, schüttet sie in eine Schüssel, gießt kaltes Wasser darauf, nimmt die Wurzeln heraus, legt die Morcheln in einen Durchschlag, hält den Durchschlag in kaltes Wasser und wäscht sie darin recht gut, damit sie keinen Sand behalten. Alsdann nehme man eine verzinnte Kasserolle, lege Krebsbutter, etwas feines Weizenmehl, so viel zu der Speise nöthig ist, auch Muskatenblumen und Zucker hinein, rühre alles recht gut durcheinander, nehme heiße kräftige Rindfleisch-Bouillon, gieße sie dazu, setze sie aufs Feuer und lasse es einmal aufkochen. Dann gießt man den Spargel ab und schüttet ihn und die Morcheln nebst den Krebsschwänzen und dem Fleische aus den kleinen Scheeren dazu, läßt es noch ein wenig damit kochen (aber nicht lange, sonst setzt die Krebsbutter ab, wird klar und schmeckt nicht gut, weshalb man es nur kurz vor dem Anrichten anfertigen muß); und wenn die Speise angerichtet ist, dann legt man die großen Scheeren von den Krebsen, die auf einer Seite aufgeschnitten sind, auf die Speise um die Schüssel rund herum.

Man kann auch junge gelbe Rüben dazu nehmen, dann müssen aber die Morcheln zurückbleiben.

84. Spargel mit einer Sauce.

Nimm Spargel, so stark er zu haben ist, putze und schneide ihn unten, wo er gestochen ist, gerade; wasche und binde ihn mit einem Bindfaden oder mit grobem Zwirn im Bunde recht fest, lege ihn in ein Geschirr, was dazu passend ist, gieße kochendes Wasser darauf, thue auch zu gleicher Zeit Salz hinzu, stelle ihn zum Feuer und lasse ihn kochen.

Zur Sauce lege ein gutes Stück Butter in einen Tiegel, thue das Gelbe von 6 Eiern, einen Eßlöffel voll feinen Weizenmehls und Muskatennuß dazu, rühre es mit einer Kelle recht gut durcheinander, so daß es einerlei Farbe erhält, und wann der Spargel weich ist, so gieße etwas warmes Wasser zu in den Tiegel, rühre es wieder recht gut durch; dann gieße von dem Spargelwasser so viel dazu, wie nöthig ist, stelle den Tiegel auf das Feuer, und wenn es unter beständigem Rühren noch einmal aufgekocht ist, dann ist die Sauce gut. Den Spargel nimm nun aus dem Wasser heraus, lege ihn auf eine Schüssel, in welcher er zu Tische kommen soll, schneide den Faden mit einer Scheere ab, lasse das Wasser, was sich auf der Schüssel gesammelt hat, noch ein wenig ablaufen, richte die Sauce in einer Saucière an, und so schicke Beides zur Tafel.

Nach Belieben kann man auch unter die Sauce ein wenig guten Weinessig oder Citronensaft nehmen. Auch kann man zerlassene gelbbraune Butter statt der obigen Sauce zu dem Spargel nehmen. Nach der Menge des Spargels richtet sich die Menge der Sauce, weshalb man nöthigenfalls die obigen Ingredienzen verdoppeln muß.

85. Grüne Erbsen mit Krebsen.

Nimm Erbsschooten, so klein man sie haben kann, pahle sie aus, wasche sie, lege sie in einen Schmoortopf, gieße Fleischbrühe nebst Butter darauf, setze sie aufs Feuer und lasse sie kochen. Koche auch zugleich Krebse mit Salz und Wasser ab und wenn diese gahr sind, so pelle sie aus. Von der Hälfte der Krebse nimm die Schwänze heraus, und pelle auch die Scheeren aus; an der zweiten Hälfte der Krebse lasse die Schwänze an dem Leibe sitzen, eben so die Scheeren, deren inwendige Seite aber aufgeschnitten wird, und nimm die Därme aus den Schwänzen und das rauhe Schwarze unten am Leibe weg. Wenn die Erbsen bald weich sind, so thue feingehackte Petersilie, Muskatennuß und Zucker, auch Salz, wenn es nöthig ist, daran; und wenn die Erbsen ganz weich sind, so schütte die Schwänze, auch etwas in Butter geschwitztes Mehl dazu und so lasse es noch ein wenig durchkochen. Dann lege die Krebse rund um die Schüssel, die Scheeren nach auswendig, richte die Erbsen darüber an, und schicke es so zu Tische.

86. Würsigkohl mit Enten.

Wenn die Enten gut gereinigt und ausgewässert sind, lege sie in einen Schmoortopf, gieße Wasser darauf, stelle sie aufs Feuer, schäume sie gut, und wenn sie eine Viertelstunde gut gekocht haben, so nimm sie heraus, gieße die Brühe durch ein Suppensieb in einen Topf; auf die Enten aber gieße kaltes Wasser; nimm mit einem Messer alle Spulen heraus, die bei dem Kochen noch hervorgekommen sind, lege die Enten wieder in einen Schmoortopf, nimm von der Brühe das Schmalz und den feinen Schaum, der durch das Sieb gegangen ist, ab; gieße die Brühe wieder auf die Enten (was sich unten gesetzt hat, bleibt zurück), lege Salz daran, decke sie zu, stelle sie wieder aufs Feuer und lasse sie kochen.

Von dem Kohl nimm die auswendigen Blätter ab, schneide die Rippen heraus, und wenn die feinen Blätter sichtbar werden, dann schneide den Kopf in 4 Theile und den Strunk heraus; wasche den Kohl recht gut, damit er keinen Sand behalte, lege ihn in Wasser, welches schon in einem Geschirre auf dem Feuer kocht; und wenn der Kohl weich, doch nicht zu weich ist, so schütte ihn in einen Durchschlag, drücke ihn noch ein wenig mit der Kelle aus und lege ihn in einen Schmoortopf. Wenn die Enten weich sind, gieße die Brühe in einen Topf (wenn noch zu viel Fett darauf ist, so kann auch noch etwas davon abgenommen werden), lege noch Butter zu dem Kohl, gieße von der Brühe darauf so viel nöthig ist, lasse ihn damit gut einkochen und thue zuletzt etwas in Butter geschwitztes Mehl und Muskatennuß dazu. Der Kohl und die Enten werden, jedes besonders, auf einer Schüssel angerichtet und so auf die Tafel gegeben. Man kann auch die Enten braun schmooren, dann muß man aber Rindfleisch-Bouillon dazu nehmen.

87. Grüne Erbsen mit Karbonade.

Man nehme grüne Erbs=Schooten, so klein man sie haben kann, pahle sie aus, wasche sie und lege sie in einen Schmoortopf; will man gelbe Rüben darunter haben, dann thue man sie gleich dazu, gieße Fleischbrühe darauf und thue auch gleich Butter hinzu, stelle alles aufs Feuer und lasse es kochen. Wenn es bald weich ist, dann thue man feingehackte Petersilie, Zucker und Muskatennuß und zuletzt geschwitztes Mehl daran; und wenn die Erbsen angerichtet sind, dann lege man von der Karbonade darauf, deren Anfertigung in der zweiten Abtheilung unter Nr. 65 beschrieben ist.

88. Speise von Maccaroni.

Nimm 1 Pfund feine Maccaroni, ¾ Pfund Parmesankäse, zerbrich die Maccaroni in Enden wie ein Finger lang, dann schütte sie in eine tiefe Schüssel, gieße kochendes Wasser darauf und lasse sie 1 Stunde darin liegen; es muß aber auch hinreichend Wasser sein, damit die Säure abziehen kann. Dann gieße sie in einen Durchschlag, damit das Wasser abläuft, schütte sie in eine verzinnte Kasserolle, gieße kräftige Rindfleisch=Bouillon darauf, stelle sie aufs Feuer, lasse sie einkochen und wenn sie weich sind, dann wärme die Schüssel, auf welcher sie zu Tische kommen sollen; lege etwas von den Maccaroni auf die Schüssel, begieße sie mit heißer Butter, bestreue sie mit dem zuvor geriebenen Käse, und so fahre fort mit den Lagen zu wechseln, bestreue aber die letzten Maccaroni mit etwas mehr Käse, als die ersten Lagen. Die Schüssel muß so lange auf gelindem Kohlenfeuer stehen, als man anrichtet, damit die Maccaroni heiß zu Tische kommen. — Man kann auch guten geräucherten und weich gekochten Schinken in feine längliche Streifen schneiden und mit darunter legen.

89. Frische Morcheln mit Krebsen.

Setze ein Geschirr mit Wasser aufs Feuer und wenn es kocht, schütte die Morcheln dazu und lasse sie eine

Stunde kochen; dann gieße das Wasser durch einen Durchschlag ab, schütte die Morcheln in eine tiefe Schüssel, gieße kaltes Wasser darauf, nimm alle die Wurzeln heraus, wasche die Morcheln in räumlichem Wasser dreimal recht gut, nimm aber das dritte Mal immer nur wenige zugleich in einen Durchschlag, damit gar kein Sand darin bleibe, und wasche sie. Wenn sie nun alle recht rein sind, dann drücke sie aus, lege sie auf ein reines Brett, hacke sie ganz fein, schütte sie in einen Schmoortopf, thue Butter und kräftige Rindfleisch-Bouillon dazu; stelle sie aufs Feuer und lasse sie kochen. Sobald sie eingekocht sind, werden die vorher zubereiteten Krebsschwänze, auch Muskatennuß, gestoßener Pfeffer, geriebene Semmel und Salz dazu gethan; und beim Anrichten lege man die großen Krebsscheeren, die auf der einen Seite aufgeschnitten sind, rund um die Schüssel.

Man kann die Morcheln auch ohne Krebse zu Tische bringen, bereitet sie aber in derselben Art.

90. Eingemachte grüne Erbsen zu kochen.

Wenn die eingemachten Erbsen aus den Flaschen herausgenommen sind, schüttet man sie in kochendes Wasser (aber nicht in einen kupfernen Kessel), und läßt sie so lange mit dem Salz kochen, bis sie weich sind, dann gießt man sie durch einen Durchschlag ab, gießt wieder kochendes Wasser auf, gießt es wieder ab, und wiederholt dies so lange, bis kein Salz mehr in den Erbsen ist. — Das Salz ist übrigens gleich aus den Erbsen heraus, sobald sie weich sind; sie kochen sich aber im Ganzen viel weicher, wenn sie mit dem Salz gekocht werden. — Alsdann nehme man gute Fleischbrühe, auch Butter, lasse die Erbsen damit einkochen; thue Zucker, feingehackte Petersilie, Muskatennuß und zuletzt geriebene Semmel dazu. Will man gelbe Rüben unter die Erbsen nehmen, so muß man sie zuvor länglich schneiden, mit Bouillon weich kochen lassen, und gleich mit zu den Erbsen thun, wenn man letztere mit Bouillon und Butter auffetzt.

Mit eingemachten grünen Bohnen verfährt man in derselben Art; es werden aber nie Rüben darunter genommen.

91. Kartoffeln mit Sardellen.

Nimm kleine Kartoffeln, wasche sie, stelle sie zum Feuer und wenn sie gahr sind, so ziehe die Haut ab, thue sie sogleich in einen Tiegel, in welchem heiße Bouillon ist; und wenn sie alle darin sind, so thue Butter daran, stelle sie über Feuer und lasse sie ein wenig kochen. Alsdann rühre feingehackte Sardellen unter Butter und thue diese, nebst feingehackten, in Butter gahr, aber nicht braun gemachten Zwiebeln, und wenn es nöthig ist, auch ein wenig in Butter geschwitztes Mehl zu den Kartoffeln.

Man kann auch braune Jus dazu nehmen und im Uebrigen so verfahren, wie vorstehend gesagt ist; nur muß man, damit die Kartoffeln braun werden, anstatt des geschwitzten Mehls, braun Mehl dazu thun.

Vierte Abtheilung.

Verschiedene Pasteten und Geflügel zuzubereiten.

---

92. Grisette-Pastete von Hühnern.

Nimm 3 junge Hühner oder Hähne, die aber gut ausgewaschen sind, und wenn sie von Federn und Spulen gut gereinigt sind, so nimm sie aus, vergiß aber nicht die Lunge, die an den Rippen festsitzt und wo sich immer Blut befindet, herauszunehmen, da es sich sonst schwarz kocht. Dann schneide und hacke sie in solche Stücken, wie es zum Fricassé gebräuchlich ist, lege diese in kaltes Wasser, lasse sie eine Stunde darin liegen, nimm sie heraus, wasche sie noch einmal mit kaltem Wasser, thue sie dann in einen Schmoortopf und gieße Wasser darauf, so viel zum Kochen nöthig ist. Alsdann stelle es aufs Feuer, schäume es gut, und wenn es eine Viertelstunde gekocht hat, so gieße die Brühe durch ein Suppensieb davon ab, und stelle sie hin, wo sie heiß bleiben kann; auf das Fleisch aber gieße kaltes Wasser und nimm die kleinen Spulen heraus, die durch das Kochen noch hervorgekommen sind; dieses muß aber gleich geschehen, indem es nicht lange in diesem Wasser bleiben muß. Dann lege ein gutes Stück Butter, 2 große Zwiebeln, auch so viel Salz wie nöthig ist, in einen Schmoortopf, gieße etwas von der Brühe dazu, setze es auf Kohlenfeuer, decke es zu, und lasse es so lange schwitzen, bis das Fleisch durchgehitzt ist; gieße hierauf die andere Brühe dazu, und lasse es kochen.

Zur Farce nimm eine Kälberkeule von 6 bis 7 Pfund, schneide das Fleisch von den Knochen und dann aus den Sehnen und Häuten (schaben läßt es sich nicht), schneide 16 Loth frischen, ungeräucherten Speck vom Rücken in Würfel, hacke dieses mit dem Kalbfleische zusammen recht fein und zwar so lange, bis es wie ein Brei wird. Dann nimm 8 Loth alter Semmel, von welcher die Rinde abgeschnitten ist, schneide sie zweimal durch und gieße kaltes Wasser darauf, lasse sie aber nicht lange darin liegen, sonst wird sie zu weich; drücke sie endlich mit den Händen gut aus, lege ferner ein gutes Stück Butter in einen Tiegel, setze sie aufs Feuer und lasse sie zergehen, aber nicht braten; nimm sie alsdann ab, lege die ausgedrückte Semmel und gieße drei ganze Eier, die vorher gut gequirlt sind, dazu; dann setze es wieder auf gelindes Feuer und rühre es so lange, bis es sich von dem Tiegel löset. Nun lasse es ein wenig abkühlen, thue es zu dem gehackten Fleische (es muß aber nicht heiß, sondern nur warm dazu kommen), setze feingehackte Schalotten, Citronenschaalen, Muskatenblumen, ein wenig Pfeffer, auch Salz, so viel wie nöthig ist, 2 ganze Eier und das Gelbe von 3 Eiern hinzu, und rühre es mit der Kelle recht gut durcheinander, damit sich alles vereinigt.

Wenn nun die Hühner weich, aber ja nicht zu weich sind, dann gieße die Brühe davon ab, schütte die Hühner in eine tiefe Schüssel, und wenn sie abgeraucht sind, decke sie zu, damit sie nicht trocken werden. Dann nimm 1 Pfund Butter und 1 Pfund feines Weizenmehl, mache einen Blätterteig davon und verfertige ihn in der Art, wie bei den kleinen Pasteten, die nach der Suppe gegeben werden, in der zweiten Abtheilung unter Nr. 41 angeführt ist. Ferner nimm eine kupferne, aber gut verzinnte Form, nemlich die sogenannte Muschelform, bestreiche sie mit einem Butterpinsel, oder mit dem Rauhen einer Federpose mit heißer Butter, und bestreue sie sogleich, ehe die Butter kalt wird, mit Zwirnnudeln, die man aber zerbrechen muß. Rolle nun den Teig dünn aus, lege ihn in die Form, drücke ihn behutsam in die Reifen, und was zu viel ist, schneide oben weg. Nun lege von der Farce auf den Teig und rund in der Form herum, dann lege die Hühner hinein, die besten Stücken zuerst, und die schlechten ganz zuletzt, sodann lege die übrige Farce oben über; den übrigen Blätterteig aber rolle auch dünn aus und lege ihn als Deckel über die Farce; drücke den Deckel ein wenig an den, der in der Form liegt, mache in den Deckel mit einem Messer etliche Löcher, das der Wrasen herausgehen kann, bestreiche es mit Eiern, schicke die Pastete zum Bäcker und lasse sie backen. Mann kann sie auch selbst backen, wenn man selbst einen Backofen hat, sie muß aber nicht länger wie 1½ Stunde backen und etwas rasche Hitze haben. Eben so verfährt man, wenn man Tauben statt der Hühner nehmen will.

NB. Die Knochen von der Keule muß man zerhacken, sonst bekommt man nicht die Kraft davon; die Knochen und den übrigen Abgang muß man zuvor abkochen und die Bouillon zu der Hühner-Bouillon gießen; ist es mehr als zu der Sauce erforderlich ist, so läßt man sie noch einkochen.

Die Sauce zu dieser Pastete muß kräftig sein. Mache dazu eine Champignon-Sauce in folgender Art: Schwitze Mehl in Butter ein wenig gelblich, aber nicht braun; nimm es vom Feuer, thue dazu feingehackte Schalotten, gieße die Fleischbrühe dazu. Nimm 8 feingehackte Sardellen, etwas Citronenscheiben, Butter, von 8 Eiern das Gelbe, einen Tassenkopf voll kalten Wassers und Muskatenblüthe und quirle es gut. Wenn angerichtet werden soll, dann gieße die kochende Sauce dazu, quirle es gut und thue dann die Champignons dazu, ohne den Essig. Die Champignons müssen nicht früher heran kommen, sonst wird die Sauce zu sauer.

Wenn nun die Pastete angerichtet werden soll, so lege eine passende Schüssel auf die Form, kehre diese um, daß die Pastete auf die Schüssel kommt, schneide ein Loch oben in die Pastete, gieße ein wenig Sauce hinein und decke die Oeffnung wieder zu; richte sodann die Sauce in Saucièren an und gieb es so zu Tische.

93. Pastete von Rebhühnern.

Nimm 6 Rebhühner, schneide ihnen die Köpfe mit dem Halse und den Federn weg und bewahre diese gut auf, weil sie wieder zu der Pastete gebraucht werden; reinige die Hühner gut, nimm sie aus, schneide die Füße ab, lege sie in Wasser und lasse sie ein wenig wässern; stecke dann einen kleinen Spließ durch die Keulen und spicke sie endlich, wie dies bei Braten gebräuchlich ist. Setze ein gutes Theil Butter in einer verzinnten Kasserolle auf Kohlenfeuer und wenn sie ein wenig gelbbraun ist, so lege die Rebhühner hinein, decke sie zu und lasse sie braten; siehe aber fleißig darnach, kehre sie öfters um und wenn sie anfangen braun zu werden, dann gieße zum öftern ein wenig kaltes Wasser dazu; denn sie müssen nicht in lauter Butter braten, sondern Jus behalten; auch müssen sie nicht ganz weich sein, da sie in der Pastete nachmürben. Wenn sie gut sind, so nimm sie heraus und gieße die Butter und die Jus in einen Topf.

Zur Farce nimm 6 Pfund Rindfleisch aus der Keule von der inwendigen Seite und 1 Pfund frischen Speck vom Rücken; schneide das Fleisch von der Keule in dünne Scheiben und schabe all das Fleisch aus den Sehnen; den Speck aber schneide in Würfel, hacke es ganz fein, thue es dann zu dem Rindfleische, hacke es mit diesem noch recht gut zusammen und thue es sodann in eine tiefe Schüssel. Schneide die Rinde von alter Semmel ab, weiche diese ein wenig in kaltem Wasser, drücke sie mit den Händen aus, thue auch geschmolzene Butter, feingehackte Schalotten, Citronenschaalen, etwas Pfeffer und Salz, so viel nöthig ist, 3 ganze Eier, von 4 Eiern das Gelbe und ¼ Pfund Sardellen, die vorher gut gereinigt und fein gehackt sind, dazu und arbeite es gut mit dem Fleische durcheinander, damit sich alles vereinige. Schütte nun auf einen reinen Tisch 2 Metzen feines Roggenmehl, mache eine Vertiefung darein, gieße kochendes Wasser hinein und rühre es zugleich mit der Kelle; (gieße aber nicht zu viel Wasser zu, weil sich in wenig Wasser viel Mehl verarbeiten läßt) und knete es endlich mit den Händen, bis es ein recht steifer und zäher Teig wird. (Der Teig muß eine Stunde lang gut bearbeitet werden). Alsdann schneide ein Stück von dem Teige ab und rolle es so groß aus, wie es zu der Pastete erforderlich ist; dann nimm ein Backblech, lege 2 Bogen Papier auf einander, bestreiche diese mit einem Pinsel, oder mit dem Rauhen einer Federpose, lege den ausgerollten Pasteten-Boden darauf; schneide wieder ein Stück vom Teige ab und rolle es mit den Händen etwas rund und lang und dann mit dem Rollholze. Doch muß dieses sowohl als der Boden nicht zu dünne gerollt sein. Bestreiche den Teig-Boden mit Eiern, setze von dem zuletzt ausgerollten Teige den Rand der Pastete darauf, lege ihn wie 2 Finger breit übereinander, schneide den Boden von der auswendigen Seite gerade, so daß er noch wie ein Finger breit vorstehe; bestreiche den Rand mit Eiern, lege den überstehenden Boden an den Rand, und kneife ihn mit den Fingern fest und so an, daß er zu gleicher Zeit auch ein wenig zackig werde. Dann nimm wieder ein Stückchen Teig, rolle es mit den Händen etwas länglich und mit einem Rollholze dünn aus, streiche den Rand, wo er am Boden befestigt ist, mit Ei, lege den eben ausgerollten Streifen Teig inwendig hinein, drücke ihn an den Boden in die Fuge und an den Rand fest; denn die Pasteten-Form, welche auf diese Weise aus dem Teige gebildet wird, muß gut versichert werden, damit sie nicht leck werde. Da, wo der Rand übereinander gelegt ist, muß man auch ein Stückchen ausgerollten Teig vorsetzen, aber auswendig. Nun lege die Hälfte der Farce unten auf den Boden, dann die Rebhühner und die andere Hälfte der Farce darauf und dünne Scheiben Speck über die ganze Farce; rolle wieder ein Stück Teig aus, lege es als Deckel über die Pastete und drücke es an den Rand fest an. Ist der Deckel zu groß und ungleich, dann schneide das Ueberflüssige ab; und ist der Rand zu hoch, so kann auch davon, aber ehe der Deckel darauf kommt, etwas abgeschnitten werden; den Deckel muß man aber auch ein wenig mit den Fingern kneifen.

Jetzt mache in die Mitte des Deckels nach inwendig zu ein Loch und noch 4 dergleichen in die Rundung; den übriggebliebenen Teig drücke mit den Händen wieder zusammen, rolle ihn lang mit den Händen und dann mit dem Rollholze, schneide davon lange Streifen, kneife ihn in Ermangelung einer Kneife mit einem Messerrücken, bestreiche den Rand der Pastete oben mit Ei, und setze eine Gallerie von dem Teige darauf. Von dem andern Teige kann man Blumen, Blätter, Sterne oder Guirlanden schneiden und rund um die Pastete anbringen; sie muß aber vorher mit Ei bestrichen sein. Eben so muß der Deckel ausgeputzt werden. Wenn die Pastete so garnirt ist, muß sie ganz und allenthalben mit Ei bestrichen werden, so daß kein Fleckchen unbestrichen bleibt; dann schicke sie zu dem Bäcker. Man kann das Backen auch selbst verrichten, wenn man einen Backofen besitzt. Die Pastete backt manchmal in Zeit von 2½ Stunde, zuweilen auch wohl erst in 3 Stunden, nachdem der Ofen heiß ist. Zur braunen Jus nehme man 4 Pfund schieres Rindfleisch aus der Keule, 1 Pfund Kalbfleisch aus der Keule und ½ Pfund guten geräucherten Schinken; schneide das Fleisch und den Schinken in Scheiben, streiche eine verzinnte Kasserolle mit Butter gut aus, lege den Schinken hinein und dann das Fleisch, etliche Zwiebeln, auch oben darauf einige zerschnittene Wurzeln, wie man sie zur Bouillon gebraucht; gieße einen Tassenkopf voll kalten Wassers darauf, decke es zu, stelle es auf gelindes Kohlenfeuer, lasse es ziehen, und wenn die Jus beinahe übersteht, dann mache mehr Feuer darunter und lasse es kochen. Wenn es wieder eingekocht ist, dann lasse es mit der Jus auf gelindem Kohlenfeuer nur langsam schmooren; und wenn es anfängt ein wenig laut zu werden, dann gieße etwas kaltes Wasser hinzu, (das Feuer muß aber gar nicht flammen) und lasse es wieder schmooren. So verfahre man 3 bis 4 mal; und wenn es braun genug ist, dann gieße die Bouillon von den Sehnen und überhaupt den Abgang von der Farce, welches vorher abgekocht sein muß, darauf, (bis dahin muß es umgerührt werden) und lasse es kochen, bis alles eingekocht ist. Dann gieße es durch ein Sieb, spüle das Fleisch, damit keine Kraft darin bleibe, mit etwas kochendem Wasser ab, und thu dies zu der braunen Jus. Ist es zu viel Sauce, so lass es noch einkochen.

Mache Mehl in Butter braun und wenn es braun genug ist, so nimm es vom Feuer, thue etwas feingehackte Schalotten dazu, rühre es gut, damit die Schalotten nicht verbrennen, thue so viel von dem Mehl zu der Jus, wie nöthig ist, daß die Sauce nicht zu dick werde, und nimm alsdann gute feine Kapern, abgeschälte Oliven, an deren Steinen kein Fleisch bleiben muß, ein wenig feingehackte Sardellen, auch feingehackte Mousserons, Citronenscheiben, auch die Jus von den Rebhühnern dazu.

Wenn die Pastete angerichtet werden soll, dann schneide das Papier, was am Boden sitzt, mit einem Messer ab; löse behutsam den Deckel davon, nimm den Speck, der oben liegt, herab; lege den Deckel wieder auf, schneide Streifen von feinem Papier so aus, wie man sie gewöhnlich als Manschetten um Lichte nimmt, wickle es um die Hälse der abgeschnittenen Rebhühnerköpfe, stecke diese in den Deckel von der Pastete, so daß die Köpfe heraussehen; dann nimm eine passende Schüssel, lege eine zierlich gebrochene Serviette darauf, setze die Pastete behutsam auf und schicke dieselbe, die Sauce aber für sich allein, zu Tische.

Man kann auch Grammetsvögel oder Schnepfen nehmen und in derselben Art und Form bereiten.

Die Rebhühner-Pastete kann auch kalt gegessen und die Jus, welche man von dem Fleische bekommt, kalt dazu gegeben werden. Letztere, wenn sie erkaltet, ist dann Gallerte. Trocken, ohne Sauce, schmeckt die Pastete nicht gut.

94. Schüssel-Pastete von Hasen.

Von 2 Hasen, nachdem sie abgezogen sind, schneide die Vorderblätter und die Brust mit den Rippen ab, hacke hinten das Schloß auf, nimm die Eingeweide heraus und wasche das Blut aus. Die Hasen müssen aber nicht gewässert werden, frisch sein und nicht alt riechen, wenn die Pastete gut schmecken soll. Sodann ziehe die Häute ab, hacke den Hals ab und schneide aus dem Rücken, den Keulen und den Vorderblättern Stücke, wie 2 Finger breit. Schneide Speck, so wie er zum Hasenspicken sein muß, bestreue ihn mit gestoßenem englischen Gewürz, Pfeffer und

Salz, menge es zusammen, damit aller Speck etwas davon bekomme; dann spicke das Fleisch damit und lege es in einen Schmoortopf, thue etwas viele Zwiebeln, auch Gewürznelken, die ein wenig im Mörser gequetscht sind, ganzen Pfeffer, Lorbeerblätter, ein wenig gedrückte Wachholderbeeren, auch Salz dazu und gieße Franzwein und etwas guten Weinessig, aber nicht zu viel, damit es nicht zu sauer wird und etwas Wasser darauf, doch so, daß es ein wenig überstehe. Wenn es 24 Stunden damit stehen kann, dann ist es gut, es kann besser durchziehen und wird auch mürber; wenn dieses aber nicht sein kann, sofern nemlich die Zeit zu kurz ist, in welcher die Pastete fertig sein muß, alsdann kann man es auch gleich auf gelindes Feuer stellen, zudecken und langsam kochen lassen. Wenn es weich ist, so lasse es noch ein wenig darin liegen, daß es abrauche, dann nimm es heraus, und gieße die Brühe durch.

Mache nun einen Blätter-Teig von 1 Pfund Butter und 1 Pfund feinen Weizenmehls und verfahre damit, wie bei den kleinen Pasteten in der zweiten Abtheilung Nr. 41 gesagt ist. Rolle es dünn wie ein Messerrücken stark aus, nimm eine Schüssel, die zu dem Fleische passend ist, lege den Teig auf dieselbe und schneide diesen rund herum ab, doch so, daß noch ein wenig vorstehe. Lege einen Bogen Papier auf ein Backblech, den Teig-Boden darauf, schneide demnächst einen Rand, wie gute 3 Finger breit, bestreiche den Boden mit Gelbem und Weißem vom Ei, lege den Rand darauf, bestreiche diesen ebenfalls mit Ei, putze ihn ein wenig von dem übrigen Teige aus, schicke das Ganze zu dem Bäcker und lasse es backen.

Nimm 3 Pfund Rindfleisch aus der Keule, 8 Loth ungeräucherten Schweinespeck, schabe das Rindfleisch von den Sehnen und Häuten, schneide und hacke den Speck ganz fein, thue ihn zu dem Rindfleisch, und hacke es zusammen, daß alles recht fein werde. Dazu thue feingehackte Schalotten, feingehackte Citronenschaalen, Salz und ein wenig Pfeffer, etwas geschmolzene Butter, ein ganzes Ei, von 3 Eiern das Gelbe und ein wenig alte, in Wasser geweichte und gut ausgedrückte Semmel; rühre alles recht gut zusammen, mache längliche Klöße daraus und drücke sie mit der Hand etwas breit auf einem Brette. Dann lege Butter in einen breiten Tiegel, lasse sie etwas gelbbraun werden und brate die Klöße darin gahr. Nimm ferner etwas in Butter braun gemachtes Mehl, gieße kräftige Rindfleisch-Bouillon, auch von der Brühe, worin das Fleisch gekocht ist, darauf und thue gute feine Kapern, etwas feingehackte Sardellen, abgeschälte Oliven (es muß aber kein Fleisch am Steine sitzen bleiben), Mousserons, die vorher gewaschen und gehackt sind, Citronenscheiben und ist es zu sauer, auch Zucker nach Belieben dazu; lasse es einmal aufkochen, alsdann lege das Fleisch und die Farce-Klöße hinein, lasse es aber nicht lange mehr kochen und richte es dann auf der Schüssel an. Schneide nun den Teig-Boden inwendig nahe bei dem Rande weg, lege den Rand um die Schüssel herum und den ausgeschnittenen Boden als Deckel oben auf die Pastete. Man muß aber den Rand kalt herum legen, sonst zerbricht er. Die Schüssel, worauf angerichtet wird, muß gut gewärmt sein. Der Rand wird von dem Fleische warm genug.

So wie die Hasen zu dieser Pastete zubereitet sind, kann man sie auch in die hohe aufgesetzte Pastete legen und dieselbe Farce und Jus dazu nehmen, die zu der hohen Pastete gehört.

95. Schinken-Pastete.

Nimm einen gut geräucherten Schinken, der aber nicht zu salzig und nicht zu stark geräuchert sein muß, lasse ihn 24 Stunden in kaltem Wasser weichen, stelle ihn auf das Feuer und lasse ihn langsam kochen, auch mitunter einmal nicht kochen, sondern weichen. Wenn er weich ist, so nimm ihn heraus und wenn er kalt ist, schneide die Schwarte ab und nimm alles Schwarze sammt den Knochen heraus.

Dann nimm zur Farce 5 Pfund Rindfleisch aus der Keule, 2 Pfund mehr fettes als mageres Schweinfleisch, wie man es zur Wurst gebraucht, schabe das Rindfleisch und das Schweinfleisch schneide aus den Sehnen, hacke dieses recht fein, thue es zu dem Rindfleische und hacke beides zusammen recht fein. Alsdann nimm feingehackte

Schalotten, Citronenschaalen, etwas Pfeffer und Salz, 3 ganze Eier und von 4 Eiern das Gelbe, nimm ferner alte Semmel, schneide die Rinde davon ab, nimm 8 Loth davon, weiche sie in kaltem Wasser ein, drücke sie mit den Händen aus, daß kein Wasser darin bleibe und rühre sie mit dem Fleische gut durcheinander, damit sich alles vermische. Dann setze eine Pastete auf, wie sie bei der Rebhühner-Pastete beschrieben ist, lege auf den Boden von der obigen Farce, dann den Schinken darauf, und die andere Farce oben darüber. Ueber die Farce lege Scheiben Speck, füge einen Deckel darauf, putze die Pastete aus, bestreiche sie, und lasse sie beim Bäcker backen.

Nimm 4 Pfund Rindfleisch aus der Keule und 6 Kälberfüße, setze das Rindfleisch ans Feuer, thue Salz und ein paar Zwiebeln daran und lasse es kochen. Die Füße hacke vorher ein paarmal durch und koche sie für sich allein. Wenn das Fleisch und die Kälberfüße weich sind, kläre die Brühe von beiden ab, und gieße sie zusammen. (Das Rindfleisch muß nicht zu wenig Bouillon behalten, damit die Kraft nicht in dem Fleische bleibe.) Stelle nun von der zusammengegossenen Brühe etwas in einem Tassenkopfe an einen kühlen Ort und sieh nach einer halben Stunde zu, ob es steif ist, wo nicht, so lasse es noch einkochen; dann gieße guten Weinessig nach Belieben dazu, wirf 8 Gewürznäglein, etwas englisch Gewürz und Zimmet hinein und gieße das ein wenig gequirlte Weiße von 6 Eiern dazu; es muß aber nicht heiß hinein kommen, sonst käset es und die Gellée wird nicht klar. Dann binde eine grobe starke Serviette, die vorher ½ Stunde in kochendem Wasser gelegen hat, mit den 4 Enden an die 4 Füße eines umgekehrten Schemels ohne Lehne mit Bindfaden recht fest, setze die Gellée auf das Feuer, lasse sie unter beständigem Rühren einmal aufkochen und so gieße sie in die Serviette. Das Wenige, was zuerst in das unterzusetzende Gefäß durchläuft, ist nicht klar; dies gieße wieder in die Serviette hinein, bis es ganz klar durchläuft. Die Gellée stelle an einen warmen Ort, decke aber etwas darüber. Sollte die Gellée aber trübe und noch viel in der Serviette sein, dann muß es noch einmal aufgekocht werden; und wenn demnächst alles durch die Serviette filtrirt ist, dann nimm die Hälfte und gieße etwas eingekochten Kirschsaft dazu, so daß die Gelée eine schöne rothe Farbe bekomme. Zu der andern Hälfte der Gelée nimm 1/2 Pfund süße Mandeln, die vorher in einem Mörser mit ein wenig Wasser recht fein gestoßen sind und streiche die Mandeln mit der Gelée durch ein gutes reines Haarsieb, so daß dieselbe ganz weiß davon wird. Dann nimm eine Fayence-Schüssel, gieße erst von der rothen Gelée so viel wie ein Finger hoch in die Schüssel, stelle es an einen kühlen Ort und wenn es steif ist, dann gieße von der weißen Gelée darauf und so fahre wechselsweise fort, bis nichts mehr vorhanden ist. Die Masse, welche man aufgießen will, muß übrigens zwar kalt, aber nicht steif sein. Wenn die Pastete angerichtet werden soll (welches kalt geschehen muß), dann nimm den Deckel und den Speck, der oben liegt, ab; stich die Gelée mit einem Löffel aus, und lege dann so viel, wie man will, über die Pastete und den Rest auf eine Assiette; brich eine Serviette, lege sie auf die Schüssel, die Pastete darauf und schicke sie so zur Tafel.

96. Schüssel-Pastete von Hühnern.

Verfertige einen Teig-Boden und -Rand in der Art, wie es bei der Schüssel-Pastete von Hasen gesagt ist; dann nimm junge Hühner, so groß oder klein man sie haben will, reinige und koche sie, wie bei der Grisette-Pastete von Hühnern gesagt ist; dann nimm 3 Pfund Kalbfleisch aus der Keule, schneide es aus den Sehnen und Häuten, hacke es ganz fein, thue es in eine Schüssel, vermenge damit ein ganzes Ei und das Gelbe von 2 Eiern, auch etwas geriebene Semmel, geschmolzene Butter, feingehackte Schalotten, Citronenschaalen, Muskatenblüthe und Salz und verfertige auf einem Brette Klöße daraus von beliebiger Größe.

Nimm ferner 1 Pfund Kälbermilch, wässere sie gut aus, stelle sie ans Feuer und lasse sie ein wenig kochen. Sobald sie steif ist, gieße das kochende Wasser ab und kaltes Wasser darauf, putze Häute und Sehnen von der Milch ab und zerschneide sie ein wenig.

Stelle gute Bouillon auf das Feuer; lege, wenn sie kocht, die Klöße hinein und wenn sie gahr sind, nimm sie mit einem Schaumlöffel heraus.

Bereite endlich eine Sauce in folgender Art: mache geschwitztes Mehl in Butter ein wenig gelblich, aber nicht braun, nimm es vom Feuer, thue etwas feingehackte Schalotten dazu, dann gieße die Bouillon, in welcher die Klöße abgekocht sind, durch ein Suppensieb dazu und auch die Bouillon von den Hühnern, füge Citronenscheiben, etwas feingehackte Sardellen, Muskatenblüthe und Butter hinzu, stelle es auf das Feuer und wenn es kocht, schütte die Kälbermilch und auch die Farce-Klöße, so wie Champignons hinzu. Nimm das Gelbe von 6 Eiern, gieße ein wenig kaltes Wasser dazu, quirle es gut und wenn angerichtet werden soll, dann ziehe die Sauce damit ab; lege das Fleisch von den Hühnern auf eine Schüssel, richte die Sauce mit den Klößen und der Kälbermilch darüber an, schneide den Pasteten-Teig-Boden inwendig nahe bei dem Rande weg, lege den Rand um die Schüssel und das Ausgeschnittene als Deckel oben darauf. Die Schüssel muß übrigens gut gewärmt werden, aber nicht der Rand, sonst geht der Rand von der Pastete entzwei. Der Rand wird warm genug von der Schüssel und von der warmen Speise.

97. Stockfisch-Pastete.

Lege guten gewässerten Stockfisch in einen großen Schmoortopf oder in eine verzinnte Kasserolle, gieße Flußwasser darauf, stelle ihn auf gelindes Feuer und lasse ihn ganz langsam eine Stunde lang sieden, aber nicht kochen. Wenn er einen weißen Schaum setzt, dann ist er gut; nimm ihn dann mit einem Schaumlöffel heraus, lege ihn in eine vorher recht gut ausgebrühete Serviette, binde diese zusammen, hänge sie an einen Nagel und wenn der Stockfisch recht gut ausgeleckt ist, dann suche alle Gräten heraus und lege die kleinen abgebröckelten und die andern großen Stücke des Stockfisches besonders.

Sodann nimm eine zinnerne Schüssel, bestreiche den Boden dick mit Butter, lege die größeren Stücken Fisch darauf und noch gut Butter dazwischen; dann hacke die kleinen Stücken auf einem reinen Brette mit einem Wiegemesser ganz fein; hierauf nimm etwas viel Zwiebeln, schneide und hacke sie auch, lege in eine verzinnte Kasserolle ein gutes Theil Butter und wenn sie geschmolzen ist, so thue die Zwiebeln dazu und lasse sie darin weich, aber nicht braun kochen; nimm sie vom Feuer, thue dazu geriebene Semmel, den feingewiegten Stockfisch und ganze Eier, die vorher gequirlt worden; setze es wieder aufs Feuer und rühre es dort gut zusammen, so daß der Stockfisch heiß und die Eier gahr werden; dann thue es in eine tiefe Schüssel und wenn es kalt ist, so nimm ganze Eier, quirle sie und gieße sie dazu; rühre Pfeffer, Muskatenblüthe, auch Salz und etwas geriebene Semmel, so viel davon nöthig ist, gut durcheinander, lege es über den Stockfisch und bestreiche es mit warmer Butter. Um den Rand der Schüssel lege Blätter-Teig, der in der Art verfertigt sein muß, wie bei den kleinen Pasteten unter Nr. 41 angegeben worden. (Zu dieser Pastete ist aber nur die Hälfte erforderlich). Bestreich den Rand der Schüssel und des Blätterteiges mit Ei und von dem übrigen Teige schneide zierliche Schnittchen von beliebiger Gestalt und Größe, lege diese auf ein Backblech und so schicke sie zugleich mit der Pastete in der zinnernen Schüssel zu einem Bäcker; man kann die Pastete aber auch selbst in einer Tortenpfanne backen.

Wenn die Pastete zu Tische gebracht werden soll, dann setze die zinnerne Schüssel auf eine von Fayence und lege die Schnitte ordnungsmäßig über die Pastete.

Zur Sauce nimm etwas viel Zwiebeln, schneide sie fein würflich, alsdann setze Butter in einem Tiegel auf, lasse sie zergehen, thue die geschnittenen Zwiebeln dazu und lasse sie kochen, bis sie weich sind (sie müssen aber nicht braun werden) und wenn sie weich sind, so thue so viel feines Weizenmehl dazu, wie zur Sauce nöthig ist. Gieße alsdann heißes Wasser und thue auch etwas gestoßenen Pfeffer, feingehackte Petersilie und Salz hinzu und lasse dies alles noch ein wenig kochen, dann ist die Sauce fertig. Die Sauce muß aber etwas viel Butter haben, wenn sie gut schmecken soll.

98. Grisette-Pastete von Aal.

Nimm 3 Aale, so groß und stark sie zu haben sind, ziehe ihnen die Haut ab, schneide in den Bauch ein nicht zu großes Loch und bei dem Nabel querüber ein, nimm das Eingeweide heraus und schneide den Aal in runde Stücken. Dann koche ihn scharf in Salz und Wasser, nachdem er vorher gut ausgewässert ist. Wenn er dann eine Weile, jedoch so gekocht hat, daß er nicht zu weich ist, so gieße guten Weinessig dazu. Hierauf nimm einen etwas großen, sogenannten Mittelhecht, schuppe und reiße ihn, schneide die eine Hälfte in Stücke und koche sie mit Zwiebeln in Salz und Wasser; die andere Hälfte schneide aus der Haut und schneide und schabe sie aus den Gräten. Aus dem gekochten Hecht suche auch alle Gräten heraus, hacke nun beides zusammen ganz fein und thue es in eine tiefe Schüssel. Ferner schneide von alter Semmel die Rinde ab, nimm 10 Loth davon, lasse sie in kaltem Wasser weichen, drücke sie gut aus; thue ein gutes Stück Butter in eine verzinnte Kasserolle und lasse sie auf dem Feuer zergehen, lege dann die Semmel dazu und 3 ganze Eier, die vorher gut gequirlt sein müssen, dann stelle es auf das Feuer und rühre es so lange, bis es sich von der Kasserolle löset. Lasse es nun abkühlen, schmelze zu dem gehackten Fische noch ein gutes Stück Butter, nimm auch hierzu 3 ganze Eier und von 3 Eiern das Gelbe, ferner feingehackte Schalotten, Muskatenblüthe, Pfeffer und Salz und rühre dies alles mit der Semmel gut durcheinander.

Dann nimm 1 Pfund Butter und 1 Pfund feines Weizenmehl, mache Blätterteig davon, und verfahre damit, wie bei den kleinen Pasteten in der zweiten Abtheilung, unter Nr. 41 angeführt ist. Hierauf nimm eine kupferne Form, nemlich eine sogenannte Muschel, streiche sie mit Butter aus, streue Zwirn-Nudeln hinein, dann rolle den Blätterteig dünn aus, lege ihn in die Form, drücke ihn behutsam in die Fugen hinein, lege die Farce über den Teig, hierauf den Aal und dann die übrige Farce. Lege nun einen Deckel von Blätterteig auf die Pastete, drücke ihn etwas an den Rand, schneide das, was über die Form wegsteht, ab, stich in den Deckel mit einem Messer Löcher, daß der Wrasen herausgehen kann, bestreiche ihn mit Ei und so lasse die Pastete beim Bäcker backen.

Zur Sauce nimm geschwitztes Mehl mit feingehackten Schalotten, Franzwein, guten Weinessig, auch von der Aalbrühe, Citronenscheiben und feingehackte Petersilie, und wenn angerichtet werden soll, dann ziehe sie mit Gelbem von Eiern ab, das vorher gut gequirlt worden ist.

Auf die Pastetenform lege nun die Schüssel, in welcher die Pastete zu Tische kommen soll; kehre die Pastete, damit sie auf die Schüssel kommt, um, schneide oben ein Loch, gieße ein wenig Sauce hinein, und thue die andere in eine Saucière.

Man kann die Pastete auch kalt zu Tische geben. Zur kalten Sauce nimmt man von hartgekochten Eiern das Gelbe, gießt gutes Provencer-Oel darauf, zerdrückt das Eigelbe mit einer Kelle gut und rührt es zusammen. Dann gießt man guten Weinessig, auch etwas von der Aalbrühe dazu, gießt es durch einen feinen Durchschlag, daß keine Stücken darin bleiben und thut dann feingehackte Petersilie dazu.

99. Ragout von Grammetsvögeln.

Reinige Grammetsvögel gut von den Federn, ziehe auch von den Köpfen die Haut und die Federn ab, dann senge sie ein wenig, wasche sie in lauwarmem Wasser (wässere sie aber nicht); dann schneide ihnen die Füße unter der Biegung ab, lege die eine Keule über den Bauch, biege den Kopf bis zu der anderen Keule hin, stecke das Ende, was noch an der Keule sitzt, durch die Löcher da, wo die Augen gesessen haben und so ist der Vogel schön. Dann thue Butter in eine verzinnte Kasserolle, stelle sie auf Kohlenfeuer und wenn sie gelbbraun ist, so lege die Vögel hinein, decke die Kasserolle zu und lasse die Vögel schmooren. Man muß aber oft darnach sehen und sie umwenden, damit sie gleichfarbig werden, und wenn sie anfangen zu braten, dann muß man ein wenig kaltes Wasser dazu gießen und dieses oftmals wiederholen, weil sie entgegengesetzten Falls zuletzt in lauter Butter braten und hart statt weich werden würden. Man muß dafür sorgen, daß sie zugleich gar und weich sind und sofern sie von der Butter nicht Salz genug bekommen sollten, dann muß man ihnen auch noch Salz geben.

Hierauf verfertige die Farce-Klöße in derselben Art, wie bei der Schüsselpastete von Hasen gesagt ist, aber verhältnißmäßig zu den Vögeln, nachdem man viel oder wenig hat.

Mache die Sauce ebenfalls verhältnißmäßig in der Art, wie bei der aufgesetzten Rebhühner-Pastete gesagt ist, lege die Vögel und auch die Farce-Klöße hinein, lasse sie ein wenig kochen, richte sie an und gieb sie zu Tische. Man kann das Ragout auch mit Schnitten von Blätterteig belegen.

An die Stelle der Vögel können auch Rebhühner oder Waldschnepfen genommen werden; wenn sie gebraten sind, müssen sie aber in 4 Theile zerschnitten und die Rebhühner müssen zuvor ausgenommen und auch gespickt werden. Pfuhlschnepfen bleiben aber ganz. — Die Sauce und Klöße werden in der nemlichen Art verfertigt, wie bei den Grammetsvögeln gelehrt ist.

100. Puten mit Austern-Sauce.

Wenn die Pute von Federn gut gereinigt, ausgenommen und gewässert ist, lege ein Handtuch doppelt auf einen Küchenschemel und die Pute mit der Brust darauf; nimm sodann ein kleines Hackmesser, stecke es in die Pute und setze die Schneide in die Mitte des Brustknochens, ganz oben wo er breit ist; fasse das Hackmesser mit der rechten und mit der linken Hand die Pute im Rücken, dann hebe die Pute in die Höhe und so spalte mit dem Hackmesser den Brustknochen in der Mitte durch, doch so, daß kein Fleisch beschädigt werde; schiebe die Keulen in die Höhe, stecke ein Spließ durch und binde die Keulen mit dem Rücken mit feinem Bindfaden zusammen; alsdann lege die Pute in eine verzinnte Kasserolle oder in einen Schmoortopf, gieße Wasser darauf, stelle sie auf das

Feuer, schäume sie gut und wenn sie ein wenig gekocht hat, dann nimm sie heraus. Die Brühe gieße durch ein Sieb und stelle sie an einen warmen Ort, wo sie heiß bleiben kann; auf die Pute aber gieße kaltes Wasser, streiche sie mit einem Messer ab, nimm die Spulen, die beim Kochen hervorgekommen sind, heraus; dann lege ein gutes Stück Butter in das Geschirr, in welchem die Pute gewesen ist, auch ein Paar Zwiebeln und dann die Pute, thue ein wenig von der abgegossenen Brühe dazu, decke sie zu, stelle sie auf gelindes Kohlenfeuer, und lasse sie durchziehen und schwitzen; so wird sie schön weiß. Dann gieße die andere Bouillon dazu, auch Salz und lasse sie kochen.

Zur Sauce mache geschwitztes Mehl in Butter ein wenig gelblich, aber nicht braun, nimm es vom Feuer, thue etwas feingehackte Schalotten dazu und wenn die Pute weich ist, dann gieße die Bouillon durch ein Sieb ab. Ist die Pute fett, dann nimm das Fett von der Bouillon ab, gieße letztere zu dem geschwitzten Mehl und thue Butter, Citronensäure, Citronenscheiben, Muskatenblüthe und zuletzt die Austern, wovon zuvor die Bärte abgenommen worden, dazu. (Man kann auch Kälbermilch darunter nehmen, wenn man will). — Die Austern müssen nur einmal aufkochen und beim Anrichten muß man die Sauce mit Gelbem von Eiern abziehen, welches vorher recht gut mit ein wenig kaltem Wasser gequirlt ist. Gieße die Sauce hierauf wieder in einen Tiegel, daß die Eier gahr werden, setze sie aber nicht wieder auf das Feuer; dann richte die Pute an, gieße ein wenig Sauce darüber und die andere in Saucièren und so gieb es zur Tafel.

Man kann und muß es aber so einrichten, daß es nicht mehr Bouillon werde, als zu der Sauce erforderlich ist, damit diese die nöthige Kraft erhalte; sonst schmeckt sie schlecht

Wenn man keine Austern hat, dann nehme man eine Sardellen-Sauce. Man lege nemlich Butter in eine verzinnte Kasserolle, thue dazu das Gelbe von 6 Eiern, einen Löffel voll feinen Weizenmehls, 6 Sardellen, die vorher gut gereinigt und gehackt worden, auch ein wenig feingehackte Schalotten und Muskatenblüthe. Dieses alles wird recht gut zusammengerührt, dann gieße man die Bouillon von d r Pute dazu, sie muß aber nicht zu heiß sein, damit die Eier nicht käsen, füge alsdann Citronenscheiben, auch etwas Citronensaft nach Geschmack hinzu, stelle es auf gelindes Feuer und lasse es unter beständigem Rühren noch einmal aufkochen. Man kann auch Champignons dazu nehmen, aber nur erst dann, wenn die Sauce vom Feuer genommen ist. — Diese Sauce ist nur zu einer Pute berechnet; hat man mehrere, dann muß man alles verdoppeln.

Mit Kapphähnen (Kapaunen und Hühnern) verfährt man in der nemlichen Art von Anfang bis zu Ende; nur muß man beiden mit einem Küchenmesser die Brüste spalten, weil ein Hackmesser nicht hinein geht. — Auch dieselbe Sauce kann man zu Hühnern und Kapphähnen nehmen.

101. Braun geschmoorte Enten mit einer Kastanien-Sauce.

Wenn die Enten gut gereinigt sind, dann lege Butter in eine verzinnte Kasserolle, stelle sie aufs Feuer, lasse sie etwas gelbbraun werden, lege etwas guten, geräucherten Schinken, in dünne Scheiben geschnitten, in die gelbbraune Butter und dann die Enten darauf; decke sie zu, lasse sie auf gelindem Kohlenfeuer ziehen und schmooren und kehre sie öfter um, damit sie gleich braun werden. Wenn sie anfangen etwas stark zu schmooren, dann gieße immer ein wenig kaltes Wasser dazu, denn die Jus muß sie braun machen und es muß auch noch etwas Jus darunter sein, wenn sie weich sind. — Ist es nöthig, so thue auch Salz daran.

Zur Sauce mache braunes Mehl und wenn es gut ist, nimm es vom Feuer, thue etwas feingehackte Schalotten und gute Rindfleisch-Bouillon, alsdann auch Citronenscheiben, gute feine Kapern und Kastanien, welche letztere vorher gekocht und abgeschält worden, dazu. Dann richte die Enten an, nimm aber das Fett davon ab und gieße die Jus zu der Sauce, richte ein wenig derselben über die Enten an und gieb die andere in Saucièren zu Tische. Man kann auch zu allen braunen Saucen, wenn man will, getrocknete und geweichte Trüffeln nehmen (frische kann man nicht haben), jedoch muß man sie eine Nacht in Wasser einweichen, dann die schwarze Rinde abschneiden und sie so gereinigt zu der Sauce thun.

102. Enten mit Champignons-Sauce.

Wenn die Enten gut gereinigt und gewässert sind, so lege sie in einen Schmoortopf, oder in eine verzinnte Kasserolle, gieße Wasser darauf und stelle sie aufs Feuer, schäume sie gut und wenn sie ein wenig gekocht sind, so nimm sie heraus, gieße kaltes Wasser darauf, nimm die Spulen heraus, welche beim Kochen hervorgekommen sind, lege die Enten wieder in das Gefäß, worin sie gekocht worden, lege etwas Butter und Zwiebeln dabei, gieße etwas von der Brühe darauf, aber das Schmalz und den sich etwa noch gesetzten Schaum nimm vorher ab. Stelle nun die Enten auf gelindes Kohlenfeuer, decke sie zu und lasse sie schwitzen. Dann gieße die andere Brühe heiß dazu, salze sie und lasse sie kochen.

Zur Sauce mache geschwitztes Mehl ein wenig gelblich, aber nicht braun, nimm es vom Feuer, thue etwas feingehackte Schalotten dazu und wenn die Enten weich sind, so gieße die Bouillon ab, nimm das Fett davon ab, gieße erstere zu dem geschwitzten Mehl und thue etwas feingehackte Sardellen, Citronenscheiben, Muskatenblüthe, Butter, auch Champignons, aber keinen Essig daran. Beim Anrichten ziehe die Sauce mit Gelbem von Eiern ab, welches vorher mit ein wenig kaltem Wasser gut gequirlt worden; gieße sie wieder in das Geschirr, in welchem sie gewesen ist, damit die Eier gahr werden, setze sie aber nicht wieder aufs Feuer; dann richte die Enten an, thue etwas Sauce darüber und die andere in Saucièren.

Man kann auch Kälbermilch zu der Sauce nehmen.

103. Gebratene junge Hühner mit Stachelbeer-Sauce.

Wenn die Hühner gut gereinigt und gewässert sind, so drücke ihnen den Brustknochen mit einem Messer ein, speile sie auf, binde die Keulen am Rücken fest und brate sie am Spieß schön gelbbraun und saftig.

Zur Sauce nimm Stachelbeeren, so klein sie zu haben sind, setze Wasser in einer Kasserolle aufs Feuer, und wenn es kocht, so schütte die Stachelbeeren, von denen vorher die Blumen und Stengel abgeputzt worden, hinein; lasse sie einigemale aufkochen, dann gieße sie in einen Durchschlag, damit sie ablaufen. Dann gieße etwas Franzwein in eine verzinnte Kasserolle, thue ein gutes Stück gestoßenen Zucker und dann die Stachelbeeren dazu; decke es zu, stelle es auf gelindes Kohlenfeuer und lasse es ein wenig schmooren. Man muß die Stachelbeeren aber nicht rühren, damit sie nicht zergehen. Dann nimm das Gelbe von 12 Eiern und einen halben Löffel voll Kraftmehl und quirle es gut zusammen. Nun nimm ½ Quart Franzwein und ¼ Quart Wasser, ein gutes Stück Zucker, anf welchem vorher eine Citrone abgerieben ist; auch von der Citrone den Saft und etwas feinen guten Zimmet, gieße es in eine verzinnte Kasserolle, stelle es auf gelindes Feuer und rühre es so lange, bis er dick und eben ist. Hierauf nimm es vom Feuer, schütte die Stachelbeeren dazu und rühre es behutsam zusammen, dann schütte etwas von den Stachelbeeren auf die Schüssel, lege die gebratenen Hühner darauf, thue die andern Stachelbeeren in eine Assiette und gieb es so zu Tische.

104. Hühner-Fricassée mit Krebsen.

Nimm junge Hühner, reinige sie gut und wenn sie ausgenommen sind, dann schneide und hacke sie in Stücke wie zum Fricassée gebräuchlich; wässere das Fleisch gut aus, lege es in einen Schmoortopf, gieße Wasser darauf und stelle es aufs Feuer, schäume es gut und wenn es ein wenig gekocht hat, so gieße die Brühe ab und auf das Fleisch wieder kaltes Wasser. Nimm dann die Spulen heraus, die beim Kochen noch hervorgekommen sind, dann lege das Fleisch wieder in den Schmoortopf, thue ein Stück Butter, ein Paar Zwiebeln und ein wenig von der Brühe dazu; stelle es auf gelindes Kohlenfeuer und lasse es schwitzen, so daß sich das Fleisch wieder durchwärmt. Dann gieße die andere heiße Brühe nebst Salz hinzu und so lasse es kochen.

Zur Sauce nimm Krebsbutter, geschwitztes Mehl mit etwas Schalotten und Muskaten-Nuß oder -Blumen, rühre alles gut durcheinander und wenn die Hühner weich sind, dann gieße die Bouillon von denselben zu der Sauce, stelle es aufs Feuer und wenn es kocht, dann thue Krebsschwänze dazu, welche vorher zubereitet sein müssen, auch gute gereinigte Morcheln; es muß aber nicht lange mehr kochen. Beim Anrichten ziehe die Sauce mit Gelbem von Eiern ab, richte die Hühner in einer Schüssel an, und die Sauce darüber.

Man kann auch einen Krebsrand an das Fricassée legen und die Masse von dem Krebs-Pudding dazunehmen, deren Anfertigung in Nr. 213 beschrieben ist.

Wie man die Krebs-Butter machen muß, ist in der zweiten Abtheilung unter Nr. 64 angegeben.

105. Puten in Gelée.

Man nehme eine junge, ausgewachsene Pute, reinige sie von Federn und Spulen gut, senge ein wenig die Haare ab, doch muß dies auf Papier geschehen, damit die Pute nicht schwarz wird; alsdann wasche man sie mit warmem Wasser, aber ja nicht mit heißem Wasser; sonst fährt sie zusammen und man zerreißt sie, wenn man die Knochen herausnehmen will; dann schneide man die Füße ab und den Rücken auf, nehme behutsam alle Knochen und auch das Eingeweide, aber nicht die Knochen aus den Keulen, heraus; hacke auch die Flügel ab und lege die so zubereitete Pute ein wenig, aber nicht lange, in Wasser.

Zur Farce nehme man eine gute Kälberkeule von 6 Pfund, schneide das Fleisch von den Knochen und dann aus der Haut und den Sehnen, nehme 8 Loth frischen, ungeräucherten Speck und hacke es mit dem Kalbfleische ganz fein. Dann schneide man von alter Semmel die

Rinde ab, nehme 6 Loth von der Ersteren, lasse sie in kaltem Wasser weichen und drücke sie mit der Hand gut aus. Dann nehme man ein Stück Butter, lege es in einen Tiegel, thue die Semmel und 3 ganze Eier, die vorher gut gequirlt sind, dazu, setze es sodann auf gelindes Kohlenfeuer, und rühre es so lange, bis es sich vom Tiegel löset; lasse es nun ein wenig abkühlen, thue es mit etwas gehackten Schalotten, Citronenschaalen, Muskaten-Nuß oder -Blüthe, 2 ganzen Eiern und dem Gelben von 3 Eiern und Salz zu dem gehackten Fleische, und rühre alles recht gut durcheinander. Dann lege etwas Farce in die Pute und 3 hartgekochte Eier, ein jedes in vier Theile geschnitten, auf, und die andere Farce über die Eier, nähe den Rücken der Pute mit Zwirn zu und stecke einen Speil durch die Keulen.

Man nehme hierauf die von dem Abgang und den Knochen vorher abgekochte Bouillon, gieße sie in eine verzinnte Kasserolle, und wenn es nicht zu der Pute hinreichend sein sollte, so viel Wasser dazu, wie nöthig ist; stelle es aufs Feuer und wenn es kocht, so lege die Pute und auch die Flügel und die Knochen, die vorher gut gewässert worden, hinein, salze und schäume es gut und lasse es kochen. Wenn die Pute weich ist, so nehme man sie heraus, gieße die Bouillon durch, nehme alles Fett ab, gieße den Stand von 10 Kälberfüßen, die vorher gekocht sind, dazu, kläre es in eine verzinnte Kasserolle gut ab, damit der Satz zurückbleibe; gieße dann guten Weinessig nach Geschmack zu und lege einige Gewürznägelein und Zimmet hinein. Hierauf binde man eine Serviette, die vorher ½ Stunde in kochendem Wasser gelegen hat, an die Füße eines umgekehrten Küchenschemels mit Bindfaden fest, nehme von 8 Eiern das Weiße, schlage es ein wenig mit der Kelle, gieße es zu der in der Kasserolle befindlichen, vorher abgekühlten Masse; dann stelle man die Kasserolle wieder auf das Feuer und rühre es mit einer Kelle beständig, damit das Eiweiß nicht gerinne; sonst wird die Gelée nicht klar. Wenn es in die Höhe kocht, dann ist es gut (es muß aber nur einmal aufkochen), sodann gieße es in die Serviette, lasse es ein wenig durchlaufen, gieße dies wieder zur Masse in die Serviette, lasse abermals ein wenig durchlaufen und wiederhole dieses so lange, bis die Gelée klar durchläuft. Die Gelée muß aber, wenn sie kalt ist, an einen warmen Ofen gestellt werden. Dann fülle man etwas davon in die oben mehrmals erwähnte, gut verzinnte Muschelform, in welche die Pute hineingelegt werden soll, stelle sie an einen kalten Ort und wenn nun die Gelée in der Form steht, dann putze man sie mit Krebsscheeren und ausgeschnittenen Citronenscheiben aus und lege zu dem Ende in die Mitte einen Stern von Krebsscheeren und 6 kleine Krebse um die Form.

Die Pute muß vorher gut nachgesehen und die Spulen herausgenommen werden, die beim Kochen hervorgekommen sind. Man nehme hierauf den Zwirn aus dem Rücken heraus und wische die Pute mit einer reinen Serviette ab, lege sie dann in die Form, welche ganz kalt sein muß, und gieße die übrige Gelée so darüber, daß sie über der Pute steht. Die Gelée darf jedoch auch nicht mehr warm sein.

Wenn die Pute angerichtet werden soll, dann halte man die Form ein wenig in lauwarmes Wasser, aber nicht lange, denn die Gelée löset sich gleich; lege sodann die Schüssel auf die Form und kehre sie um. Die Gelée, welche noch übrig geblieben ist, lege man rund um die Schüssel und so schicke es zur Tafel.

Diese farcirte Pute kann man auch warm zu Tische geben, nemlich mit einer Austern- oder Champignons-Sauce.

Eine Gans und auch Enten kann man ebenfalls in Gelée machen, aber die Farce macht man dann von Hammelfleisch; auch kann man die Enten oder die Gans mit einer Sardellen-, Champignons- oder Austern-Sauce warm zur Tafel geben.

NB. Die Farce so wie die Gelée sind hier nur zu einer Pute berechnet und nachdem man mehr haben will, muß man die Portionen verdoppeln.

106. Gänse in Sülze zu kochen.

Wenn die Gänse geschnitten sind, dann nimmt man die Brüste, Keulen, den dicken Hals und was man sonst noch will, wässert es gut aus, legt es in eine verzinnte

Kasserolle, oder in einen Schmoortopf, gießt Wasser darauf und stellt es aufs Feuer, schäumt es gut und läßt es kochen. Auf eine Gans rechnet man 4 Kälberfüße, sind sie aber groß, dann sind 3 hinreichend. Diese Füße werden ein paarmal durchgehackt, gewaschen und weich gekocht; dieses muß aber früher geschehen, weil sie längere Zeit zum Gahrwerden erfordern, damit sie zugleich mit den Gänsen weich sind. Die Füße werden übrigens nicht gesalzen. Wenn die Gänse weich, jedoch nicht zu weich sind, dann nimmt man sie heraus, gießt die Brühe durch, nimmt das Schmalz rein ab, so daß davon gar nichts darauf bleibt, gießt den Stand von den Kälberfüßen durch ein Sieb in einen Topf, spült die Füße noch ein wenig mit kochendem Wasser ab, thut dieses auch zu dem Stand und bald darauf nimmt man das Schwarze, was sich oben gesetzt hat, als unbrauchbar, ab, gießt jenes mit Ausnahme dessen, was sich unten am Boden gesetzt hat, zu der Gänse-Brühe, füllt dann ein wenig davon in einen Tassenkopf, stellt es an einen kalten Ort und wenn es nach Verlauf von einer halben Stunde recht steif ist, dann ist es gut; ist dies nicht der Fall, so muß man es noch etwas einkochen lassen. Dann gießt man recht scharfen, sauren Weinessig dazu und legt Gewürznägelein, Englisch Gewürz und Zimmet hinein. — Hierauf nimmt man eine starke, grobe Serviette, die vorher eine halbe Stunde in kochendem Wasser gelegen hat, kehrt einen Küchen-Schemel um, und bindet die Serviette mit Bindfaden an dessen Füße recht fest. Ferner nimmt man zu 4 Gänsen das Weiße von 8 Eiern (sie müssen aber frisch sein, sonst ist es nicht genug), quirlt ein wenig in einem Topf, gießt es zu dem Weinessig, stellt die Kasserolle aufs Feuer und rührt es beständig, damit das Eiweiß nicht käse, weil sonst die Gelée nicht klar wird. Wenn die Gelée einmal in die Höhe kocht, dann nimmt man sie ab, gießt sie durch die Serviette und wiederholt dies Durchgießen so lange, bis sie klar ist; stellt sie hierauf an einen warmen Ofen und deckt sie mit einem Tuche zu, damit sie nicht abraucht und warm bleibt. Sollte nicht alles durchlaufen, dann füllt man es heraus, läßt es noch einmal aufkochen und gießt es dann wieder durch die Serviette. (Eine Serviette ist übrigens nicht genug, sondern man muß zwei dergleichen aufbinden, damit es desto schneller klar durchlaufe).

Nach dem Fleische der Gänse muß man gut sehen, es beputzen, die Spulen herausnehmen und das Fleisch in die Geschirre legen, die man zum Anfbewahren bestimmt hat. Man kann das Gänsefleisch auch mit Zimmet und Nelken spicken. Ist die Gelée abgekühlt, dann gießt man sie über die Gänse und wenn sie steif ist, so füllt man Schmalz darüber und bindet das Geschirr mit Papier zu.

107. Farcirte Enten mit einer Sardellen-Sauce.

Wenn die Enten mit lauwarmem Wasser (ja nicht mit heißem) gut gereinigt sind, so hacke ihnen den Hals, aber nicht zu kurz und die Flügel ab, schneide auch die Füße ab und den Rücken auf und nimm das Eingeweide und alle Knochen, doch nicht die aus den Keulen, heraus. Hierauf nimm zur Farce*) eine Hammelkeule von 5 Pfund, schneide das Fleisch aus den Sehnen und Häuten und hacke dieses mit einem halben Pfund frischen, ungeräucherten Speck zusammen ganz fein. Dann schneide die Rinde von alter Semmel ab, nimm von dieser 6 Loth, lasse sie ein wenig in kaltem Wasser weichen und drücke sie mit der Hand gut aus; lege ein Stück Butter in einen Tiegel, lasse sie ein wenig zergehen, thue die Semmel dazu, quirle 3 ganze Eier gut und gieße auch diese hinzu, stelle es aufs Feuer und rühre es so lange, bis es sich vom Tiegel löset. Dann lasse es ein wenig abkühlen und thue es nebst 2 ganzen Eiern und dem Gelben von 3 Eiern, feingehackten Schalotten, Citronenschaalen, ein wenig Pfeffer und Salz zu dem Fleische und rühre alles gut durcheinander.

Lege die Enten, die vorher ein wenig im Wasser gelegen haben, auf ein Brett, drücke die Farce hinein und nähe den Rücken zu. Stelle hierauf Wasser in einer verzinnten Kasserolle aufs Feuer, so viel zu den Enten nöthig ist und wenn es kocht, dann lege die Enten hinein, schäume

*) Diese Farce ist zu 3 Enten berechnet.

sie gut, lege Salz daran, decke sie zu und lasse sie kochen.

Zur Sauce nimm ein gutes Stück Butter, das Gelbe von 9 Eiern, 2 Eßlöffel feines Weizenmehl, 8 Loth Sardellen, die vorher gut gereinigt und gehackt worden, Muskatenblüthe und ein wenig feingehackte Schalotten und rühre dieses alles recht gut zusammen, daß es wie ein Brei wird. Wenn die Enten weich sind, so gieße die Bouillon durch ein Sieb ab, schöpfe das Fett davon rein ab, gieße sodann ein wenig von der Bouillon zu der Sauce, rühre es recht gut durch, gieße dann wieder ein wenig zu, bis es so viel ist, als man Sauce haben muß; dann thue Citronenscheiben, auch Citronensäure dazu, stelle die Sauce aufs Feuer und lasse sie unter beständigem Rühren einmal aufkochen.

Wenn die Enten angerichtet werden sollen, so nimmt man den Zwirn zuvor heraus, (man muß aber auch noch die Spulen herausnehmen, die bei dem Kochen hervorgekommen sind), legt sie auf eine Schüssel, gießt etwas von der Sauce darüber und schickt die andere in Saucièren zu Tische.

Man kann die Enten auch braun schmooren und eine braune Sardellen-Sauce und Kapern dazu nehmen.

Fünfte Abtheilung.

Geschmoortes und Fricassées.

---

108. Fricandeaus von Kalbfleisch.

Nimm eine gute Kälberkeule von 8 Pfund, (man muß sie nie kleiner wählen, sonst werden die Fricandeaus schlecht,) ziehe die Häute davon ab, schneide dann Stücken von der Größe einer gewöhnlichen Portion davon ab, klopfe sie ein wenig mit einer Klopfkeule oder mit der Breite eines Hackmessers und spicke sie sauber auf einer Seite mit gutem Speck; lege nun Butter in eine verzinnte Kasserolle, stelle sie aufs Feuer und lasse sie ein wenig gelbbraun werden; dann lege Scheiben von gutem geräucherten Schinken dazu und die Fricandeaus mit der ungespickten Seite auf den Schinken, decke sodann die Kasserolle zu und stelle sie auf gelindes Kohlenfeuer, so daß die Fricandeaus erst ziehen und Jus bekommen mögen. Dann lasse sie etwas stärker schmooren, damit sie braun werden (man muß aber zuweilen ein wenig kaltes Wasser dazu gießen und sie immer wieder schmooren lassen) und wenn die Jus braun ist, dann nimm die Fricandeaus alle heraus, den Schinken aber lasse unten liegen. Die Stücken, welche etwa oben gelegen haben, lege nun nach unten, aber nicht auf die gespickte Seite, decke die Kasserolle wieder zu, lasse es schmooren und wenn die Fricandeaus alle weich und braun sind, dann nimm sie heraus und gieße die Bouillon von den Knochen,

6*

die vorher abgekocht worden, zu der Jus von den Fricandeaus. Ist es mehr Sauce, als zu den Fricandeaus erforderlich ist, so lasse sie noch einkochen, gieße sie alsdann durch ein Sieb und wenn sie von der Jus nicht seimig genug sein sollte, so mache noch ein wenig braunes Mehl daran, lege nun die Fricandeaus wieder hinein und lasse sie noch einmal aufkochen, dann sind sie gut.

NB. Die Butter macht die Fricandeaus nicht allein braun, sie müssen in der Jus braun werden.

109. Fricandeaus auf andere Art.

Man nehme eine Kälberkeule von 8 Pfund, klopfe sie, ziehe die Haut ab, schneide das Fleisch in 3 oder 4 Theile, lasse den großen Knochen zurück, den Rückknochen aber am Fleische sitzen, und hacke die Stücken, wo die Niere gesessen hat, portionsweise, doch so, daß der Knochen daran bleibt; dann spicke man es sauber, lege Butter in eine verzinnte Kasserolle, stelle sie aufs Feuer und wenn sie gelbbraun ist, lege man Scheiben von gutem geräucherten Schinken hinein, die Fricandeaus aber mit der Speckseite darauf, decke die Kasserolle zu und stelle sie auf gelindes Kohlenfeuer. Sie müssen erst ziehen und wenn sie Jus bekommen haben, so mache man mehr Feuer unter und lasse sie schmooren und braun werden, kehre sie aber öfter um und sehe gut darauf, daß sie braun werden, ohne zu verbrennen und gieße, wenn sie stark schmooren, immer ein wenig kaltes Wasser dazu, denn sie müssen nicht allein in der Butter schmooren, sondern immer Jus haben. — Wenn sie braun und weich sind, so nimm sie heraus, gieße die von den Knochen und dem Abgang gekochte Bouillon zu der Jus, spüle den Schinken recht gut damit ab, gieße es durch ein Sieb und wenn es zu viel ist, so lasse es noch ein wenig einkochen; ist es nicht seimig genug, dann thue ein wenig braun gemachtes Mehl daran. Lege hierauf die Fricandeaus wieder hinein, decke die Kasserolle zu, stelle sie aufs Feuer, daß sie wieder heiß werde und dann sind sie gut.

110. Rouladen von Kalbfleisch.

Nimm eine gute Kälberkeule, ziehe die Haut ab und schneide so viel dünne Scheiben von beliebiger Länge und 3 Finger Breite davon ab, wie es sich thun läßt und wie man haben will. Das übrige Fleisch, was man nicht zu den Scheiben gebrauchen kann, schneide aus den Sehnen und hacke es ganz fein, thue dazu Eier, fein gehackte Schalotten, Citronenschaalen, Muskaten-Nuß, Salz so viel wie nöthig ist, auch etwas in Wasser geweichte Semmel und geschmolzene Butter und rühre alles recht gut durcheinander. Dann lege die Scheiben auf ein Brett, lege die oben beschriebene Farce darauf, wickle die Fleischscheiben um die Farce und binde sie mit einem Zwirnfaden zusammen. Dann gieße die Bouillon, welche von den zerschnittenen Knochen und Sehnen vorher abgekocht ist, in einen Schmoortopf, stelle denselben auf das Feuer und wenn die Bouillon kocht, so lege die Rouladen nebst Butter, ein paar Zwiebeln und Salz hinein, decke den Topf zu und lasse sie kochen.

Zur Sauce mache in Butter geschwitztes Mehl, nimm es vom Feuer, thue feingehackte Schalotten, auch ein wenig feingehackte Sardellen dazu und wenn die Rouladen weich sind, dann gieße die Bouillon ab und durch ein Sieb, thue geschwitztes Mehl darein, so viel wie nöthig ist und Citronenscheiben, auch ein wenig Citronensäure und Muskaten-Nuß, schneide von den Rouladen mit einer Scheere den Zwirn ab, lege sie in die Sauce und lasse sie noch ein wenig durchkochen, dann richte an und thue die Sauce darüber.

Man kann die Rouladen auch von Rindfleisch in derselben Art kochen.

111. Gespickte Kälberkeule mit einer Kastanien-Sauce.

Nimm eine gute Kälberkeule, klopfe sie, ziehe die Haut davon ab und spicke sie eben so, als wenn man sie zum Braten haben will. Lege in eine verzinnte Kasserolle Butter, stelle sie aufs Feuer und wenn sie gut braun ist, lege Scheiben von gutem geräucherten Schinken hinein und die Keule darauf, die ungespickte Seite unten; decke sie zu und lasse sie auf gelindem Kohlenfeuer schmooren, siehe aber gut danach, daß sie sich nicht ansetze. Wenn sie aber stark schmooret, so gieße immer ein wenig kaltes Wasser hinzu, kehre sie um, wenn sie an der einen Seite gelbbraun ist und so lasse sie weich und braun werden.

Zur Sauce nimm gute Rindfleisch=Bouillon, thue in Butter braun gemachtes Mehl, Citronenscheiben und Saft, feingehackte Sardellen und zuletzt die Kastanien, die vorher gekocht und abgeschält sein müssen, dazu. Die Kastanien müssen jedoch nicht lange mit kochen, sonst verlieren sie den süßen Geschmack.

Wenn nun die Keule angerichtet wird, dann gieße noch die Jus davon zu der Sauce, lasse aber, wenn zu viel Butter darauf ist, davon noch etwas zurück. Alsdann richte die Keule auf die Schüssel an, thue etwas Sauce darüber und die andere in Saucièren und so schicke es zur Tafel.

112. Farcirte Kälberkeule.

Schneide eine gute Kälberkeule bei der inwendigen Seite und zwar da, wo die Mürbbraten sitzen, auf, löse den Keulenknochen von beiden Seiten aus dem Wirbel und nimm ihn nebst dem Rückknochen, nämlich wo der Mürbbraten sitzt, heraus, lasse aber den einen Keulenknochen darin. Dann nimm Fleisch, so viel es sich thun läßt, heraus (es muß aber auch noch Fleisch an der Keule bleiben), reinige dann das ausgeschnittene Fleisch von den Sehnen und hacke es ganz fein; thue Eier, geschmolzene Butter, etwas in Wasser geweichte und wieder gut ausgedrückte Semmel, auch feingehackte Schalotten, Citronenschaale, Muskatennuß und Salz dazu, rühre alles gut durcheinander, lege es in die Keule und nähe sie zu. Dann setze Wasser in einer verzinnten Kasserolle aufs Feuer und wenn es kocht, so lege die Keule nebst Butter, Salz und einem Paar Zwiebeln hinein.

Bereite dazu eine Champignons=Sauce, nemlich: Mache in Butter geschwitztes Mehl ein wenig gelblich, nimm es vom Feuer und thue etwas feingehackte Schalotten dazu; (das Mehl muß man deshalb vom Feuer nehmen, weil entgegengesetzten Falls die Schalotten braun werden.) Wenn die Keule weich ist, so gieße die Bouillon durch ein Sieb ab, thue von dem geschwitzten Mehl so viel wie nöthig ist, nebst feingehackten Sardellen, Citronenscheiben und Muskatenblüthe hinzu, ziehe die Sauce mit Gelbem von Eiern, welches vorher mit ein wenig kaltem Wasser gut gequirlt ist, ab und thue alsdann die Champignons dazu. (Es muß aber kein Essig von den Champignons dazu kommen und wenn man eine weiße Sauce hat, müssen die Champignons nicht mit kochen, die Sauce wird sonst zu sauer, und Zucker kann man nie dazu thun; dann schmeckt sie nicht gut.)

Beim Anrichten der Keule zieht man den Zwirn heraus und gießt ein wenig Sauce darauf und die andere in Saucièren.

113. Schmoorfleisch zu machen.

Man nehme ein Stück Rindfleisch aus der Keule, nemlich die inwendige Seite, klopfe es gut, schneide guten geräucherten Schinken in lange Streifen, wie ein guter Finger dick; nehme gestoßenes Englisch Gewürz, etwas Pfeffer und Salz, kehre den Schinken darin um, steche mit einem Messer Löcher in das Fleisch und stecke den Schinken hinein. Dann lege man es, nebst einem Paar Lorbeerblätter und Englisch Gewürz in eine verzinnte Kasserolle und gieße Wasser darauf, aber nicht zu viel, denn das Fleisch muß eher braun werden, als es gahr ist. Wenn das Fleisch halb gahr ist, muß man es schmooren lassen, damit es braun werde, mitunter aber immer ein wenig kaltes Wasser zugießen, bis es weich ist, zuletzt ein wenig Citronenscheiben und wenn man es sauber haben will, auch guten Essig dazu gießen und etwas Mehl, welches in Butter braun gemacht ist, dazu rühren. Bei Wintertagen muß das Fleisch 3 bis 4 Tage alt sein, so wird es am besten.

114. Fricassée von Hammelzungen und Kälbermilch.

Wenn die Zungen gut gereinigt sind, dann stecke sie in kochendes Wasser, putze die Haut ab, schneide den Schlund weg, wässere die Zunge noch einmal, gieße alsdann Wasser darauf, thue Salz hinzu, stelle sie zum Feuer und lasse sie kochen.

Wenn die Kälbermilch gut ausgewässert ist, so gieße kaltes Wasser darauf, stelle sie zum Feuer, lasse sie ein wenig kochen und wenn sie steif ist, gieße das Wasser ab und kaltes Wasser auf und nimm die Sehnen und auch das Fleisch, was noch daran, so wie die Haut, die oben sitzt, weg.

Hierauf mache Farce-Klöße von Kalbfleisch in folgender Art:

Nimm Kalbfleisch aus der Keule, verhältnißmäßig zu den Zungen (wenn man 20 Hammelzungen und 3 Pfund Kälbermilch hat, dann nehme man 3 Pfund Kalbfleisch), schneide das Fleisch aus der Haut und den Sehnen, hacke es ganz fein, thue es in eine tiefe Schüssel, ein ganzes Ei, und von 3 Eiern das Gelbe und geschmolzene Butter dazu; ferner nimm alte Semmel, schneide die Rinde davon ab, weiche 1 Loth von ersterer in kaltes Wasser, aber nicht lange, drücke sie mit der Hand trocken aus und thue sie nebst feingehackten Schalotten, Citronenschaale, Muskatenblüthe und Salz dazu, rühre alles gut durcheinander, mache auf einem Brette Klößchen davon und drücke und rolle sie mit den Händen ein wenig länglich und dann ein wenig breit. Stelle nun Rindfleisch-Bouillon aufs Feuer und wenn sie kocht, lege die Klöße hinein und nimm sie heraus, sobald sie gahr sind. Die Bouillon aber gieße durch ein Sieb.

Wenn die Zungen weich und kalt sind (sie müssen aber in ihrer eigenen Bouillon kalt werden, sonst werden sie trocken und schwarz), dann schneide sie schräg in drei Theile; die Kälbermilch zerschneide auch ein wenig, je nachdem sie groß ist. Stelle kräftige Rindfleisch-Bouillon aufs Feuer, gieße auch diejenige dazu, in welcher die

Klöße gekocht sind und wenn sie kocht, so thue die Zungen, die Kälbermilch, die Farce-Klöße und viel Butter dazu, lasse es ein wenig kochen, füge alsdann geschwitztes Mehl, worunter Schalotten sind, auch feingehackte Sardellen, Citronenscheiben und Muskatenblüthe hinzu und lasse es noch ein wenig kochen.

Beim Anrichten ziehe es mit Gelbem von Eiern ab, welches vorher in kaltem Wasser gut gequirlt ist, und thue auch zu gleicher Zeit Champignons dazu, kehre es behutsam um, damit die Champignons überall damit vermengt werden und die Eier nicht gerinnen, und so richte es an.

Man kann das Fricassée auch mit Schnitten von Blätterteig belegen und anstatt der Champignons Austern dazu nehmen, dann bleiben aber die Sardellen zurück.

115. Hammelzungen mit einer kalten Sauce.

Wenn die Zungen so gereinigt und gekocht sind, wie Nr. 114 gesagt ist, dann schneide sie schräg in 5 Theile und lege sie in Schüsseln, auf welchen sie zu Tische kommen sollen.

Mache folgende Sauce: Nimm von hartgekochten Eiern das Gelbe, gieße Provencer-Oel darauf, drücke und rühre jenes ganz klein, gieße Weinessig, auch etwas weißen Franzwein dazu, nebst feingehackten Sardellen und Schalotten, streiche es durch einen Durchschlag, damit die etwa noch darunter befindlichen Stücken von den Eiern zurückbleiben; alsdann thue guten Mostrich und Zucker nach Belieben hinzu. Hierauf richte die Sauce über die Zungen an, bestreue sie mit guten feinen Kapern und belege alles mit Sardellen, die vorher gut gereinigt und nach Herausnahme der Rückgräten in 2 Hälften getheilt sind. Rund um die Schüssel herum lege Krebsschwänze, die vorher zubereitet sind, und die Scheeren, welche auf der einen Seite aufgeschnitten worden, lege zwischen die Schwänze, und eine Scheibe von einer ausgeschnittenen Citrone mitten auf die Schüssel und so schicke es zur Tafel.

116. Hammelzungen mit einer warmen Krebs-Sauce.

Bereite die Hammelzungen, Kälbermilch und die Farce-Klöße alles so, wie Nr. 114 gesagt ist; dann nimm Krebs-Butter, thue darunter geschwitztes Mehl und Muskatenblüthe, rühre es recht gut durcheinander, gieße heiße kräftige Rindfleisch-Bouillon dazu, stelle es aufs Feuer und wenn es kocht, so lege die Zungen, Kälbermilch, Klöße und auch Krebsschwänze, welche vorher zubereitet worden, hinein; lasse es ein wenig kochen und ziehe es beim Anrichten mit Gelbem von Eiern ab. Die Krebsscheeren, welche vorher auf einer Seite aufgeschnitten sind, lege rund um die Schüssel herum.

117. Grillirte Rinderbrust.

Wenn die frische Rinderbrust aus der Bouillon genommen ist, dann lasse sie ein wenig abrauchen, putze das, was man nicht daran haben will, ab, lasse Butter in einem Tiegel ein wenig zergehen (sie muß aber nicht heiß sein), thue Gelbes von Eiern dazu, zerrühre es mit der Butter, begieße und bestreiche das Fleisch damit; nimm geriebene Semmel, feingehackte Petersilie, gestoßenen Pfeffer, auch etwas Salz, bestreue die Rinderbrust einen Finger dick damit, gieße mit einem Löffel noch etwas von dem warmen Talg darüber, aber auch so, daß die Semmel nicht abläuft; dann lege die Brust in eine irdene Bratpfanne oder in eine Schüssel und etwas Talg darunter, damit sie der Bäcker begießen kann und schicke sie zu dem Bäcker. Sie muß aber mit derselben Schüssel in den Backofen kommen, denn die Schüsseln beim Bäcker sind gewöhnlich schon so sehr mit Fett durchzogen, daß die Brust davon einen üblen Geschmack erhalten würde. Die Brust muß schön gelbbraun gebacken werden.

Dazu verfertige eine Sardellen-Sauce, deren Bereitung in der zweiten Abtheilung unter Nr. 54 oder 55 zum Rindfleisch angegeben ist.

118. Geräucherte Hamburger Brust zu kochen.

Man wäscht die Brust mit warmem Wasser und mit einem reinen Tuche gut ab, legt sie alsdann in einen Schinkenkessel, die Fleischseite unten und gießt am Abend vor dem Tage, an welchem man sie kochen will, hinreichend Wasser darauf. Sie muß sodann zeitig zum Feuer gebracht werden, so daß sie des Morgens um 5 Uhr schon kocht, wenn man sie auf den Mittag um 2 Uhr essen will, doch muß sie zwar immer, aber doch nur langsam und nie rasch kochen. Wird sie früher weich, ehe sie gegessen werden soll (denn das Fleisch kocht sich nicht immer gleich), dann nimmt man sie mit dem Ausheber heraus, der immer im Schinkenkessel sein muß; der Kessel bleibt aber auf dem Feuer stehen und ehe man die Brust anrichtet, legt man sie noch einmal in den Kessel, damit sie wieder heiß werde. Beim Anrichten nimmt man mit einem scharfen Messer das Schwarze rein weg, bestreut die Brust mit geriebener Semmel, belegt sie mit Citronenscheiben und grüner Petersilie und schickt sie so zu Tische. Dazu giebt man entweder Mostrich, oder man kann auch die gelbe Erbs-Sauce nehmen, die in der zweiten Abtheilung unter Nr. 61 aufgeführt ist.

119. Rinderbrust auf Hamburger Art verfertigt.

Nimm von einem jungen Ochsen eine gute fette Brust, stelle einen Kessel mit Wasser auf das Feuer und wenn es kocht, lege die Brust hinein; lasse sie ein paar Minuten darin liegen, dann nimm sie heraus, lege sie in eine feste Mulde, reibe sie mit Salpeter und Salz gut ein und lege oben und unten Salz. (Die Fleischseite muß übrigens unten liegen und die Brust in der Mitte der Rippen geknickt sein, auch muß man die vordersten Rippen herausschneiden, weil sie so in der Mulde besser liegt.) Decke die Mulde mit einem Brette zu und begieße die Brust alle Tage zweimal mit einem Löffel von der Laake, lasse sie aber auf der Fleischseite immer liegen und wenn sie 6 bis 8 Tage gelegen hat, dann nimm sie heraus. Sie kann nun, auf diese Weise bereitet, oder nachdem sie 4 Tage, aber nicht länger, im Rauch gehangen hat, gekocht werden.

120. Klops von Rindfleisch.

Nimm 6 Pfund mageres Rindfleisch aus der inwendigen Seite der Keule, schneide es in dünne Scheiben und schabe es aus den Sehnen, schneide ½ Pfund frischen ungeräucherten Speck in kleine Würfel, hacke es ganz fein, thue es dann unter das geschabte Fleisch und hacke beides gut durcheinander. Dann schneide von alter Semmel die Rinde ab, nimm 8 Loth von ersterer, weiche sie in kaltem Wasser, aber nicht lange und drücke sie mit der Hand aus; lege ein Stück Butter in einen Tiegel, lasse sie ein wenig auf Kohlenfeuer zergehen, dann lege die Semmel hinein, thue 3 ganze Eier, die vorher gut gequirlt sind, noch dazu, stelle es auf das Feuer, und rühre es so lange, bis es vom Tiegel abbackt; dann lasse es ein wenig abkühlen; thue es zu dem gehackten Fleische und rühre alles mit 3 ganzen Eiern und dem Gelben von 3 Eiern, feingehackten Schalotten, Citronenschaale, etwas gestoßenem Pfeffer und Salz gut durcheinander. Dann nehme man ein reines Brett, forme von der Masse die Klopse in beliebiger Größe rund und etwas breit mit der Hand, mache sie jedoch nicht groß, etwa so daß 2 bis 3 auf eine Portion zu rechnen sind und nimm sie mit einem Messer vom Brette ab. Wenn sie alle verfertigt sind, dann setze Butter in einem breiten eisernen Tiegel auf Kohlenfeuer, lege, wenn diese gut gelbbraun ist, die Klopse hinein und lasse sie darin etwas braun und gahr, aber nicht hart werden.

Zur Sauce nimm die Bouillon von dem Abgang des Fleisches, welches vorher abgekocht ist (man muß aber, wenn dieser Abgang zu einer kräftigen Sauce nicht hinreichend sein sollte, noch besonders Fleisch nehmen und mit dem Abgang kochen), gieße die Bouillon in eine verzinnte Kasserolle, thue in Butter braun gemachtes Mehl, worunter Schalotten sind, so viel wie nöthig ist, nebst Citronenscheiben und feingehackten Sardellen, statt derer man auch Hering nehmen kann, dazu, stelle es aufs Feuer und wenn es kocht, dann lege die Klopse hinein und lasse sie einmal damit aufkochen, dann sind sie gut; sie müssen nicht lange kochen, sonst werden sie trocken.

Man kann zu dem Klops auch eine weiße Sauce geben und hat dann nur nöthig, daß man anstatt des braunen Mehls geschwitztes Mehl, unter welchem feingehackte Schalotten oder Zwiebeln sind, nehme.

121. Nieren-Schnitte.

Hacke die Niere nebst dem Fett von kaltem Kälberbraten (von welchem das Braune als unbrauchbar abgeschnitten worden) nebst etwas von dem Braten selbst, klein, thue es in eine Schüssel, nimm dazu Eier, Sahne, gehackte Petersilie, Salz, gestoßenen Pfeffer, geriebene Muskatennuß, geriebene Semmel, auch geschmolzene Butter und rühre es durcheinander. Dann nimm Semmelscheiben von der Dicke eines Fingers, tauche immer eine in Milch, schmiere dann das Gemengte wie ein Finger dick darauf, streiche es mit einem Messer glatt, backe die Schnitte in einer gut verzinnten Tortenpfanne und richte sie warm an.

122. Grillirte frische Schweinspfoten.

Man nimmt Schweinspfoten, die so gut gereinigt worden, daß auch kein Haar mehr daran sitzt, stellt sie zum Feuer und läßt sie in Salz und Wasser recht weich kochen; dann legt man sie in einen Durchschlag, damit sie ablecken; vermischt geriebene Semmel, gehackte Petersilie und gestoßenen Pfeffer, begießt die Pfoten mit geschmolzener Butter, bestreut sie mit dem Gemengten, legt sie auf den Rost, läßt sie gelbbraun werden, richtet sie trocken an und schickt sie warm zu Tische. — Man muß den Rost vorher aber mit ein wenig Butter bestreichen.

123. Grillirte Lämmerköpfe.

Man nimmt aus den Lämmerköpfen die Zungen heraus, sticht die Augen aus und läßt die Köpfe gut auswässern. Die Zungen brüht man, macht sauber die Haut davon ab, dann stellt man sie nebst den Köpfen zum Feuer, läßt sie in Wasser und Salz kochen und wenn sie nun weich sind, so nimmt man sie heraus und läßt sie ein wenig abrauchen. Dann schneidet man die Köpfe mit einem Messer mitten durch, nimmt das Gehirn heraus und putzt es ab. Ferner nimmt man geriebene Semmel, gehackte Petersilie und gestoßenen Pfeffer zusammen, begießt die Köpfe mit geschmolzener Butter, bestreut sie mit dem Gemengten, legt sie auf den Rost und läßt sie gelbbraun werden. Eben so werden die Zungen bestreut und geröstet.

Dann stellt man Butter in einem Tiegel aufs Feuer, thut ein wenig feingehackte Zwiebeln dazu, läßt sie ein wenig kochen, thut alsdann das Gehirn nebst geriebener Semmel, Salz und Pfeffer dazu, rührt es gut durcheinander und läßt es wieder ein wenig kochen.

Beim Anrichten legt man die Köpfe auf eine Schüssel, das Gehirn in die Hirnschaale, steckt in jeden Kopf eine Zunge, oder legt sie um die Köpfe und so giebt man es zu Tische.

124. Lamm-Fricassée mit Kapern.

Wenn das Lammfleisch zu Fricasséestücken gehackt und ausgewässert ist, dann stelle es mit Wasser und Salz aufs Feuer und wenn es gahr ist, thue an dasselbe in Butter geschwitztes Mehl, worunter Schalotten sind, gute feine Kapern, Muskatenblüthe oder -Nuß und Citronenscheiben, und so richte es an.

125. Gute Räucherwurst zu machen.

Schabe 6¼ Pfund mageres Schweinefleisch von den Sehnen gut ab und hacke es alsdann. Nimm 2 Pfund 6 Loth feingehacktes Rückenfett, 10 Loth Salz, 1 Loth grob gestoßenen Pfeffer, 3/8 Loth Nelken und ein wenig Salpeter, rühre dies alles gut durcheinander und lasse es dann eine Nacht hindurch stehen, damit es gut durchziehe. Am folgenden Morgen stopfe es in Fließen von Schweinen oder in Rinderdärme und hänge die Würste in den Rauch.

126. Geräucherten Schinken zu braten.

Man nimmt guten geräucherten Schinken, schneidet ihn in dünne Scheiben, klopft ihn mit einem Messerrücken, gießt dann süße Milch darauf und läßt ihn eine gute Stunde darin liegen, nimmt ihn heraus und läßt ihn durch einen Durchschlag ablecken. Hierauf nimmt man ganze Eier, schlägt sie gut, begießt den Schinken damit, bestreut ihn mit geriebener Semmel und läßt ihn in Butter gelbbraun, aber nicht zu langsam braten, damit er nicht hart werde.

127. Ausgebackene Kälberfüße.

Man reinigt Kälberfüße sauber, kocht sie in Salz und Wasser recht weich, nimmt alsdann alle Knochen heraus, schneidet die Füße in Stücke, wie zwei Finger breit und einen guten halben Finger lang; hierauf macht man einen Teig in der Art, wie bei den ausgebackenen Rinderzungen in der zweiten Abtheilung unter Nr. 52 angeführt ist, legt die Stücken in denselben hinein, kehrt sie darin mit einem Löffel um und backt sie in heißer Butter die vorher klar gekocht ist, aus.

128. Klops von Kalbfleisch.

Nimm eine gute Kälberkeule von 6 Pfund, ohne die Niere, schneide das Fleisch von den Knochen und dann aus den Sehnen und Häuten, schneide 8 Loth ungeräucherten Speck in Würfel, hacke dieses zusammen recht fein, dann schneide von alter Semmel die Rinde ab, nimm 5 Loth von ersterer, lege sie ein wenig in kaltes Wasser und drücke sie mit der Hand gut aus. Lege ferner ein Stück Butter in einen Tiegel, lasse sie ein wenig zergehen, thue die Semmel, auch 2 ganze Eier, die vorher gut gequirlt sind, dazu, stelle es auf Kohlenfeuer, rühre es so lange, bis es vom Tiegel los läßt, lasse es ein wenig abkühlen und thue es dann zu dem gehackten Fleische. Nimm sodann 2 ganze Eier, von 3 Eiern das Gelbe, feingehackte Schalotten, Citronenschaale und gestoßene Muskaten-Blumen oder -Nuß, auch Salz dazu und rühre alles gut durcheinander. Mache die Klopse von beliebiger Größe nun auf einem reinen Brette rund und mit den Fingern etwas breit und nimm sie dann mit einem Messer ab.

Zur Sauce nimm die Bouillon vom Abgang und den zerhackten Knochen, welches vorher abgekocht sein muß; gieße die Bouillon in eine verzinnte Kasserolle, stelle sie aufs Feuer und wenn sie kocht, so lege die Hälfte von dem Klops hinein. Wenn diese gahr ist, so nimm sie mit einem Schaumlöffel heraus und verfahre mit der andern Hälfte eben so. Die Bouillon muß aber hierbei nicht aus dem Kochen kommen, sonst gehen die Klopse auseinander.

Nachdem nun alle Klopse gahr sind, so gieße die Bouillon durch, und wieder in die Kasserolle, thue dazu in Butter geschwitzes Mehl, worunter Schalotten, feingehackte, ein wenig in kalter Butter zerrührte Sardellen, auch Citronenscheiben, Muskaten-Nuß oder -Blumen, alles nach Belieben, sind; stelle es auf das Feuer und wenn es kocht, so lege die Klopse hinein und lasse sie einmal aufkochen und so können sie angerichtet werden.

129. Angeschlagene Kälberkeule.

Nimm Kälberbraten, schneide das Braune als unbrauchbar davon ab, schneide den Braten in Würfel, hacke ihn mit einem Hackmesser ganz fein und thue ihn so in eine tiefe Schüssel. Nimm ferner geschmolzene Butter, ganze Eier, feingehackte Schalotten, Citronenschaale, Muskatenblüthe und Salz und rühre alles gut durcheinander. Hierauf nimm eine Tortenpfanne, lege einen mit Butter bestrichenen und mit geriebener Semmel bestreuten Bogen Papier hinein, lege sodann die obige Farce darauf und gieb ihr die Form, die eine Kälberkeule haben muß; dann streiche sie mit einem in heißem Wasser warm gemachten Messer glatt, bestreiche sie mit warmer Butter, bestreue sie mit Zwirn-Nudeln, decke die Tortenpfanne zu, mache oben und unten Kohlenfeuer, doch unten sehr wenig, begieße sie zuweilen mit heißer Butter, damit sie nicht trocken wird und lasse sie gahr und schön gelbbraun backen. Die Tortenpfanne muß aber gut verzinnt sein, sonst schmeckt das Fleisch kupfrig. Man kann es auch in einer irdenen Bratpfanne zu dem Bäcker schicken.

Mache eine holländische Sauce. Dazu nimm das Gelbe von 10 Eiern, thue einen Eßlöffel voll Kraftmehl dazu, quirle es gut zusammen; dann gieße ein halbes Quart Franzwein und ein Viertel Quart Wasser dazu; von einer Citrone reibe die Schaale auf Zucker ab und drücke die Säure dazu; lege ein Stück Butter in eine verzinnte Kasserolle, den Zucker, auf welchem die Citrone abgerieben und auch das Gequirlte thue dazu, stelle es auf gelindes Kohlenfeuer und rühre es so lange, bis es dick wird und einmal aufkocht. Wenn man will, kann man auch Kapern darunter nehmen und die Sauce nach Belieben süß machen.

Beim Anrichten gieße ein wenig Sauce in die Schüssel, lege die Keule darauf und gieb die andere Sauce in Saucieren zu Tische.

130. Frische Rinderzunge mit einer braunen Sauce.

Wenn die Zunge in Wasser und Salz weich gekocht ist, dann nimm die Haut ab, schneide die Zunge in Scheiben, wie ein Finger dick und diese ein- oder zweimal durch.

Mache dazu Farce-Klöße in folgender Art: Schneide 3 Pfund mageres Rindfleisch in dünne Scheiben, schabe das Fleisch aus den Sehnen, schneide 8 Loth ungeräucherten Speck in Würfel, hacke es fein, thue es zu dem geschabten Fleische und hacke dieses noch gut zusammen. Schneide hierauf von alter Semmel die Rinde ab, nimm von ersterer 3 Loth, lege sie in kaltes Wasser, aber nicht lange und drücke sie gut aus; lege ferner Butter in einen Tiegel, lasse sie ein wenig zergehen, thue die Semmel und 2 ganze Eier, die vorher gut gequirlt sind, dazu, stelle es aufs Feuer, rühre es so lange, bis es sich vom Tiegel löset, lasse es ein wenig abkühlen und dann thue es zu dem Fleische. Nimm ein ganzes Ei und von 2 Eiern das Gelbe, feingehackte Schalotten, Citronenschaalen, Salz und etwas Pfeffer, rühre alles gut durcheinander und mache dann auf einem reinen Brette davon mit der Hand Klößchen ein wenig länglich und etwas breit. Dann lasse Butter in einem breiten Tiegel gelbbraun werden, lege die Klöße hinein und lasse sie braun und gahr werden.

Zur Sauce nimm gute Rindfleisch=Bouillon, in Butter braun gemachtes Mehl, so viel wie zu der Sauce nöthig ist, feingehackte Sardellen und Citronenscheiben dazu, stelle dies aufs Feuer und wenn es kocht, so schütte die Zungen und auch die Klöße hinein; lasse es aber nicht lange mehr kochen. Wenn man will, kann man auch Kapern dazu nehmen, aber nur zuletzt, wenn angerichtet werden soll.

NB. Die Klöße sind hier zu zwei Rinderzungen berechnet.

131. Rinderzunge mit einer Krebs=Sauce.

Die Zunge wird in der Art zubereitet, wie Nr. 130 gesagt ist, die Klöße macht man aber nicht in Butter gahr, sondern in Bouillon; man kann von der Zungenbrühe dazu nehmen.

Zur Sauce nimmt man gute Rindfleisch=Bouillon, Krebsbutter, in Butter geschwitztes Mehl, worunter etwas Schalotten sind, Muskaten=Nuß oder =Blumen, rührt es in einem Schmoortopf oder in einer verzinnten Kasserolle gut zusammen, gießt die heiße Bouillon dazu, stellt es aufs Feuer und wenn es kocht, schüttet man die Zunge und die Klöße und auch die Krebsschwänze, die vorher zubereitet worden, dazu, läßt es aber dann nicht lange mehr kochen. Vor dem Anrichten quirlt man Gelbes von Eiern mit ein wenig kaltem Wasser gut ab, gießt etwas von der Sauce hinzu und dies dann in die Kasserolle und rührt es behutsam, aber nicht auf dem Feuer, um.

Beim Anrichten legt man die Krebsscheeren, die auf einer Seite aufgeschnitten sind, um die Schüssel herum.

132. Angeschlagene Rinderzunge.

Wenn die Zunge in Wasser und Salz weich gekocht ist, dann nimm die Haut davon ab, schneide den Schlund weg, nimm auch das wenige gute Fleisch und Fett, was am Schlunde sitzt, ab und schneide die Zunge in 2 Theile.

Nimm Kälberbraten, schneide das Braune, als unbrauchbar, davon ab, hacke ihn recht fein, gleichzeitig mit dem Brauchbaren von dem Schlunde und wenn es fein gehackt ist, thue dazu ganze Eier, etwas viel Butter, damit es nicht so trocken werde, feingehackte Schalotten, Citronenschaalen und etwas Muskaten-Nuß; lege dies alles in eine tiefe Schüssel und rühre es gut durcheinander. Bestreiche alsdann die Zungen mit Eiern, lege auf die Hälfte Zunge, wo sie auseinandergeschnitten ist, einen Theil der Farce und auf die andere Hälfte die übrige Farce, forme beide Theile so, daß sie das Ansehen bekommen, als ob jede Hälfte eine ganze Zunge sei, streiche sie mit einem Messer, welches man in heißem Wasser wärmen muß, glatt und bestreiche sie mit heißer Butter. Hierauf bestreiche Papier mit Butter, lege es in eine Tortenpfanne, bestreue es mit geriebener Semmel, lege dann die Zungen darauf, decke den Deckel der Pfanne darüber und mache Kohlenfeuer darauf, auch etwas darunter, doch nur wenig, sonst wird die Zunge hart und so lasse sie gahr und gelbbraun backen. Während des Backens muß die Zunge mit heißer Butter begossen werden, auch muß die Tortenpfanne gut verzinnt sein, sonst schmeckt es kupfrig. Die Zunge kann auch in einer irdenen Bratpfanne zu dem Bäcker geschickt werden; man kann auch Semmelscheiben auf das Papier und dann die Zunge darauf legen.

Die Sauce dazu. Mache eine Kirschen-Sauce in folgender Art: Wasche gebackene Kirschen mit warmem Wasser rein, stoße sie in einem Mörser, gieße Wasser darauf, stelle sie zum Feuer, lasse sie kochen und wenn sie weich sind, so streiche sie durch einen Durchschlag (man muß aber vorsichtig sein, daß die kleinen Steine, die am Boden der Schüssel liegen, nicht mit in, oder durch den Durchschlag kommen); das Kirschfleisch streiche man wieder durch, thue alsdann Zucker, ganzen Zimmet und Citronenschaalen dazu, stelle es aufs Feuer und wenn es kocht, dann thue feines Weizen- oder Kraftmehl, welches vorher mit Wasser gut gequirlt worden, so viel nöthig ist, dazu und lasse es noch etwas kochen. Gieße endlich von der Sauce ein wenig auf die Schüssel, worauf angerichtet werden soll, lege die Zunge darauf und thue die übrige Sauce in Saucièren.

NB. Man kann auch frischen oder eingekochten Kirschsaft dazu nehmen.

133. Gespickte Kälbermilch.

Nimm gute, frische Kälbermilch, die etwas groß ist, weil man die kleine nicht dazu brauchen kann, wässere sie gut aus, daß sie kein Blut behält, dann gieße kaltes Wasser darauf, stelle sie aufs Feuer und wenn sie einmal aufkocht und steif geworden, dann ist sie gut. Gieße hierauf das Wasser davon ab und wieder kaltes Wasser darauf, nimm alle Sehnen, auch das etwa daran noch befindliche Fleisch und auch die feine Haut von oben ab, schneide guten, geräucherten Speck ganz fein, wie ein starker Zwirnsfaden und spicke die Kälbermilch mit einer feinen Spicknadel auf der einen Seite dicht und kraus.

Zur Sauce nimm 4 Pfund mageres Rindfleisch und 1 Pfund Kalbfleisch aus der Keule, oder wenn man dieses nicht haben kann, 1½ Pfund vom dicken Kamm und ¾ Pfund guten, geräucherten Schinken. Das Rindfleisch schneide in Scheiben, wie 2 Finger dick, den Schinken theile in dünne Scheiben, und das Kalbfleisch, wie es sich thun läßt. Lege ein Stück Butter in eine verzinnte Kasserolle, lasse sie darin zergehen, lege den Schinken und dann das andere Fleisch hinein, dann ein Paar große Zwiebeln, eine Petersilien-Wurzel, eine halbe Sellerie-Knolle und ein Paar gelbe Rüben, alles etwas zerschnitten, oben darauf, thue einen Tassenkopf voll Wasser dazu, stelle es auf gelindes Kohlenfeuer, decke es zu, daß es langsam ziehe und wenn es Jus bekommen hat, dann mache etwas mehr Feuer darunter. Wenn es eingekocht ist, dann muß es langsam schmooren, auch muß zuweilen ein wenig kaltes Wasser zugegossen werden und es so wieder schmooren und so fährt man fort, bis es braun ist, welches man beim Zugießen sehen kann, wenn man die Kasserolle vom Feuer nimmt und sie ein wenig umhält. Findet man, daß die Jus gut braun ist, dann gieße 1½ Quart Wasser dazu, und lasse sie so weit einkochen, daß nur ein Quart Jus bleibt, sodann gieße diese durch ein Sieb, noch ein wenig Wasser über das Fleisch, kehre es darin um, damit keine Kraft darin bleibe und gieße es zu der Jus. Das Fett von dieser Jus wird rein abgenommen, das Zugegossene von dem abgespülten Fleische muß in der Kasserolle wieder einkochen und sollte es noch mehr Jus scheinen, als zu der Kälbermilch erforderlich ist, so muß sie noch eingekocht werden, ehe die Kälbermilch hineingethan wird. Lege nun die Kälbermilch hinein und lasse sie eine halbe Stunde, aber nicht länger, darin kochen, sonst hält sie nicht zusammen. Hierauf richte sie an, die gespickte Seite nach oben und die Jus darüber und so gieb sie zu Tische.

NB. Diese Jus ist zu 4 Pfund Kälbermilch berechnet.

134. Preßkopf vom Schwein.

Wenn der Kopf recht gut gereinigt ist, so daß keine Haare mehr daran sind, dann hacke ihn durch, nimm das Gehirn heraus, wässere ihn gut aus, lasse aber den Kehlbraten und die Zunge daran. Lasse ihn in Wasser und Salz kochen und wenn er recht weich ist, so nimm ihn heraus und lasse ihn ein wenig abkühlen. Hierauf schneide ihn auf einem reinen Brette in Streifen wie ein Finger dick und lang, die Zunge und die Ohren aber feiner, thue es alsdann in eine tiefe Schüssel und wirf gestoßenes Englisch Gewürz, Nelken, etwas Pfeffer und Salz, alles nach Geschmack, dazu. Dann nimm eine starke Serviette, die vorher in kochendem Wasser gelegen und gut ausgerungen ist, lege das Fleisch hinein, fasse die Serviette zusammen und binde sie mit einem Bindfaden dicht und fest, dann lege sie auf einen Tisch oder einen Küchenschemel, ein kleines Brett darauf und über dieses einen Feldstein, der so schwer ist, daß er gut zusammendrückt. Wenn dies geschieht, muß das Fleisch aber noch gut warm sein, damit es die Festigkeit in der Presse bekomme. — Dann lasse die Brühe von dem Kopfe noch etwas einkochen, damit sie Kraft bekomme, gieße guten Weinessig dazu, daß sie scharf sauer werde, thue Gewürznelken, etwas Pfeffer und das Weiße von 6 Eiern, welche gut, doch nicht zu einem steifen Schaum gequirlt worden, dazu, binde eine Serviette, die vorher in kochendem Wasser gelegen hat, an den Füßen eines Schemels fest, gieße die Brühe in eine verzinnte Kasserolle, stelle sie aufs Feuer und rühre sie beständig, damit das Eiweiß nicht gerinne, sonst wird es nicht klar. Wenn die Brühe in die Höhe kocht, ist sie gut; dann gieße sie durch die Serviette und zwar zu wiederholten Malen, so lange bis sie klar durchläuft. Diese Gelée mache man erst dann, wenn der Kopf eine Nacht hindurch unter der Presse gelegen hat.

Beim Anrichten lege den Kopf in ein rundes Geschirr und die Gelée gieße lauwarm darüber. Wenn er zu Tische gegeben werden soll, so schneide Scheiben davon ab, putze ihn mit der Gelée und gieb Oel, Essig, auch Mostrich dazu. (Wenn man das nicht will, dann kann man den Kopf auch in Salzwasser legen, er muß aber abgekocht sein; so erhält er sich länger).

135. Wilden Schweinskopf zu kochen.

Der Kopf wird erst gesenget; kann es beim Schmied geschehen, so ist es gut, wo nicht, so kann es auch im Hause verrichtet werden. Man steckt ihm nämlich einen dicken Besenstiel ins Maul, legt ihn auf einen Dreifuß und macht starkes Feuer darunter, sengt ihn, nimmt ihn sodann ab, reibt ihn auf der Seite, wo er gesengt worden, mit einem Theile eines abgekehrten Besens gut ab und fährt so fort, bis er ganz gesenget und von den Haaren gereinigt ist. Hierauf wäscht man ihn mit warmem Wasser ab, schneidet die Zunge heraus, wäscht auch diese und brüht die Haut ab. Dann legt man ihn in einen Schinkenkessel, oder in einen großen Topf, gießt Wasser darauf, salzt ihn scharf, stellt ihn zum Feuer, läßt ihn kochen und wenn er weich ist, so nimmt man ihn heraus und läßt ihn abkühlen, denn er muß kalt gegessen werden.

Wenn er zu Tische kommen soll, schneidet man das Schwarze, was hinten am Fleische des Kopfes sitzt und auch den Genickknochen weg, legt ihn auf eine, mit einer gebrochenen Serviette bedeckte Schüssel, schneidet die Zunge in 2 Theile und legt sie zu beiden Seiten, steckt dem Kopfe eine Citrone ins Maul, ziert ihn schön mit Orange-Blättern, Myrthen und Blumen aus und steckt ihm Bouquets in die Ohren. Nach der Jahreszeit kann man auch Buchsbaum, Wintergrün, oder was sonst zu haben ist, zum Ausputzen nehmen.

Zur Sauce nimmt man gutes Provenceröl, Weinessig, Mostrich und Zucker nach Belieben.

Man kann das Fleisch auch in dünne Scheiben und die Schwarte abschneiden, jenes auf eine Schüssel legen, dieselbe Sauce darüber anrichten, es mit Citronen ausputzen und es so zu Tische geben.

136. Kalbfleisch-Fricassée.

Wenn gutes Kalbfleisch in Fricasséestücken gehackt ist dann lege es in kaltes Wasser und demnächst, wenn es gut ausgewässert ist, in einen Schmoortopf oder in eine verzinnte Kasserolle; gieße Wasser darauf, stelle es zum Feuer und wenn es ein wenig gekocht hat, dann gieße die Brühe ab. Gieße nun auf das Fleisch kaltes Wasser, und putze es darin ab und wenn noch etwas Schwarzes daran ist, dann lege es wieder in die Kasserolle und Butter, Zwiebeln und Salz nach Belieben darunter, gieße ein wenig von der Brühe wieder dazu, bedecke die Kasserolle und stelle sie auf gelindes Kohlenfeuer. So lasse es ziehen und schwitzen, bis sich das Fleisch durchgehitzt hat, dann gieße Brühe heiß dazu und lasse es kochen. Wenn es nun weich ist, so mache in Butter geschwitztes Mehl, nimm es vom Feuer und thue feingehackte Schalotten, Citronenscheiben, etwas feingehackte Sardellen und Muskatennuß, so viel zum Fleische nöthig ist, hinzu.

Beim Anrichten wird es mit Gelbem von Eiern, welches vorher mit ein wenig kaltem Wasser gut gequirlt worden, abgezogen.

137. Kalbfleisch-Fricassée mit Krebsen.

Verfahre mit dem Fleische wie No. 136 gesagt, bis es weich ist; dann nimm Krebsbutter, in Butter geschwitztes Mehl dazu und Muskatenblüthe, gieße etwas von der Bouillon darunter, rühre es durcheinander, daß die Krebsbutter zergeht, thue es zu dem Fleische und schütte alsdann die Krebsschwänze, die vorher zubereitet sein müssen und auch gute gereinigte Morcheln dazu. Beim Anrichten ziehe es mit Gelbem von Eiern ab, welches vorher mit ein wenig kaltem Wasser gut gequirlt worden.

NB. Sollte es vielleicht zu fett werden, wenn die Krebsbutter dazu kommt, da hiervon doch so viel dazu gethan werden muß, daß die Sauce roth wird; so nimm die Butter von der Kälberfleischbrühe ab, denn Butter muß gleich an das Fleisch gethan werden, damit es sich weiß kocht.

138. Beefstakes (sprich Biefstäck).

Nimm einen Mürbbraten von einem jungen Ochsen, trenne das Fett und die Sehnen davon ab, schneide davon in der Quere dünne Scheiben, nicht ganz so dick wie ein Finger und klopfe sie mit einer Keule. Dann setze Butter in einem breiten eisernen Tiegel aufs Feuer, bestreue das Fleisch mit ein wenig Salz und Pfeffer und wenn die Butter etwas braun ist, dann lege das Fleisch hinein, lasse eine Seite einmal aufkröschen und verfahre mit der andern Seite auch so; das Beefstak muß aber nicht hart werden, sondern so sein, daß noch die Jus herausläuft, wenn man es auf die Schüssel legt. Wenn alle Scheiben so bereitet sind, dann thue feingehackte Zwiebeln zu der Jus in den Tiegel und lasse sie ein wenig durchkröschen (man kann auch etwas kräftige Rindfleisch-Bouillon dazu gießen) und so richte die Jus über das Fleisch an.

139. Croquets.

Ein Pfund Kalbfleisch gekocht und feingehackt, 1 Pfund Kalbsmilch, ebenso und nach Belieben auch eine Niere; sodann lasse man etwas Zwiebeln oder Schalotten in Butter ein Weile schwitzen, thue hierzu oben beschriebenes Fleischwerk, ¼ Pfund gehackte Sardellen, etwas geweichte und geriebene Semmel, Salz und Bouillon, zuletzt das Gelbe von 4 — 5 Eiern und Macisblumen. Wenn die Masse ganz kalt ist, werden die Croquets in beliebigen Formen gemacht, in Eiweiß gedunkt, in geriebener Semmel gewälzt und in Butter oder Fett gebacken.

140. Kälbergekröse.

Aus dem Kälbergekröse werden alle Drüsen herausgenommen, das Gekröse wird in kleine Stücken geschnitten, ein paar mal gut mit kaltem Wasser ausgewaschen, alsdann mit kaltem Wasser aufs Feuer gestellt und wenn es einmal aufgekocht hat, so wird das Wasser abgegossen, das Gekröse mit kochendem Wasser aufs Feuer gestellt, mit Butter und Salz gekocht; wenn es weich und gut eingekocht ist, thut man feingehackte Petersilie, Pfeffer, Zwiebeln und geriebene Semmel daran.

141. Haché von Kalbslunge.

Die Lunge wird in Stücken geschnitten und mit kaltem Wasser aufs Feuer gestellt, gut gesalzen, geschäumt und gekocht; wenn sie weich ist, gießt man das Wasser ab, läßt die Lunge in einem Durchschlag ablaufen und wenn sie kalt ist, hackt man sie auf einem reinen Brett ganz fein, thut die Masse in einen Tiegel, gut Butter dazu, gießt von der Lungenbrühe darauf, mit derselben läßt man sie gut einkochen, damit es kräftig wird; dazu kommt geschwitztes Mehl, worunter feingehackte Schalotten oder Zwiebeln sein müssen; ein wenig Pfeffer und Muskatennuß darf nicht fehlen.

142. Gebratene Kalbsleber.

Die Leber wird in die Quer in dünne Scheiben geschnitten, in Mehl gewälzt, worunter ein wenig Salz ist, in einem irdenen Tiegel, worin die Butter gelbbraun geworden, werden die Scheiben gegeneinander gelegt und langsam gebraten; sind sie auf der einen Seite gelbbraun, so werden sie umgekehrt; diese Leber kann man zu Gemüse auch separat essen.

143. Geschmoorte Kalbsleber.

Die Leber wird mit grobem Speck wie ein Braten gespickt, Speck in den Tiegel gelegt und die Leber darauf, stark Weißbier darauf gegossen, Butter, einige Zwiebeln, ein wenig ganzer Pfeffer, Englisch Gewürz und Salz daran gethan; wenn sie gahr ist und man hat nicht Sauce genug, so thut man ein wenig in Butter braun gemachtes Mehl daran. Auch kann man die Leber am Spieße braten; sie wird eben so wie die vorige gespickt, man steckt sie an den Spieß und läßt sie gehörig braten; dann giebt man sie mit ihrer eigenen Sauce als Braten auf den Tisch.

144. Gebrühter Kalbskopf.

Die Zunge nimmt man heraus, wässert sie und brüht sie ab. Der Kopf wird auch gut gewässert, alsdann mit Wasser aufs Feuer gestellt, die Zunge und die dazu gehörigen vier Füße werden zusammen mit Salz und Wasser gahr gekocht, sodann nimmt man von der Brühe so viel als zu der Sauce nöthig ist, dazu Pfefferkuchen, Citronenscheiben, Franzwein, große Rosinen, feingeschnittene Mandeln, gestoßene Nelken; jedoch nur so viel Pfefferkuchen, daß die Sauce gehörig eben wird, auch kann man etwas Zucker dazu nehmen, dieses hängt jedoch vom Geschmack ab. Den Kopf muß man warm stellen;

so bald er auf die Tafel gegeben, wird etwas Sauce darüber gegossen, und die übrige in eine Sauciere gefüllt.

145. Eine garnirte Hammelkeule.

Die Hammelkeule wird recht gut geklopft, die Häute so viel wie möglich abgenommen, gut gewässert, mit Salz und Wasser, ein paar Zwiebeln, etwas Pfeffer und Englisch Gewürz zum Feuer gestellt, und wenn sie bald weich ist, gießt man 1/4 Quart guten Franzwein daran und läßt sie damit gut einkochen; sie muß nur wenige Sauce behalten, damit sie kräftig bleibt, jedoch darf sie nicht braun werden. Ist sie ganz weich, so nimmt man sie vom Feuer, schöpft das Fett ab und läßt sie in der Sauce kalt werden; hat man aber nur wenig Sauce, so kehrt man die Keule um, denn trocken darf sie nicht werden; ist sie kalt, so belegt man sie in der Quer mit einer Reihe Sardellen, dann mit feingehackter grüner Petersilie, sodann wieder mit Sardellen und mit dem Gelben eines Eies, feingehackt. Die Petersilie und das gehackte Ei müssen aber mit einem Theelöffel aufgelegt werden, damit sie nicht mit den Sardellen zusammen kommen. So fährt man wechselweise fort, bis die Keule ganz belegt ist; dann macht man eine kalte Sauce, zu dem Eigelb von hart gekochten Eiern gießt man gutes Provenceröl, zerdrückt und rührt es mit einem hölzernen Löffel, thut etwas gehackte Sardellen, feingehackte Zwiebeln, guten Weinessig und etwas von der Brühe der Keule dazu, dieses wird durch einen feinen Durchschlag gerührt und etwas Mostrich und Zucker dazu gethan. Von dieser Sauce richtet man etwas auf die Schüssel an, legt die Keule darauf und giebt die übrige Sauce in einer Sauciere zur Tafel.

146. Frischer Schinken mit einer Kirste.

Man lege den Schinken in ein passendes Geschirr und koche ihn in Wasser mit Salz, Zwiebeln und etwas Englischem Gewürz; sobald er weich ist, lasse man ihn etwas abkühlen, nehme die Schwarte, so wie auch, wenn er überflüssig fett ist, etwas davon ab. Sodann wird grob geriebenes Brod, womöglich von der Kirste eines alten Brodes, geriebener Zucker, gestoßener Zimmt und etwas Nelken unter einander gemischt und damit der Schinken einen Finger stark bestreut und derselbe entweder im Backofen oder in der Tortenpfanne gebacken. Eine hierzu passende Sauce mache man von frischen Kirschen und in Ermangelung dieser, von gebackenen; letztere werden gut gewaschen, im Mörser gestoßen und mit Wasser beigestellt, sobald sie weich sind, durch einen feinen Durchschlag gestrichen. Diesen Abguß kläre man behutsam in das Geschirr, worin man denselben kochen will, damit kein Bodensatz mit hinein komme, thue sodann gut Zucker, etwas Wein, ganzen Zimmt und einige Nelken daran und lasse denselben sodann kochen, rühre etwas Weizen- oder Kraftmehl hinein, damit diese Sauce eben wird.

Der Schinken wird warm angerichtet und die Sauce dazu gegeben. Man kann diesen Schinken, wenn man ihn nicht kochen will, braten.

147. Geräucherten Schinken zu kochen.

Es wird ein guter Schinken, ist es ein Westphälischer, um so besser, gut mit warmem Wasser abgewaschen, das Bein wird jedoch nicht abgehauen, denn dieses giebt die beste Kraft, es muß daher ein dazu passendes Geschirr genommen und so viel Wasser auf den Schinken gegossen werden, als zum Kochen nöthig ist, damit läßt man ihn 24 Stunden stehen, sodann bringt man ihn mit demselben Wasser aufs Feuer und läßt ihn bei wenig Feuer ganz langsam kochen, und lasse man ihn nicht zu weich werden, auch ist es gut, wenn er in der Brühe kalt wird. Sodann lege man den Schinken auf eine Schüssel, löse die Schwarte ab, doch mache ihn von allem Unsaubern rein; will man ihn ganz zu Tische bringen, so garnire man ihn mit Petersilie und Citronenscheiben.

Sechste Abtheilung.

Verschiedene Fische zu kochen und zu braten.

---

148. Gespickter Hecht.

Nimm einen guten Mittelhecht, schuppe ihn, nimm ihn aus, ziehe ihm die Haut von dem Rücken ab, spicke ihn mit feingeschnittenem Speck auf beiden Seiten kraus und schön und gieb ihm den Schwanz ins Maul. Streiche eine verzinnte Tortenpfanne fett mit Butter aus, lege den Hecht hinein, begieße ihn gleich mit heißer Butter, lege auf die Tortenpfanne einen Deckel, mache Kohlenfeuer über und auch ein wenig unter die Pfanne, lasse den Hecht braten, begieße ihn fleißig mit Butter und wenn er halb gahr ist, streue Salz darauf, so viel wie nöthig ist. Wenn die Tortenpfanne groß ist, so kann man auch 2 Hechte darin braten.

Mache eine braune Sauce mit Kapern. Dazu nimm gute Rindfleisch-Bouillon, thue dazu in Butter braun gemachtes Mehl, worunter Schalotten, feingehackte Sardellen, Citronenscheiben, auch Citronensäure sind, stelle es aufs Feuer, lasse es ein wenig kochen und thue zuletzt die Kapern dazu und wenn der Fisch gahr und schön gelbbraun ist, dann gieße beim Anrichten ein wenig Sauce in die Schüssel und lege den Fisch darauf. Die Jus nebst Butter, die in der Pfanne ist, richte in Saucièren an und schicke sie mit dem Hechte zur Tafel.

149. Angeschlagener Hecht.

Man nehme einen etwas großen Mittelhecht, schuppe und reiße ihn, die eine Hälfte schneide man in Stücke, wasche das Blut gut aus und koche sie in Salz, Wasser und Zwiebeln gahr, die andere Hälfte schneide man aus der Haut und schabe das Fleisch von den Gräten. Man nehme ferner ½ Pfund ungeräucherten, frischen Speck, schneide ihn in Würfel, hacke es zusammen recht fein und wenn die erste Hälfte vom Hechte weich gekocht ist, so nehme man die Haut davon ab und alle Gräten heraus, so daß auch nicht die feinste darin bleibe, hacke es ebenfalls fein, thue es dann zu dem andern Gehackten, mische es gut durcheinander und lege es in eine tiefe Schüssel. Nun schneide man von alter Semmel die Rinde ab, nehme 8 Loth von ersterer, lege sie ein wenig in kaltes Wasser und drücke sie aus, lasse ein gutes Stück Butter in einem Tiegel ein wenig zergehen, füge die Semmel und 4 ganze Eier, die vorher gut gequirlt worden, dazu, stelle es aufs Feuer und rühre es so lange, bis es vom Tiegel sich löset; lasse es hierauf ein wenig abkühlen und thue es zu dem Gehackten nebst etwas feingehackten Schalotten, Citronenscheiben, Muskatenblüthe, Pfeffer und Salz, so viel wie nöthig ist, auch 3 ganzen Eiern und dem Gelben von 3 Eiern und rühre alles gut durcheinander.

Wenn der Hecht gerissen wird, dann schneide man ihm die Rückgräte so heraus, daß sie ganz bleibe, auch den Schwanz und die Floßfedern, die selbiger am Rücken hat, schneide man ab. Den Kopf kann man spalten, weil er, wenn er ganz bleibt, zu viel Platz in der Tortenpfanne einnimmt; man muß aber die Rückgräte und auch den Kopf ein wenig zu dem Fisch, wenn man ihn kocht, legen, sie ein paarmal mit überkochen lassen und alsdann herausnehmen.

Man lege nun Papier in eine gut verzinnte Tortenpfanne, bestreiche es mit Butter, bestreue es mit geriebener Semmel, lege die Hälfte von der obigen Farce in die Pfanne, die Hälfte von dem Kopf darauf und dann die Rückgräte (der Hecht muß krumm darin liegen; ist die Gräte noch zu lang, so schneide man noch etwas davon ab), lege die andere Farce oben über, gebe dem Hecht die Form wieder, streiche ihn glatt mit einem warmen Messer, stecke die Floßfedern, welche ausgeschnitten worden, in den Rücken wieder ein und bestreiche ihn mit warmer Butter. Lege sodann auf den Deckel der Tortenpfanne Kohlenfeuer, unten aber nur sehr wenig, damit der Hecht nicht zu braun werde; auch muß man ihn zuweilen mit heißer Butter begießen, damit er nicht trocken werde und lasse ihn gahr und schön gelbbraun backen.

Man kann in eine Tortenpfanne auch 2 Hechte, in obiger Art bereitet, legen, wenn die Pfanne groß genug ist.

150. Krebs-Sauce zu Fischen.

Man nimmt Krebsbutter, geschwitztes Mehl, Muskatenblüthe und rührt dieses alles gut durcheinander, thut alsdann gute, heiße Rindfleisch-Brühe dazu, stellt es aufs Feuer und wenn es kocht, schüttet man die Schwänze von den Krebsen und auch das Fleisch aus den Scheeren dazu und läßt es, aber nicht lange, kochen.

Beim Anrichten zieht man die Sauce mit Gelbem von Eiern ab, richtet etwas davon auf die Schüssel an, legt die Fische darauf und thut die übrige Sauce in Saucièren. — Man kann auch eine weiße Sardellen-Sauce dazu nehmen.

151. Karpfen zu kochen.

Wenn der Karpfen gerissen und in Stücken geschnitten worden ist, legt man ihn in eine verzinnte Kasserolle und gießt zur Hälfte starkes Weißbier und zur andern Hälfte rothen Wein, nemlich Cahors, darüber. In die Mitte der Kasserolle legt man Zwiebeln, etwas Gewürzkörner und Salz, so viel wie nöthig ist, stellt es aufs Feuer und läßt es rasch kochen. Wenn der Karpfen eingekocht ist, dann giebt man ihm die gehörige Butter, auch etwas gestoßenes Englisch Gewürz, Citronenscheiben (doch thut man diese schon etwas früher daran), auch etwas Citronensäure, oder in deren Ermangelung ein wenig Essig.

Wenn man einen Blei recht schmackhaft bereiten will, so muß man ihn in derselben Art kochen.

152. Karpfen auf andere Art.

Wenn der Karpfen gerissen und geschnitten ist, dann nimmt man guten Weinessig, macht ihn heiß, begießt ein jedes Stück des Karpfens damit, legt ihn dann in eine verzinnte Kasserolle und thut auch den Essig, worin er gelegen hat, dazu, gießt sodann Wasser darauf, legt Salz und Zwiebeln, auch Körner von Englischem Gewürz dazu, stellt ihn aufs Feuer und wenn es gahr ist, belegt man ihn beim Anrichten mit Scheiben von Citronen und giebt gutes Provencer-Oel und Essig dazu.

153. Nackte Barse mit einer kalten Sauce.

Man nimmt Barse (etwas größer wie eine Hand lang, nur nicht kleiner und wenn sie alle gleich groß sein können, desto besser), wäscht sie gut ab, nimmt sie aus, schneidet den Bauch, aber nicht ganz, auf, sondern schneidet ihn quer bei dem Nabel ein, damit das Eingeweide durch diese kleine Oeffnung herausgeholt werden kann, wäscht das Blut aus, und stellt sie scharf gesalzen mit Wasser und Zwiebeln aufs Feuer. Wenn sie gahr sind, nimmt man sie ab, stellt die Kasserolle auf einen Tisch, nimmt ein reines Brett und eine Schüssel mit kaltem Wasser, nimmt hierauf die Barse aus der heißen Brühe, taucht sie in das kalte Wasser, legt sie auf das Brett und nimmt dann mit einem Messer Haut und Schuppen von ihnen ab. Wenn sodann die Brühe etwas kalt ist,gießt man sie noch einmal über die Barse und läßt sie damit noch etwas stehen. Dann richtet man sie in die Schüssel an, in welcher sie zu Tische kommen sollen, streuet feingehackte Petersilie und Gelbes von Eiern fein gehackt darüber und belegt sie mit Citronenscheiben.

Man mache eine kalte Sauce auf folgende Art dazu: Nimm von hartgekochten Eiern das Gelbe, gieße gutes Provencer-Oel darauf, drücke und rühre es mit der Kelle recht fein, thue ein wenig feingehackte Schalotten und Weinessig dazu, gieße und streiche es durch einen Durchschlag und wenn der Essig zu scharf sein sollte, so kann man auch etwas kalte Fleischbrühe dazu nehmen. Alsdann thue Mostrich und feingehackte Petersilie hinzu und richte es in Saucièren an und gieb es mit den Fischen zu Tische.

Man kann auch die Barse mit Sardellen belegen, die vorher gut gereinigt und von denen die Rückgräten herausgenommen sind.

154. Farcirter Hecht.

Nimm dazu einen Hecht, der etwas größer als ein Mittelhecht ist, schuppe und wasche ihn, schneide ihm den Bauch auf, nimm das Eingeweide heraus, schneide behutsam die Rückgräten nahe beim Kopfe und etwas weniger nahe beim Schwanze weg und nimm sie heraus, schneide von dem Fleisch etwas über die Hälfte sehr behutsam und so heraus, daß dabei die Haut nicht beschädigt wird und zugleich an dem Rücken das Fleisch wie ein Finger dick stehen bleibt. Schabe nun alles Fleisch recht gut von den Gräten, hacke es und thue feingehackte Schalotten, Citronenschaale, Muskatenblüthe, auch ein wenig Pfeffer und Salz, so viel wie nöthig ist, dann ½ Pfund Butter (diese lasse in einem Tiegel zergehen, aber nicht heiß werden) dazu, ferner nimm 3 Loth alte Semmel, lasse sie in Wasser weichen, aber nicht lange, damit sie nicht Wasser zieht, drücke sie mit der Hand gut aus, thue diese zu der Butter und 3 ganze Eier, die vorher gut gequirlt sind. Diese Masse stelle in einem Tiegel oder einer gut verzinnten Kasserolle aufs Feuer und rühre es, bis es abgebacken ist, d. h. bis es sich von dem Tiegel oder der Kasserolle löset. Man lasse es abkühlen, rühre es gut durch, thue es in den Hecht hinein und nähe ihn mit einem starken Zwirnfaden zu, ziehe sodann einen Bindfaden mit einer Packnadel durch den Schwanz und durch die Augen, mache den Hecht krumm, so gut es sich thun läßt und binde den Bindfaden zu. Setze eine passende Kasserolle mit Wasser aufs Feuer und wenn das Wasser kocht, so lege den Hecht auf den Rücken in die Kasserolle und Zwiebeln, 4 ganze Pfefferkörner und Salz, so viel wie nöthig ist, dazu. Diesen Hecht kann man auch in der Tortenpfanne (die gut verzinnt sein muß) oder im Backofen backen. Man legt ihn dann nämlich vorher in eine Schüssel und begießt ihn fleißig mit Butter, bis er gahr, braun und saftig wird. Zur Sauce schneide Zwiebeln in feine Würfel, stelle ein gutes Stück Butter auf Kohlen und wenn sie zergangen ist, so thue die Zwiebeln dazu, lasse sie gahr aber nicht braun kochen, thue dann so viel Mehl dazu wie nöthig ist und lasse es nur einmal aufkochen; nimm etwas Rindfleisch-Brühe, und etwas von der Fischbrühe dazu und thue feingehackte Petersilie, Muskatennuß und ein wenig Pfeffer hinein.

Wenn der Fisch gahr ist, dann gieße die Brühe ab, nimm den Bindfaden heraus, lege eine Schüssel auf die Kasserolle und kehre diese um, damit der Hecht auf die Schüssel kommt, gieße ein wenig von der Sauce darüber und das übrige in Saucieren.

155. Pflückhecht mit Krebsen.

Nimm etwas große Hechte, reiße und schneide sie in Stücke, wässere sie aus, damit sie kein Blut behalten, lasse sie scharf gesalzen in Wasser kochen, thue auch Zwiebeln daran und wenn der Hecht gahr ist, dann nimm die Schuppen mit der Haut weg und alle Gräten so viel wie möglich ist, doch so heraus, daß die Stücken auch nicht zu klein werden. Dann thue in Butter geschwitztes Mehl und zuletzt ein wenig feingehackte Schalotten dazu. Lege nun in eine verzinnte Kasserolle Krebsbutter und Muskatenblumen, gieße gute, heiße Rindfleischbouillon, auch etwas von der Fischbrühe dazu, stelle es aufs Feuer und wenn es kocht, so lege den Hecht, Krebsschwänze, die vorher ausgepellt, auch gut gereinigte Morcheln hinein und lasse es zusammen, jedoch nicht lange, kochen, damit der Hecht nicht zergehe. (Man muß es nicht mit einer Kelle rühren, sondern nur mit der Kasserolle schütteln).

Will man Hechtklöße darunter haben, so werden sie in folgender Art bereitet: Nimm von einem Hechte die Hälfte gekocht und die andere Hälfte roh, schneide die letztere Hälfte aus der Haut und schabe das Fleisch aus den Gräten heraus, hacke es mit der gekochten Hälfte zusammen recht fein, thue es in eine Schüssel, ein wenig feingehackte Schalotten, Muskatenblüthe, Eier und ein gutes Theil geschmolzener Butter dazu, rühre alles gut durcheinander und versuche die Masse folgendermaßen: Gieße von der Fischbrühe in die Kasserolle und Wasser dazu, sonst wird es zu salzig, stelle sie aufs Feuer und wenn sie kocht, so stecke einen Kloß hinein und wenn dieser gahr ist, dann koste ihn; ist er zu trocken, so thue noch Butter, ist er zu weich, noch Eier zu der Masse und lege dann die Klöße in die Kasserolle. Wenn sie nun gahr sind und der Hecht angerichtet werden soll, so nimm die Klöße mit einem Schaumlöffel heraus, schüttle sie gut mit der Kelle, damit keine Nässe darin bleibt, lege zuerst von dem Hecht in die Schüssel, darauf einen Theil der Klöße, dann wieder Hecht und zuletzt die andern Klöße, fülle noch ein wenig Sauce über die Klöße und lege die vorher an einer Seite aufgeschnittenen Krebsscheeren herum.

156. Rouladen von Hecht.

Man nehme Hechte in der Größe guter Brathechte, schuppe und reiße sie, nehme die Rückgräte und auch die Gräten aus dem Bauche heraus, schneide den Kopf und auch ein wenig vom Schwanze ab, schneide den Bauch durch, damit man 2 Hälften bekommt und schneide ein wenig Fleisch von dem Rücken weg.

Man nehme ferner zur Farce einen Hecht, der etwas größer ist wie der erstere, schuppe ihn, schneide und schabe das Fleisch aus den Gräten und auch das Wenige, was am Schwanze sitzt, ab, thue das, was vom Rücken genommen ist, dazu, hacke es ganz fein, füge geschmolzene Butter, geweichte Semmel, Eier, Muskatennuß, feingehackte Schalotten, Pfeffer und Salz hinzu und rühre alles gut durcheinander.

Nun lege man die Hechte, die vorher gut ausgewaschen worden, auf ein Brett, thue in eine jede Hälfte etwas von der Farce hinein, wickle die Hechte um die Farce und binde sie mit etwas Zwirn zusammen, damit sie nicht auseinander gehen können. Dann stelle man eine verzinnte Kasserolle mit Wasser aufs Feuer und wenn es kocht, so lege man die Hecht-Rouladen nebst Zwiebeln und Salz, so viel wie nöthig ist, hinein, decke sie zu und lasse sie, aber nicht zu lange, kochen, damit sie nicht zu weich werden. Wenn sie gahr und eingekocht sind, dann nehme man ein gutes Theil Butter, etwas viel gehackte Sardellen, Muskatennuß oder -Blumen und etwas geschwitztes Mehl, rühre alles gut mit der Butter durch und thue es zu dem Hecht. Auch müssen Citronenscheiben dazu kommen, welche aber schon zuvor etwas mitgekocht haben. (Man kann auch Kapern zu der Sauce nehmen.)

Beim Anrichten der Fische legt man sie auf die Schüssel, schneidet den Zwirn von den Rollen ab und gießt die Sauce darüber.

157. Fricandeaus von Hecht.

Nimm kleine Mittelhechte, schuppe sie, nimm die Haut ab und reiße sie, schneide die Köpfe ab, nimm die Rückgräten und auch die Gräten aus dem Bauche heraus, schneide Stücken wie 3 Finger breit gerade (nicht schräg) durch, spicke ein jedes Stück mit fein geschnittenem Speck dicht und kraus, sprenge es mit Salz ein, wie Hechte, die man zum Braten nimmt und wenn sie durchgezogen sind, so trockne die Stücken mit einem reinen Tuche ab und wälze sie in Mehl. Setze nun Butter in einem breiten eisernen oder auch in einem irdenen Tiegel auf Kohlenfeuer, lasse sie gelbbraun werden, lege den Fisch hinein und lasse ihn, wie jeden andern Brathecht, schön braun, aber nicht hart braten. Mache eine Sauce dazu, in der Art, wie es bei der gespickten Kälbermilch gelehrt ist, richte diese Sauce, zu welcher auch die Jus von dem Fische und die Butter gethan werden muß, in die Schüssel an und lege die Fische darauf.

Man kann auch eine braune Sauce mit Kapern dazu nehmen; auch kann man die Fricandeaus auf Sauerkohl legen.

158. Gebratener Zander.

Man nehme Zander von der Größe eines großen Brathechts, doch so, daß er in einem großen, eisernen Tiegel Platz finden kann, schuppe ihn, nehme ihn aus, kerbe ihn dicht und fein, besprenge ihn mit Salz, wie einen jeden Bratfisch und wenn er durchgezogen ist, trockne man ihn mit einem reinen Tuche ab und wälze ihn in Mehl. Man setze nun einen Tiegel mit Butter auf Kohlenfeuer und wenn sie gelbbraun ist, so lege man die Fische hinein und lasse sie braten, wie die Brathechte; sie müssen aber nicht zu langsam braten, damit sie nicht zu weich und unansehnlich werden. Wenn sie dann schön braun und gahr sind, so nehme man sie heraus, gieße in den Tiegel, in welchem sie gebraten sind, etwas Weinessig, rühre die Butter und Jus gut zusammen, gieße es durch ein Sieb in die Schüssel, in welche angerichtet werden soll und lege die Fische darauf.

Man kann auch die Fische trocken anrichten und die Sauce in Saucièren geben.

159. Karauschen zu kochen.

Wenn die Karauschen geschuppt sind, dann nimm sie aus, wässere sie gut, koche sie mit Wasser, Salz und Zwiebeln und wenn sie gahr sind, so richte sie in die Schüssel an und bestreue sie mit feingehackter Raute.

Man kann auch ein wenig Petersilie mit unter die Raute nehmen und gelbbraune Butter in Saucieren dazu geben.

160. Karauschen mit einer Sahn-Sauce.

Wenn die Karauschen in Wasser, Salz und Zwiebeln gahr gekocht sind, dann stelle süße Sahne aufs Feuer, thue in Butter geschwitztes Mehl, außerdem noch Butter, Muskatenblüthe, wenn man will, auch feingehackte Dille dazu, lasse es aufkochen, richte die Fische in die Schüssel an und gieße die Sauce darüber.

161. Zander ganz zu kochen.

Man nimmt etwas große Zander, schuppt sie und nimmt sie aus, kerbt sie dicht und fein auf dem Rücken, wäscht sie ab und inwendig aus, reibt sie mit Salz aus- und inwendig ein und läßt sie eine Stunde damit stehen. Man setzt eine Kasserolle mit Wasser aufs Feuer, thut Salz und Zwiebeln hinein, wäscht die Zander wieder ab, zieht einen Bindfaden mit einer Packnadel durch den Schwanz und die Augen, macht die Zander krumm, bindet den Bindfaden zu und wenn das Wasser kocht, so legt man die Zander auf den Rücken hinein und läßt sie kochen; sie müssen aber scharf gesalzen sein, sonst bekommt das inwendige Fleisch nichts davon.

Dann bereitet man eine Mostrichs-Sauce dazu: Man schwitzt Mehl in Butter, thut ein wenig feingehackte Schalotten, auch von der Fischbrühe, ein gutes Theil Mostrich, Weinessig, etwas Franzwein und Citronenscheiben, und wenn man will, auch etwas Zucker dazu, stellt sie sodann aufs Feuer und läßt sie ein wenig kochen. (Die Sauce muß etwas viel Butter bekommen.)

Wenn man die Fische anrichten will, muß man dabei sehr behutsam sein, damit sie nicht zerbrechen. Die Zander können krumm bleiben und so in eine runde Schüssel angerichtet, oder auch der Länge nach in eine lange Schüssel gelegt werden; es wird in beiden Fällen ein wenig von der Sauce darüber angerichtet und die andere in Saucièren zu Tische gegeben.

Man kann auch braune Butter und Mostrich dazu geben. Zu geschnittenem Zander kann man auch dieselbe Sauce geben.

162. Hecht mit Austern.

Nimm dazu einen etwas großen Mittelhecht, schuppe und reiße ihn, nimm die Rückgräte und auch die Gräten, die im Bauche sind, heraus, den Kopf schneide ab, so daß kein Fleisch daran bleibt; schneide den Hecht in gewöhnliche schräge Stücken, wasche ihn gut aus, lege ihn in eine verzinnte Kasserolle, lege in die Mitte etwas feingehackte Zwiebeln und Salz, so viel wie nöthig ist, gieße Wasser darauf, stelle es aufs Feuer, lasse es kochen und wenn es eine Weile gekocht hat, dann thue Scheiben von einer nicht bittern Citrone dazu und wenn die Jus gehörig eingekocht und der Hecht bald gahr ist, so lege viel Butter, Muskatennuß und geriebene Semmel daran und thue Citronensäure dazu; lasse den Hecht ein wenig damit kochen, thue ganz zuletzt die Austern dazu und decke die Kasserolle zu. (Sie werden von dem Wrasen und Kochen gleich gahr.) Wenn die Austern steif sind, so richte den Fisch an, so daß die mehrsten Austern nach oben, die übrigen aber zwischen den Fisch zu liegen kommen.

163. Hecht und Aal.

Man nehme einen starken Mittelhecht und einen großen Aal, den Hecht schneide man in gewöhnliche Stücken und den Aal, wie man es gut findet, wasche und wässere beide gut aus, daß kein Blut darin bleibe, dann lege man einen Theil vom Hechte in eine verzinnte Kasserolle und den Aal in die Mitte, streue feingehackte Zwiebeln in die Mitte und lege den andern Hecht oben darüber, salze beides so viel als nöthig und gieße Wasser darauf, stelle es aufs Feuer, decke es zu und lasse es kochen.

Wenn es eingekocht ist, dann nehme man ein gutes Theil Butter und etwas geschwitztes Mehl darunter, desgleichen Muskatennuß, auch ein wenig Pfeffer und feingehackte Sardellen, rühre dies alles gut mit der Butter zusammen, thue es nebst Citronenscheiben und Citronensäure an die Fische und lasse sie noch ein wenig kochen.

Wenn die Fische angerichtet sind, dann streue man feine gute Kapern darüber. — Will man Hecht-Klöße darunter haben, so verfährt man damit wie beim Pflück-hecht gesagt ist und legt die Klöße zwischen und über den Hecht und den Aal.

164. Frischen Dorsch zu kochen.

Wasche den Dorsch gut ab, nimm ihn aus, schneide ihn in runde Stücken und wasche und wässere ihn gut aus; dann stelle eine Kasserolle mit Wasser aufs Feuer, thue Salz, Zwiebeln, auch Pfefferkörner dazu und wenn es kocht, so lege den Dorsch hinein und lasse ihn etwas rasch kochen.

Zur Sauce nimm ein gutes Theil Butter, stelle es in einem Tiegel aufs Feuer und wenn sie kocht, so thue in feine Würfel geschnittene Zwiebeln dazu und lasse sie langsam kochen, bis sie weich, aber nicht braun sind; thue so viel Mehl dazu, wie zur Sauce erforderlich ist, lasse es einmal mit aufkochen, gieße kochendes Wasser, auch wenn der Dorsch frisch ist, etwas von der Fisch-brühe und endlich feingehackte Petersilie, Pfeffer und Muskatennuß hinzu und lasse sie noch ein wenig kochen.

Wenn der Dorsch gahr ist, wird er auf eine Schüssel gelegt, mit feingehackter Petersilie und feingehacktem Gelben von hartgekochten Eiern bestreuet und die Sauce in Saucièren dazu gegeben.

165. Lachs zu kochen.

Der Lachs muß gut, doch so abgewaschen werden, daß die Schuppen nicht abgehen; man reiße und schneide ihn in nicht zu große, aber auch nicht zu kleine Stücken, die man auch, wenn man will, des bessern Ansehns wegen, ein wenig schräg schneiden kann, wasche ihn gut ab, lege ihn in kaltes frisches Wasser, lasse ihn eine halbe Stunde darin liegen, lege ihn hierauf in eine verzinnte Kasserolle, thue Zwiebeln und Salz dazu, gieße Wasser darauf, so viel wie nöthig ist, stelle ihn aufs Feuer, schäume ihn gut und wenn er kocht, thue man etwas Lorbeerblätter, Englische Gewürzkörner und Pfeffer dazu. Man muß ihm gleich starkes Feuer geben; wenn er aber kocht, so muß dieses nur langsam geschehen; er muß auch scharf gesalzen werden.

Wenn der Lachs bald gahr ist, gieße man guten Weinessig dazu und wenn er gahr ist, richte man ihn auf eine Schüssel an, belege ihn mit Citronenscheiben und grüner Petersilie, die von den Stengeln gepflückt und rein gewaschen ist und gebe gutes Provencer-Oel und Weinessig dazu.

Will man ihn aufbewahren, dann legt man ihn in ein tiefes Geschirr, gießt die Brühe durch ein Suppensieb und wenn deren mehr ist, als zu dem Lachs erfordert wird, so lasse man noch etwas davon zurück, gieße hierauf noch Weinessig dazu, stelle es aufs Feuer und lasse es noch einmal aufkochen, gieße es sodann in einen Topf und, wenn es kalt ist, über den Lachs, lege auch noch Englisches Gewürz und Pfefferkörner dazu, decke den Topf zu, und so hält sich der Lachs.

Wenn man den Lachs aber verschicken will, dann lege man ihn in ein reines Fäßchen und etwas Pfefferkörner und ganzes Englisches Gewürz dazwischen; das Gefäß muß aber nur die Größe haben, daß der Lachs es ausfüllt, da er sich sonst nicht gut verschicken läßt, doch muß er auch nicht zu fest gepackt darin liegen; das Gefäß läßt man hierauf vom Böttcher zuschlagen, und gießt die vorherbesagte Brühe durch ein im Boden gebohrtes Loch hinein, bis es voll ist; schlägt hierauf das Loch zu und so kann der Lachs verschickt werden.

Mit einem Stör verfährt man in derselben Art, nur daß man ihm die großen Schuppen erst abschneidet; kochen muß er lange, doch nur ganz allmählig, wenn er weich werden soll. Während des Kochens darf aber kein Essig dazu kommen.

166. Rouladen von Aal.

Man nimmt nicht zu kleinen, sondern guten Mittel-Aal, wäscht ihn ab, trocknet ihn mit einem reinen Tuche ab, reißt ihn alsdann beim Rücken auf, nimmt erst das

Eingeweide und dann die Rückgräte, an welcher kein Fleisch sitzen bleiben muß, heraus, schneidet Kopf und Schwanz ab, streicht mit einem Messer das Blut heraus (doch darf er nicht abgewaschen werden, da er sich sonst nicht binden läßt), streuet ein wenig Salz in jeden Aal hinein; nimmt feingehackte Petersilie, das Gelbe und Weiße von hartgekochten Eiern, jedes besonders feingehackt, legt mit einem Löffel erst von der grünen Petersilie eine Reihe quer über den Aal, hernach Gelbes von Eiern und dann von dem Weißen und fährt so fort, bis der Aal voll ist; in den Bauch kann man viel legen, da, wo dieser aber aufhört, nur wenig und wenn alle Aale belegt sind, rollt man sie auf und bindet sie ein paarmal mit einem feinen Bindfaden kreuzweise, so daß nichts von dem Hineingelegten herausschießen kann.

Nun setzt man eine verzinnte Kasserolle mit Wasser aufs Feuer, und wenn es kocht, thut man Salz und sodann den Aal, der auch etwas scharf gesalzen sein muß, hinein, deckt ihn zu und läßt ihn langsam kochen. Es kann auch nach Belieben ein wenig Salbey und wenn er halb gahr ist, guter Weinessig daran gethan werden. Ist der Aal ganz gahr, dann nimmt man ihn heraus und wenn er noch nicht ganz kalt ist, dann legt man ihn auf ein Brett, ein kleines Brett oben darüber und auf Letzteres ein Paar Bolzen, die aber nur von mittelmäßiger Stärke sein müssen; so wird er zusammen gepreßt und läßt sich besser schneiden. Dies muß übrigens am Tage vor demjenigen geschehen, an welchem er gegessen werden soll. Dann nimmt man den Bindfaden behutsam ab, schneidet auf einem Brette Scheiben von der Roulade wie ein kleiner Finger dick und wenn sie geschnitten sind, dann richtet man sie zierlich auf eine Schüssel an. Die schönsten Stücken legt man oben auf, putzt sie mit Citronenscheiben und grüner Petersilie aus, nnd giebt Oel und Essig dazu.

Man kann auch die kalte Sauce dazu nehmen, welche bei den nackten Barsen unter Nr. 153 angeführt ist.

167. Aal in Gelée.

Man nehme Aal von derselben Gattung wie unter Nr. 165 gesagt ist, reiße ihn bei dem Rücken auf, schneide die Rückgräte heraus und den Kopf und Schwanz ab, so daß kein Fleisch daran bleibt, streiche mit einem Messer das Blut aus, wasche ihn aber nicht aus; dann nehme man einen Aal davon, schneide ihn in längliche Stücken und fülle den Bauch der übrigen damit aus, streue Salz hinein, rolle ihn zusammen und binde ihn kreuzweise mit feinem Bindfaden, so daß er nicht während des Kochens auseinandergehen kann. Dann setze man Wasser in einer verzinnten Kasserolle aufs Feuer, thue Salz und Pfefferkörner dazu, (es muß aber etwas scharf gesalzen werden) und wenn es kocht, lege man den Aal hinein, lasse ihn langsam kochen und wenn er eine Weile gekocht hat, gieße man guten Weinessig dazu. Wenn der Aal gahr ist, dann nehme man ihn heraus und wenn er kalt, doch nicht ganz kalt ist, dann lege man ihn auf ein Brett, ein kleines Brett aber darüber und ein Paar mittelmäßige Bolzen darauf und presse ihn.

Zu 6 solchen Aalen nehme man zur Gelée 8 Kälberfüße, sie müssen aber vorher schon weich gekocht sein; man gieße den Stand von den Kälberfüßen ab und durch ein Suppensieb, gieße auch die Brühe von dem Aal durch und beides, nachdem man das Fett von der Aalbrühe und auch das Unreine von den Kälberfüßen oben abgenommen hat, in eine verzinnte Kasserolle (aber nicht den Satz unten von den Kälberfüßen) und gieße guten, scharfen, sauren Weinessig dazu. Man binde hierauf eine grobe, starke Serviette, welche eine halbe Stunde vorher in kaltem Wasser gelegen hat, über Schemelfüße mit Bindfaden fest, schlage das Weiße von 6 Eiern mit der Kelle gut durch, gieße es zu der Masse in die Kasserolle, thue auch noch etliche Pfefferkörner dazu, stelle es aufs Feuer und lasse es unter beständigem Rühren einmal auf- und in die Höhe kochen. Dann gieße man es durch die Serviette; das erste, was durchläuft, ist noch nicht klar, dieses gieße man wieder in die

Serviette hinein, bis es klar ist, weshalb man immer nur ein wenig durchlaufen lassen und dann wieder versuchen muß, ob es klar durchläuft. (Es muß hiebei an einem warmen Orte stehen, auch oben mit einer Serviette zugedeckt sein.) Wenn es nun klar durchgelaufen ist, so gieße man etwas davon in eine verzinnte Muschelform, wie 2 Finger hoch, stelle es an einen kalten Ort, und nachdem es steif geworden, lege man ausgeschnittene und einmal durchgeschnittene Scheiben von Citronen darauf und in die Mitte einen Stern von Krebsscheeren, auch etliche Krebsschwänze. Alsdann nehme man den Bindfaden von dem Aal ab, schneide diesen in Scheiben, wie 2 Finger dick, lege die Hälfte von dem Aal, wenn er ganz kalt ist, in die Form, das ganze Gelbe von hartgekochten Eiern und zwar rund um die Form, wie 2 Finger breit auseinander, herum, den übrigen Aal darauf und gieße alsdann die Gelée, wenn sie ganz kalt geworden, darüber, so daß sie noch etwas über dem Aal steht, und stellt es an einen kalten Ort. Wenn der Aal angerichtet werden soll, dann halte man die Form ein wenig in lauwarmes Wasser, damit sich die Gelée löset, lege eine lange Schüssel auf die Form und kehre diese um, damit es herauskommt. Die Gelée, welche noch übrig ist, lege man stückweise um die Schüssel herum.

168. Aal zu braten.

Man nimmt dazu großen Aal, zieht die Haut ab, nimmt ihn aus, schneidet ihn in Stücken, wie man sie haben will, wässert ihn aus, läßt ihn in Wasser scharf gesalzen gahr kochen, nimmt ihn sodann heraus und wenn er etwas abgekühlt ist, so mengt man geriebene Semmel, feingehackte Petersilie und Pfeffer zusammen und bestreuet den Aal damit, legt ihn auf den Rost und läßt ihn auf Kohlenfeuer gelbbraun braten.

Zur Sauce nimmt man Provenceröl, Mostrich und guten Weinessig, richtet sie in die Schüssel an und legt den Aal darauf.

169. Muränen zu kochen.

Wenn die Muränen gerissen, in Stücken geschnitten und gut ausgewässert sind, dann koche sie in Wasser mit Salz, Zwiebeln und einigen Pfefferkörnern gahr und wenn sie angerichtet worden, so bestreue sie mit feingehackter Petersilie und allenfalls mit feingehacktem Gelben von hartgekochten Eiern und gieb gutes Provenceröl und Essig dazu.

Man kann auch braune Butter und Mostrich dazu geben.

170. Gründlinge zu kochen.

Wenn die Gründlinge gewaschen sind, dann lege sie in eine tiefe Schüssel, gieße Franzwein darauf und lasse sie darin laufen; setze eine Kasserolle mit Wasser aufs Feuer, thue Zwiebeln, Salz und Pfefferkörner hinzu und wenn es so gekocht hat, daß die Zwiebeln weich und wenn die Gründlinge stille sind, so schütte diese mit dem Wein dazu und lege auch gleich Butter daran; es muß aber nur wenig Wasser dazu genommen und die Gründlinge müssen rasch, aber nicht lange gekocht werden.

171. Hecht mit Sardellen.

Wenn der Hecht geschuppt, gerissen und in gewöhnliche Stücke geschnitten ist, dann wässere ihn aus, daß kein Blut darin bleibe, stelle ihn aufs Feuer, thue Salz, Wasser, Zwiebeln und ganze Pfefferkörner dazu und lasse ihn kochen. Nimm ein gutes Theil Butter, feingehackte Sardellen, ganz feingehackte Zwiebeln, Muskaten-Nuß oder -Blumen, rühre dies alles gut durcheinander und wenn der Hecht gahr und eingekocht ist, so thue es nebst Citronensäure daran und lasse es damit, jedoch nicht lange kochen. Scheiben von Citronen, die nicht bitter sind, können auch (jedoch schon früher) daran gethan werden. Der Hecht muß gehöriges Salz bekommen und damit durchkochen, die Butter hingegen muß vorher gut ausgewaschen werden, daß der Hecht auch nicht zu viel

Salz erhalte. Die Sardellen müssen nicht den guten Geschmack verlieren und dürfen deshalb nicht viel gewässert werden; wenn aber in deren Stelle guter Hering genommen wird, so ist dieser stark zu wässern, weil er sich sonst nicht fein hacken läßt. Wenn nun der Hecht angerichtet worden, so können auch feine Kapern darüber gestreuet werden.

172. Pann=Fisch.

Nimm guten, weißen Stockfisch, klopfe ihn mit einem Beile oder Hammer, lege ihn 24 Stunden in Flußwasser, gieb ihm jedoch in dieser Zeit 4 mal frisches Wasser, dann nimm ihn heraus und stelle ihn mit Flußwasser zum Feuer. Er darf nur wenig Feuer haben, muß eine Stunde hindurch langsam ziehen und wenn er einen weißen Schaum bekömmt, dann gieße das Wasser durch einen Durchschlag ab, reinige den Stockfisch von der Haut und den Gräten, lege ihn auf ein Brett und hacke ihn mit einem Wiegemesser ganz fein. Nimm hierauf viel feingehackte Zwiebeln und viel Butter, stelle letztere in einer Kasserolle aufs Feuer, und wenn sie kocht, so thue die Zwiebeln dazu und lasse sie kochen, bis sie weich, aber nicht braun sind, dann thue den Stockfisch dazu, auch gestoßenen Pfeffer und Salz und lasse ihn damit schmooren; er muß dabei aber fleißig umgerührt, auch müssen zuletzt geriebene Kartoffeln dazu gethan und alles recht gut zusammen vermischt werden; dann ist er gut.

173. Langfisch zu wässern.

Man schneide den Fisch in 3 Theile, lege ihn 2 Tage in Flußwasser, koche dann scharfe Lauge von büchener Asche, lasse sie etwas stehen, damit sie klar werde, kläre sie ab und gieße auf die Asche nochmals Wasser, lasse es eine Nacht darauf stehen, kläre es sodann ab und lege den Fisch 2 Tage hinein. Wird er in dieser Zeit noch nicht weich und dick, so gieße man immer von der scharfen Lauge zu, bis er weich wird und recht dick aufgegangen ist; dann schneide man ihn in kleine Stücke, lege ihn abermals so lange in Flußwasser und gieße des Tages dreimal dergleichen frisches Wasser darauf, bis die Lauge herausgezogen ist, dann setze man ihn mit Flußwasser aufs Feuer und lasse ihn so lange sieden, bis er ein wenig Schaum bekömmt. Eine Stunde vorher, wenn er angerichtet werden soll, stelle man ihn aufs Feuer und wenn er gut ist, dann nehme man ihn behutsam heraus, daß er nicht zerbreche, lege ihn in die Schüssel, auf welcher man ihn zu Tische tragen will, nehme ihm die Haut ab, bestreue ihn mit feingehacktem Gelben von Eiern und grüner, feingehackter Petersilie und thue braune Butter dazu.

Man kann auch folgende Zwiebel-Sauce dazu nehmen: Stelle Butter aufs Feuer und wenn sie geschmolzen ist, so thue fein in Würfel geschnittene Zwiebeln dazu, lasse sie darin kochen, bis sie weich, aber nicht braun sind, dann füge Weizenmehl, so viel wie zu der Sauce nöthig ist, nebst Wasser, etwas Pfeffer, feingehackte Petersilie und viel Butter hinzu.

174. Krebse mit einer Sahn-Sauce.

Wenn die Krebse sauber ausgepellt sind und die Krebsbutter verfertigt ist, dann stelle man süße Sahne aufs Feuer und wenn sie kocht, dann thue man in dieselbe geschwitztes Mehl, so viel wie zu der Sauce erforderlich ist, auch Krebsbutter, Muskatenblüthe oder -Nuß, ein wenig Zucker, auch ein wenig Salz, hierauf die Krebsschwänze, so wie das Fleisch von den kleinen Scheeren und so lasse man es einmal aufkochen.

Beim Anrichten ziehe man es mit Gelbem von Eiern ab und lege die großen Scheeren, die vorher an einer Seite aufgeschnitten sind, um den Rand der Schüssel.

Man kann diese Speise nur in den Jahreszeiten machen, wo der Krebs voll und gut ist, weil sie sonst nicht schmackhaft sein würde.

175. Heringe zu braten.

Nimm guten Hering, wasche ihn gut ab, ziehe ihm die Haut ab, schneide ein wenig vom Bauche weg, lege ihn in eine Schüssel, gieße süße Milch darauf, so daß sie überstehe, damit das Salz abziehen kann und lasse ihn 5 bis 6 Stunden darin liegen. Alsdann nimm ihn heraus, lege ihn auf ein Brett, damit er ablecke und trockne ihn hierauf mit einem reinen Handtuche gut ab, klopfe ganze Eier mit der Kelle, begieße den Hering damit, bestreue ihn mit geriebener Semmel und lasse ihn in geklärter Butter, die gut heiß ist, gelbbraun, aber auch schnell braten, weil er sonst unansehnlich wird.

Man kann ihn auch zu Gemüse geben, zu welchem der andere Hering passend ist.

176. Hecht mit Meerrettig.

Der Hecht wird geschuppt, gewässert, ausgewaschen, mit Zwiebeln, Salz und Pfefferkörnern aufs Feuer gestellt und gut abgeschäumt; wenn derselbe gahr ist, auf die Schüssel angerichtet, mit geriebenem Meerrettig gut bestreuet, sodann wird gelbbraune Butter, welche aber recht kreischend sein muß, über den Meerrettig gegossen, damit derselbe recht kraus wird.

177. Barse mit Kapern-Sauce.

Die Barse werden geschuppt, ausgenommen, fein eingekerbt und gut ausgewaschen, mit Salz, Pfefferkörnern und Zwiebeln gekocht und wenn sie gahr sind, richtet man sie an. Zu der Sauce schwitze man Mehl in Butter gelblich, thue alsdann feingehackte Zwiebeln oder Schalotten, etwas von der Fischbrühe, Wasser und gute Butter dazu; so auch Citronenscheiben und zuletzt die Kapern; diese müssen aber nicht mit gekocht werden, weil sie dann den Geschmack verlieren.

178. Quappen mit Speck-Sauce.

Die Quappe wird sauber geputzt, geschnitten, gut gewässert, mit Wasser, Salz, Gewürz, Lorbeerblättern gekocht. Zur Sauce schneide man Speck feingewürfelt, brate denselben gelbbraun, gieße das Fett durch einen Schaumlöffel ab, schneide feingewürfelte Zwiebeln in dasselbe und wenn sie gahr und gelbbraun sind, so nehme man 2 Eßlöffel Mehl, etwas von der Fischbrühe, Weinessig, gestoßene Nelken und zuletzt den Speck. Der Fisch wird auf eine Schüssel angerichtet und diese Sauce darüber gegossen.

179. Blaue Forellen.

Da die Forelle nicht lange aus dem Wasser bleiben darf, so schlachte man sie gleich, putze sie aber nicht, weil ihre Schönheit sonst verloren ginge, nehme das Eingeweide heraus und schlitze sie auf dem Rücken, wodurch sie beim Kochen ein gutes Ansehen bekommt; sie dürfen aber nicht lange mit Wasser, Salz, Gewürz und Zwiebeln kochen, auch thue man etwas Essig daran, wonach sie besser schäumen; man gebe sie ohne Sauce zur Tafel, garnire sie aber mit Petersilie, und gebe Oel, Essig, Pfeffer, gehackte Petersilie und frische Butter dazu.

Siebente Abtheilung.

Verschiedene Fastenspeisen und Puddings.

---

180. Fastenspeise von Borstorfer Aepfeln.

Man nehme von $1\frac{1}{2}$ Mandel Borstorfer Aepfeln das Kernhaus mit einem Stecher, oder in Ermangelung dessen mit einem kleinen, scharfen Messer heraus und schäle sie alsdann ab. Man gieße Franzwein und Wasser zu gleichen Theilen in eine verzinnte Kasserolle, thue Zucker, daß es hinreichend süß wird, ganzen Zimmet und Citronenschaale dazu, stelle es aufs Feuer und wenn es kocht, so lege man die Aepfel, einen gegen den andern, hinein, und schmoore sie so, als wenn man sie zum Braten essen will; man muß aber dahin sehen, daß sie weich werden, ohne zu zerfallen. Dann nehme man sie heraus, lege einige davon in einen irdenen Durchschlag, damit sie ablecken, hierauf lege man wieder andere hinein und fahre so damit fort. Alsdann nehme man $\frac{1}{2}$ Pfund Butter, wasche sie gut aus, daß kein Salz darin bleibe, rühre sie zu Sahne (man muß, weil dies das Aufrühren erleichtert, die Schüssel hierbei ein wenig auf Kohlenfeuer setzen, dabei aber doch verhüten, daß die Butter nicht schmelze), thue $\frac{3}{4}$ Pfund feingeriebenen Zucker, das Gelbe von 20 Eiern, 1 Pfund süße, geriebene oder gestoßene

Mandeln, 8 Loth geriebene Semmel und eine abgeriebene Citrone dazu und rühre dieses zusammen eine Stunde gut durcheinander. Dann streiche man eine Pfundform mit Butter aus, schlage das Weiße von 16 Eiern zu einem steifen Schaum, thue dieses zu der Masse und rühre es behutsam, so daß es sich vereinige, darunter. Nun thue man 2 Finger hoch von dieser Masse in die Form, lege Tafeln Kuchenoblate darauf, alsdann die Aepfel und endlich die andere Masse darüber, stelle die Form in eine vorher schon durchgewärmte, mit Sand gefüllte Tortenpfanne und lasse die Fastenspeise langsam backen. Wenn die Speise oben etwas gebacken ist, so kann man einen Bogen Papier darüber legen, um zu verhindern, daß sie nicht braun werde und wenn sie gahr ist und angerichtet werden soll, dann breche man eine Serviette, lege diese auf eine Schüssel und setze die Form hinein.

181. Fastenspeise von Borstorfer Aepfeln auf andere Art.

Die Aepfel werden in derselben Art zubereitet, wie Nr. 180 gesagt ist, auch werden eben so viel Aepfel genommen; dann schlage 12 ganze Eier in einen Topf, quirle sie recht gut, thue 12 Loth geriebenen Zucker und ½ Pfund feines Weizenmehl dazu, quirle es aber immer gut, damit das Mehl nicht klümprig werde, gieße alsdann 1 Quart gute Milch dazu, lege 6 Loth Butter in eine Kasserolle, gieße jene Masse dazu, stelle alles auf gelindes Kohlenfeuer und lasse es unter beständigem Rühren durchgehends kochen und steif werden, dann ist es gut. (Es wird während dem zwar stückrig werden, doch schadet dies nicht, denn wenn es steif ist und kocht, so wird es wieder ganz eben.) Hierauf thue die Masse in eine tiefe Schüssel und wenn sie kalt ist, so thue das Gelbe von 12 Eiern, eine abgeriebene Citrone und für 4 Groschen Citronat in feine Würfel geschnitten dazu, rühre es ¼ Stunde lang gut zusammen, schlage das Weiße von den Eiern zu einem steifen Schaum und rühre solches behutsam darunter; lege wie 2 Finger hoch von der

Masse in die vorher mit Butter ausgeschmierte Form, Kuchenoblate darüber, setze die Aepfel, die vorher mit Kirschfleisch gefüllt worden, darauf und thue die andere Masse darüber. Stelle es in eine vorher gewärmte Tortenpfanne und lasse es langsam backen.

182. Aepfelspeise noch auf andere Art.

Man schäle 12 große Rostocker Aepfel (es können auch Borstorfer dazu genommen werden, aber dann nimmt man mehr), schneide sie in 4 Theile, nehme das Kernhaus heraus, schneide die Theile in die Quere wie ein Finger dick durch, dann schütte man die Aepfel in eine verzinnte Kasserolle, oder in einen Schmoortopf, thue geriebenen Zucker und lege 6 Loth recht gute Butter und gestoßenen Zimmet dazu, gieße einen Tassenkopf voll Wasser darauf, decke das Gefäß zu, stelle es auf gelindes Kohlenfeuer, lasse die Aepfel schwitzen und schmooren und werfe sie zuweilen um, damit die obersten nach unten kommen. (Die Aepfel müssen übrigens sämmtlich gahr sein, dabei aber auch ganz bleiben und nicht verkochen.) Dann nehme man 1¼ Quart Milch, schneide 15 Loth Semmel, von der vorher die Rinde abgeschnitten ist, in Stücken, thue sie zu der Milch und wenn sie weich ist, so streiche man sie durch einen Durchschlag; schlage 16 ganze Eier in einen Topf, quirle sie gut, gieße sie zu der Milch und Semmel und thue eine abgeriebene Citrone, ¼ Pfund feingestoßene, süße Mandeln, die geschmoorten Aepfel und geriebenen Zucker nach Belieben hinzu. Hierauf lege man die Masse in eine mit Butter ausgeschmierte Form, stelle diese in eine Tortenpfanne, die vorher gewärmt ist, und lasse es langsam backen.

183. Citronen-Speise.

Nimm das Gelbe von 20 Eiern, thue 1 Pfund geriebenen und feingehackten Zucker dazu, rühre es ¼ Stunde hindurch gut, thue von 4 Citronen und wenn sie klein sind, von 6 dergleichen den Saft dazu, reibe die Schaalen aber zuvor auf dem Zucker ab, schabe das Abgeriebene mit einem Messer von dem Zucker ab und thue es auch hinzu. Zerstoße 4 runde, trockne Zwiebacke und schütte sie auch dazu (kann man diese nicht haben, so nimm in deren Stelle 5 Loth geriebene Buttersemmel), schlage und rühre alles im Ganzen gute ¾ Stunden mit der Kelle, schlage das Weiße von den Eiern zu einem steifen Schaum und rühre es behutsam darunter. Wenn sich alles vermischt hat, so thue es in eine Form, stelle diese in eine Tortenpfanne, die vorher gewärmt ist und lasse es langsam backen. In ½ Stunde ist die Speise gut und wenn sie gahr ist, muß sie gleich zu Tische gebracht werden, weil sie sonst fällt und schlecht wird.

184. Wiener Omelette (Eierkuchen).

Schlage von 24 Eiern das Weiße in eine tiefe Schüssel und das Gelbe in einen Topf, das Gelbe quirle gut, so daß es schäume und das Weiße schlage zu einem steifen Schaum; dann thue das Gelbe zu dem Schaum, menge es mit der Kelle behutsam unter einander und wenn es sich vereinigt hat, dann ist es gut und es muß nicht mehr gerührt werden. Gieße Butter, die vorher geklärt worden ist, in einen eisernen Tiegel, stelle ihn auf gelindes Kohlenfeuer und wenn er heiß, die Butter aber auch nicht braun ist (ist dies Fall, so gieße sie aus und andere hinein), dann lege von der obigen Masse mit der Kelle, wie 2 Finger hoch, hinein und lasse sie langsam, aber nur auf einer Seite gelbbraun backen. Dann ziehe den so enstandenen Eierkuchen mit einem Fischanrichter, oder breiten Messer auf eine gewärmte Schüssel, drücke eine halbe Citrone mit Zurückbehaltung der Kerne, darüber und thue so viel Zucker hinzu, daß es süß wird und lege Kirschfleisch darüber. Nun gieße wieder Butter in den Tiegel, lege von der Masse hinein, verfahre wie vorher und wenn der Kuchen gahr ist, wird dieser über den ersten gelegt, auch wieder eine halbe Citrone und viel Zucker, ganze Himbeeren, oder Himbeeren=Gelée darauf gethan und in dieser Art wechselsweise fortgefahren, bis die Masse all ist.

Der letzte Kuchen aber wird auf beiden Seiten gebacken, darüber gelegt und mit Zucker überstreuet.

185. Speise von Plinzen.

Man schlage 12 ganze Eier in einen Topf, quirle sie gut und thue 18 Loth Mehl, 10 Loth geschmolzene Butter, ¾ Quart lauwarme Milch, eine abgeriebene Citrone und Zucker nach Belieben dazu. Dann lege man in einen eisernen Tiegel ein wenig Butter, lasse ihn damit heiß werden, gieße etwas von dem Teige hinein, lasse ihn im Tiegel herum gehen, backe die Plinze so dünn wie möglich und wenn sie auf der einen Seite gut ist, kehre man sie mit einem langen Messer um, backe sie auf der andern Seite und so fahre man fort, bis der Teig all ist. Zu der ersten Plinze braucht man nur die Butter, die andere bäckt man, ohne von neuem Butter in den Tiegel zu legen.

Nun nehme man ¾ Pfund süße, geriebene, oder gestoßene Mandeln, thue sie in eine Schüssel, zerrühre sie mit süßer Sahne, thue Zucker und eine abgeriebene Citrone dazu, streiche es in die Plinze, rolle diese, aber nicht zu fest, auf, schneide sie in Enden und stelle sie in eine Form. (Je nachdem die Form hoch oder niedrig ist, ist die Höhe der Plinzen einzurichten und dabei zu beobachten, daß die unten beschriebene Crême überstehe, auch muß man auf 2 Seiten ein wenig von der Ründung abschneiden, solches aber wieder in die Plinze legen.)

Hierauf stelle man zur Crême 1 Quart gute Milch und ½ Quart Sahne, Zucker, ganzen Zimmet und etwas Citronenschaale, auf das Feuer; dann thue man zu dem Gelben von 18 Eiern einen Löffel voll Kraftmehl, quirle es gut, gieße etwas Milch, welche von dem obigen 1 Quart zurückbehalten sein muß, dazu und wenn jene Milch ꝛc. kocht, dann gieße man sie zu den Eiern, quirle es gut, gieße es wieder in die Kasserolle, stelle es auf gelindes Kohlenfeuer und lasse es unter beständigem Rühren zwar dick werden, aber nicht kochen. Dann gieße diese Crême über die in der Form befindlichen Plinzen, stelle die Form in eine vorher gewärmte Tortenpfanne und lasse die

Speise langsam, aber nicht stark backen. Wenn sie ein wenig gelbbraun und die Crême steif ist, dann ist sie gut. — Man kann auch die Plinzen in längliche Streifen schneiden, diese in die Form legen und die Crême darüber gießen, so sind die Mandeln entbehrlich; im übrigen werden sie eben so gebacken, wie die Vorstehenden.

186. Eine warme Mehlspeise von süßen Makaronen.

Man nehme von 24 Eiern das Gelbe, die Schaale von 1 abgeriebenen Citrone, ¾ Pfund feingesiebten Zucker, dieses wird zusammen eine gute ½ Stunde gut gerührt und geschlagen; hierzu kommen 28 Loth süße und 4 Loth bittere Makaronen, diese gut zerdrückt und alles eine gute halbe Stunde gut gerührt, damit sich alles gehörig vereiniget; sodann schlägt man das Weiße von den 24 Eiern gut zu Schaum und thut diesen zur Masse, mischt es gut zusammen, daß sich alles vereinigt, und läßt es in einer mit Butter ausgeschmierten Tortenpfanne bei gelinder Hitze backen.

187. Gefüllte Plinzen mit süßen Makaronen.

Die Plinzen werden in derselben Art gebacken und auch so viel Masse dazu genommen, wie Nr. 185 gesagt ist; dann nehme man ½ Pfund süße Makaronen, lege sie in einen Schmoortopf, gieße ½ Quart Franzwein darauf, thue 1 Loth bittere, gestoßene Mandeln, die vorher abgebrüht worden, dazu, stelle sie aufs Feuer und wenn sie verkocht sind, so thue man geriebene Semmel, so viel wie nöthig ist, um einen Teig zu bilden, dazu; dann streiche man es in die Plinzen, rolle sie etwas fest auf und schneide sie in Enden von beliebiger Länge.

Dann schlage man ganze Eier auf einen Teller mit einem Löffel, daß sich das Gelbe mit dem Weißen vereinige; lege die Plinzen hinein, begieße sie ganz damit und wälze sie so in geriebener Semmel. Hierauf stelle man Butter, die vorher geklärt ist, in einem eisernen

Tiegel aufs Feuer und wenn sie gut heiß ist, dann lege man die Plinzen hinein, lasse sie rasch backen und drehe sie so oft mit der Gabel um, damit sie einerlei Farbe bekommen, nemlich gut gelbbraun werden. Wenn sie herausgenommen werden, so lege man sie auf Löschpapier.

Man kann sie in dieser Art zubereitet essen, oder auch eine Crême-Sauce dazu in folgender Art bereiten: Man quirle nemlich das Gelbe von 12 Eiern gut mit ein wenig Kraftmehl, thue dazu ½ Quart Franzwein, ¼ Quart Wasser, den Saft von einer guten Citrone und etwas ganzen Zimmet; die Schaale der Citrone muß man vorher auf Zucker abreiben, welcher auch dazu genommen wird. Man stelle diese Masse in einer verzinnten Kasserolle aufs Feuer, rühre sie beständig und wenn sie steif geworden, dann gieße man ein wenig von der Sauce in die Schüssel, lege die Plinzen darauf, bestreue sie mit Zucker und thue die andere Sauce in Saucièren.

188. Butter zu klären.

Man lege die Butter in einen irdenen Tiegel, oder Schmoortopf, stelle sie auf gelindes Kohlenfeuer und lasse sie langsam kochen. Der Schaum, welcher sich oben setzt, muß nicht abgenommen werden und sie muß so lange kochen, bis sie wie Oel aussieht und man das Salz, was auf dem Boden liegt, sehen kann; dann nehme man sie vom Feuer und den nach oben vorhandenen Schaum ab, kläre sie in einen Topf und wenn man sie gebrauchen will, thue man sie in einen eisernen Tiegel.

189. Gefüllte Plinzen mit einer Hecht-Farce.

Ein Mittelhecht wird geschuppt, gerissen und ausgewaschen, die eine halbe Seite wird in große Stücken geschnitten, mit Wasser, Salz und Zwiebeln abgekocht. Aus der andern halben Seite werden die Gräten alle herausgeschnitten und geschabt, auch aus den gekochten Stücken nehme man die Gräten sämmtlich heraus. Alsdann nimmt man ½ Pfund ungeräucherten und ungesalzenen frischen Speck, dieser wird feinwürflich geschnitten und kommt hinzu. Alles dieses wird zusammen recht feingehackt, 3 ganze Eier und noch von dreien das Gelbe, 6 Loth alte Semmel, wovon man vorher die Rinde abgeschnitten hat, in kaltem Wasser geweicht, gut ausgedrückt, damit kein Wasser darin bleibt (die Semmel muß nicht lange im Wasser liegen, damit sie nicht teigigt wird), ½ Pfund geschmolzene Butter, kleingehackte Citronenschaalen, etwas feingehackte Schalotten, Muskatenblüthe und Salz, dieses alles wird zusammen gemischt und bildet die Farce. Nun backe man Plinzen: Man quirle 8 ganze Eier in einen Topf, thue dazu 9 Loth Mehl und 6 Loth geschmolzene Butter und eine abgeriebene Citrone; man verdünne diese Masse mit ½ Quart lauwarmer Milch. Sodann nimmt man einen eisernen Plinzen-Tiegel, setzt denselben mit ein wenig Butter aufs Feuer, thut ein wenig von der Masse hinein und läßt sie etwas darin herumschwimmen; ist sie auf einer Seite gut, so wendet man sie mit einem Messer um; fährt damit so lange fort, bis aller Teig zu Plinzen gebacken ist; zu der ersten kommt nur die Butter im Tiegel, die übrigen backen von selbst ab. Nnn streicht man jede Plinze mit obiger Hecht-Farce, rollt sie zusammen, und schneidet sie in beliebige Stücke, jedoch nicht zu klein; sodann schlägt man von mehreren Eiern das Gelbe und Weiße zusammen, legt diese Rolle dann hinein, übergießt sie mit einem Löffel, wälzt sie dann in geriebener Semmel, und läßt sie in klarer Butter, welche recht heiß sein muß, ausbacken. Die Sauce hierzu bereite man auf folgende Art: Man mache geschwitztes Mehl in Butter, thue feingehackte Schalotten dazu, lasse dasselbe aber nicht zu lange auf dem Feuer, damit letztere nicht verbrennen. Sodann nehme man Krebsbutter, Muskaten-Nuß oder -Blume, rühre dieses in heiße gute Fleischbrühe, thue auch etwas von der Fischbrühe dazu, nur muß man ja vorsichtig sein, daß von letzterer nicht zu viel dazu kommt, damit es nicht zu salzig wird. Diese Sauce wird nun aufs Feuer gestellt und wenn sie kocht, thut man von ½ Schock Krebsen die Schwänze und aus den

Scheeren das Fleisch dazu. Man richtet die Sauce auf die Schüssel an und legt die Rolle dann hinein.

190. Ausgebackene Klöße von Reismehl.

Stelle 1 Quart Milch nebst 12 Loth guter Butter aufs Feuer und wenn es kocht, schütte 1 Pfund gutes Reismehl unter beständigem Rühren dazu. Wenn es sich von der Kasserolle löset, so ist es darum doch noch nicht gahr, sondern es muß auf gelindem Kohlenfeuer noch ein wenig gerührt und umgekehrt werden. Hierauf thue es in eine tiefe Schüssel und wenn es kalt ist, dann schlage nach und nach 16 ganze Eier und thue auch die abgeriebene Schaale von einer Citrone dazu und rühre es gut durcheinander, sodann stecke mit einem Löffel Klöße, so groß wie ein kleines Hühner-Ei, davon ab, lege sie in geriebene Semmel, kehre sie darin um, mache sie in der Hand ein wenig länglich und rund, backe sie in klarer Butter aus, nimm sie sodann mit einem Schaumlöffel heraus und lege sie auf Löschpapier. Vermische alsdann feingesiebten Zucker und feingestoßenen Zimmet, bestreue die Klöße damit, richte sie so an und gieb sie warm zu Tische.

191. Fastenspeise von Reismehl.

Nimm dazu 20 Eier, ¾ Quart Milch, ½ Pfund Butter, ¼ Pfund Zucker, 13 Loth Reismehl, eine abgeriebene Citrone und 18 Stück bittere Mandeln.

Schlage nemlich 6 ganze Eier in einen Topf, quirle sie gut und thue ½ Pfund geriebenen Zucker und auch das Mehl und die Milch wechselsweise dazu. Die Butter stelle in einer verzinnten Kasserolle auf gelindes Kohlenfeuer, daß sie ein wenig weich wird, rühre sie alsdann in einer Kasserolle ein wenig zu Sahne, gieße die obige Masse dazu und rühre es auf gelindem Kohlenfeuer beständig so lange, bis es von der Kasserolle los läßt. Dann thue es in eine tiefe Schüssel und wenn es abgekühlt ist, schlage dazu das Gelbe von den übrigen 14 Eiern, thue dazu die abgeriebene Schaale von der Citrone und die Mandeln, welche vorher in ein wenig

Milch feingestoßen worden, rühre dieses alles recht gut unter einander, schlage alsdann das Weiße von den Eiern zu einem steifen Schaum, thue diesen dazu und rühre es wieder untereinander; doch nicht länger, als bis man keinen Schaum mehr sieht, dann ist es gut. Thue es sodann in eine vorher ausgeschmierte Form, stelle diese in eine vorher gut gewärmte Tortenpfanne und lasse die Speise langsam backen.

192. Fastenspeise von Reisgries.

Stelle 2 Quart Milch aufs Feuer, und wenn sie kocht, so gieße sie in einen Topf, schütte 1 Pfund Reisgries in die Kasserolle, gieße 1½ Quart von der Milch dazu, rühre es zu gleicher Zeit mit der Kelle, stelle es aufs Feuer und rühre es beständig, daß es recht steif, aber nicht zu weich wird. Sollte der Reisgries mit der ersten Milch noch nicht gut werden, dann gieße man von der zurückbehaltenen noch etwas dazu, man muß aber darauf sehen, daß der Gries nicht zu fein ist, denn der grobe ist besser. Dann thue den Reisgries in eine tiefe Schüssel, rühre ¾ Pfund Butter zu Sahne, thue ½ Pfund Zucker, eine abgeriebene Citronenschaale und 1 Loth bittere, gestoßene Mandeln dazu und wenn der Gries kalt, aber auch nicht zu kalt ist, wird jenes zugleich mit dem Gelben von 14 Eiern dazu gethan und gut gerührt. Das Weiße von den Eiern wird zu einem steifen Schaum geschlagen und auch hinzugefügt. Das Ganze thue dann behutsam in eine vorher mit Butter ausgeschmierte Form und setze diese in eine Tortenpfanne, die vorher gut durchgewärmt ist und lasse es backen.

193. Fastenspeise von Reis.

Man nimmt 1 Pfund Reis, verlieset ihn und sucht die Hülsen heraus, schüttet ihn in eine Kasserolle, gießt kaltes Wasser darauf, stellt es zum Feuer und läßt es ein wenig durchkochen. Dann gieße man das kochende Wasser ab, kaltes Wasser darauf, reibt es mit der Kelle gut und gießt es wieder ab; dann gießt man Milch darauf, läßt es kochen und den Reis unter beständigem Rühren, doch nicht zu weich, sondern recht steif kochen, thut ihn hierauf in eine Schüssel, rührt ¾ Pfund Butter zu Sahne, nimmt ½ Pfund Zucker, eine abgeriebene Citrone, 1 Loth bittere, gestoßene Mandeln und das Gelbe von 14 Eiern und thut dies alles, wenn der Reis kalt, doch nicht zu kalt ist, hinzu, rührt es eine halbe Stunde gut, schlägt das Weiße von den Eiern zu einem steifen Schaum, rührt es mit der Masse behutsam untereinander und thut es dann in eine vorher mit Butter ausgeschmierte Form, welche in eine gewärmte Tortenpfanne gestellt wird.

Diese Fastenspeise wird langsam gebacken.

194. Reisschnitte.

Wenn auf 1 Pfund Reis, welcher eben so gereinigt, wie Nr. 193 gesagt ist, die Milch gegossen ist, stelle man ihn zum Feuer, thue einen Löffel voll Zucker und ein Stück Butter dazu, rühre ihn beständig und lasse ihn zwar weich, doch nicht zu weich und recht steif kochen. Dann lege man ihn in eine breite Schüssel und drücke ihn mit der Kelle, wie 2 Finger hoch, auseinander und wenn er kalt ist, so zerschneide man ihn, viereckig, wie kleine Käse. Schlage nun ganze Eier auf einen Teller, lege die Reisschnitte dazu un' begieße sie damit, hierauf bestreue man sie mit geriebener Semmel und backe sie in klarer Butter aus, welche gut heiß sein muß, wenn man die Reisschnitte hineinlegt. Man lasse die Schnitte gut gelbbraun backen und wenn sie gahr sind, so lege man sie auf Löschpapier und bestreue sie mit feingeriebenem Zucker und Zimmet.

195. Fastenspeise von süßen Makaronen und Zwieback.

Schlage in einen Topf 12 ganze Eier und von 6 Eiern das Gelbe hinein, quirle es gut zusammen und thue eine abgeriebene Citrone, Zucker nach Belieben, ½ Quart Sahne und 1 Quart gute Milch dazu. Nimm ½ Pfund süße Makaronen und ¾ Pfund frische, geröstete, lange

Zwieback, welche nicht zu braun sind, (die Zwieback sowohl als auch die Makaronen werden zerbrochen), schütte beides in die Form, gieße die obige Masse darüber, stelle die Form in eine gewärmte Tortenpfanne und lasse die Speise langsam darin backen. Wenn sie gahr ist, so lege das übrige Eiweiß, zu Schaum geschlagen, darüber, bestreue sie etwas dick mit feingeriebenem Zucker und Zimmet und lasse die Speise gelbbraun, aber rasch backen, damit sie nicht lange in der Pfanne bleibe.

196. Koch mit Himbeeren.

Man thue ¾ Pfund eingemachte Himbeeren in eine tiefe Schüssel, ¼ Pfund geriebenen Zucker dazu und rühre es mit einer Kelle eine Viertelstunde hindurch gut. Dann schlage man von 20 Eiern das Weiße zu einem rechten steifen Schaum, thue ihn zu den Himbeeren, zuerst ein paar Kellen davon, damit sich der Schaum mit den Himbeeren gut vereinige, alsdann den übrigen und wenn sich alles vereiniget hat, setze man in einer zinnernen Schüssel einen Berg davon auf, streiche es mit einem Messer glatt, bestreue es dick mit geriebenem Zucker, stelle es in eine gewärmte Tortenpfanne und lasse es gelbbraun backen. Es darf nur eine gute Viertelstunde backen und muß dann gleich zu Tische kommen, wobei die zinnerne in eine fayencene Schüssel gestellt wird.

197. Flammorin von Reismehl.

Man nehme 1 Pfund gutes Reismehl und 2½ Quart gute Milch; die Milch stelle man aufs Feuer, lasse jedoch so viel davon zurück, daß das Reismehl damit eingerührt werden kann. Wenn die Milch kocht, so nehme man sie vom Feuer, gieße etwas davon ab, thue 12 Loth feingeriebene, oder gestoßene süße Mandeln hinein und schütte dann das Reismehl dazu, thue Zucker, auf welchem vorher 2 Citronen abgerieben worden, nach Geschmack und sodann die abgegossene Milch dazu, stelle es aufs Feuer und lasse es unter beständigem Rühren gahr kochen. Eine verzinnte kupferne, oder fayencene Form mache man mit Milch naß, gieße die Masse hinein und lasse sie kalt werden. Mache nun folgende Crême=Sauce dazu: Man quirle das Gelbe von 16 Eiern gut in einem Topfe, thue ein wenig Kraftmehl, ¾ Quart Franzwein, ¼ Quart Wasser, von einer Citrone den Saft, Zucker nach Geschmack und etwas ganzen Zimmet hinzu, stelle es in einer Kasserolle auf gelindes Kohlenfeuer und lasse es unter beständigem Rühren dick werden, gieße es hierauf in einen Topf, lasse es kalt werden und gebe diese Sauce kalt zu Tische.

198. Flammorin von Stärke.

Nimm 8 Loth feine, gute Stärke und 1 Quart gute Milch, von welcher man so viel zurückläßt, daß die Stärke damit eingerührt werden kann; die übrige Milch stelle in einer verzinnten Kasserolle aufs Feuer, thue Zucker, auf welchem vorher das Gelbe von einer Citrone abgerieben worden, nach Belieben hinzu und wenn es kocht, so stelle es vom Feuer, thue die inzwischen eingerührte Stärke dazu, setze es wieder aufs Feuer und lasse es unter beständigem Rühren kochen. Wenn es gahr ist, so nimm es vom Feuer, thue das Weiße von 12 Eiern, welches während der Zeit zu einem steifen Schaum geschlagen, dazu, rühre es gut durcheinander, und setze es wieder ein wenig aufs Feuer, damit auch der Schaum gahr werde. Dann thue es in eine Form, die vorher mit Milch oder Wasser naß gemacht ist.

Mache eine Crême=Sauce dazu: Stelle nemlich 1 Quart Milch aufs Feuer, thue Zucker und Zimmet nach Belieben, auch wenn man will, Vanille dazu und wenn sie kocht, so rühre sie mit dem Gelben von den 12 Eiern ab, welches vorher mit kalter Milch gut gequirlt ist. Es muß auch bei dem Zugießen gut gequirlt, dann auf gelindes Kohlenfeuer gestellt und beständig gerührt werden und wenn es anfängt steif zu werden, dann sind die Eier gahr und die Sauce ist gut. Gieße die Sauce dann in einen Topf, quirle es noch mitunter, damit sie keine Haut setze und so gieb beides kalt zu Tische.

199. Flammorin von Weizen-Gries.

Man nimmt 1 Quart gute Milch, Zucker nach Belieben, auf welchem vorher das Gelbe von einer Citrone abgerieben worden, stellt es aufs Feuer und wenn es kocht, schütte man 12 Loth Weizen-Gries, unter beständigem Rühren dazu, läßt dasselbe ein wenig kochen und wenn es gahr ist, thut man es in eine Form, die vorher mit Wasser oder Milch naß gemacht worden ist.

Zur Sauce rühre man Milch mit Eiern ab. Man kann aber auch eine Obst-Sauce dazu nehmen.

200. Kalte Speise von braunem Sago.

Stelle 1 Pfund Sago, nachdem er verlesen und mit kaltem Wasser gewaschen ist, in einer verzinnten Kasserolle aufs Feuer und lasse ihn ein paarmal aufkochen, gieße ihn alsdann durch ein Haarsieb, oder einen feinen Durchschlag, so daß kein Sago mit durchgeht und spühle diesen so lange mit kaltem Wasser ab, bis er klar ist; dann schütte ihn wieder in die Kasserolle, gieße Wasser darauf, lasse ihn beinahe ½ Stunde damit kochen und wenn er eingekocht ist, so gieße 1 Quart Medoc und wenn man es haben kann, ein Viertel Quart frischen, oder eingekochten Kirschsaft *), auch etwas Himbeer-Gelée dazu, thue so viel Zucker daran, daß es süß wird und lasse es unter beständigem Rühren weich und einkochen. Stelle feinen Zimmet mit Wasser in einem kleinen Topfe zum Feuer, lasse ihn kochen und ziehen, und gieße zuletzt das Wasser von dem Zimmet zu dem Sago. Der Sago muß recht weich, aber nicht steif sein und wenn er gut ist, so gieße ihn in kleine tiefe Schüsseln, lasse ihn kalt werden und garnire ihn mit Citronat, mit zu Schaum geschlagener, roher Sahne, von welchem man, wenn er in einem Durchschlag gut abgeleckt ist, mit einem

---

*) Wenn kein Kirschsaft, oder Himbeer-Gelée dazu genommen werden kann, muß man mehr als 1 Quart Wein nehmen; es ist aber sehr gut, wenn man Kirschsaft, Himbeer-Gelée oder Himbeersaft dazu nimmt.

Löffel kleine Häufchen rund um die Schüssel und auch in die Mitte auf den Sago legt.

Zu dieser Speise giebt man kalte, aber zuvor aufgekochte süße Sahne.

201. Kalte Aepfelspeise.

Man bereitet Borstorfer Aepfel in derselben Art zu, wie bei der Fastenspeise von Aepfeln Nr. 1c0 gesagt ist und nehme auch eben so viel; dann stelle man sie in eine Schüssel, schneide Citronat fein länglich und stecke ihn in die Aepfel. Ferner nehme man von 24 Eiern das Gelbe, thue einen Löffel voll Kraftmehl dazu, quirle es gut, gieße ¾ Quart Franzwein und den Saft von 2 guten Citronen, die vorher auf Zucker abgerieben sind, dazu, stoße diesen Zucker und lege davon auch so viel dazu, daß es süß wird. Vorher stelle man in einem Töpfchen ganzen Zimmet ans Feuer und wenn er gekocht und gezogen hat, gieße man das Wasser zu der obigen Masse, stelle diese dann auf gelindes Kohlenfeuer und rühre sie beständig, bis sie dick geworden. Alsdann thue man das Weiße von 12 Eiern, welches vorher zu einem steifen Schaum geschlagen ist, dazu, rühre alles behutsam durcheinander, stelle es noch ein wenig aufs Feuer, daß sich der Schaum durchwärme, richte es so über die Aepfel an und wenn sie kalt sind, garnire man sie mit Citronat. Den Stand von den Aepfeln, worin sie gekocht sind, gieße man durch einen feinen Durchschlag, thue noch etwas Wein und Zucker dazu, lasse es zu Gelée einkochen und lege es so auf die Speise.

202. Reis mit Franzwein.

Nimm 1 Pfund Reis und wenn er verlesen und die nicht abgehülseten Körner weggenommen worden, dann schütte ihn in eine verzinnte Kasserolle, gieße kaltes Wasser darauf, stelle ihn zum Feuer, lasse ihn ein wenig durchkochen, gieße sodann das Wasser ab und kaltes auf, reibe den Reis mit der Kelle gut durch, gieße heißes Wasser darauf und lasse ihn damit halb gahr kochen. Nun gieße guten Franzwein darauf (wenn nicht guter Franzwein dazu kömmt, kocht er sich blau), nimm 4 Apfelsinen, reibe von 2 die gelben Schaalen auf Zucker ab und thue diesen Zucker, nebst dem Safte von den 4 Apfelsinen dazu; sind diese nicht zu haben, dann reibe von 2 Citronen die Schaalen auf Zucker ab und thue diesen sammt dem Safte dazu; es muß aber alsdann gut gesüßt werden, sonst schmeckt es nicht, eben so muß es auch so viel Wein bekommen, daß es kräftig werde. Wenn nun der Reis eingekocht und weich, aber nicht steif ist, dann richte ihn auf kleine Schüsseln, oder Assietten an und belege ihn mit ein wenig Himbeer-Gelée und Citronenscheiben, die man vorher reifig ausgeschnitten hat.

Hierzu nimmt man die Crême-Sauce, deren Anfertigung bei dem Flammorin von Reismehl unter Nr. 197 gelehrt ist.

203. Kalte Speise von kleinen Bisquitkuchen.

Thue das Gelbe von 12 Eiern in eine tiefe Schüssel, rühre es ¼ Stunde, thue 1 Pfund fein gesiebten Zucker und die abgeriebene Schaale von einer Citrone dazu und rühre es noch ½ Stunde gut; dann schlage das Weiße von 6 Eiern zu einem steifen Schaum, rühre ihn unter die obige Masse, lasse ihn ¼ Stunde damit stehen und schütte endlich allmählig 1 Pfund feines Weizenmehl dazu. Lege Papier auf ein Backblech, bestreue es mit Mehl, setze Häufchen von obiger Masse wie eine Wallnuß groß, darauf, aber wie 2 Finger breit auseinander und lasse sie beim Bäcker backen.

Zu der Speise nimm dann eine beliebige Anzahl dieser Kuchen, gieße guten Franzwein in eine Schüssel, lege 3—4 Kuchen hinein, übergieße sie mit einem Löffel, lege sie auf die Schüssel, in welcher sie zu Tische kommen sollen und wenn die Schüssel mit einer Lage dieser Kuchen belegt ist, so bestreue man diese gut mit Zucker und belege sie mit Johannisbeer- oder Himbeer-Gelée. Mache wieder eine Kuchenlage, bestreue sie ebenfalls mit Zucker, lege Kirschfleisch darauf und so fahre beliebig fort, bis es genug Speise ist. Auf die letzte Lage lege Gelée und so gieb es zu Tische.

NB. Unter den Wein kann auch ein wenig Rum genommen werden.

204. Eine kalte Mehlsuppe von Sahne.

Man nehme 1 Quart Sahne, 12 Loth Zucker, worauf eine Citrone abgerieben wird, 12 bittere Mandeln, diese abgezogen und fein gestoßen, auch etwas feinen ganzen Zimmet. Der Zucker wird etwas in Stücken geschlagen, damit er mit der Sahne zergeht. Dieses wird in einer verzinnten Kasserolle aufs Feuer gestellt und wenn es kocht, gießt man es durch ein feines Sieb, damit die Mandeln ꝛc. zurückbleiben; ist es abgekühlt und nur noch lauwarm, so wird es abgequirlt mit dem Gelben von 18 Eiern und so in eine fayencene oder porcellanene Fastenspeiseform gegossen (jedoch ja nicht in eine blecherne); sodann legt man ein Kreuz in die Kasserolle und stellt die Form mit der Masse darauf, gießt kochendes Wasser, soviel in die Kasserolle, daß die Form 2 Finger hoch darüber steht, sodann legt man einen Deckel auf die Form, worauf etwas glühende Kohlen, damit die Erwärmung auch von oben geschieht und wenn das Wasser ein wenig eingekocht ist, so wird immer wieder kochendes Wasser dazu gegossen, damit die Höhe des Wassers immer gleich bleibt, und wenn es eine gute Stunde gekocht hat, so versucht man mit einem Strohhalm oder glatten Stück Holz: bleibt von der Masse nichts daran hängen, so ist es gut; klebt aber noch etwas daran, so läßt man es noch länger kochen. Ist es gut, so nimmt man die Kasserolle vom Feuer; ist der Wrasen des Wassers weg, so nimmt man die Form heraus und läßt die Masse kalt werden.

Hierauf wird nun von 8 Eiern das Weiße zu einem steifen Schaum geschlagen; während dieser Zeit werden 4—5 Löffel Himbeer-Gelée mit etwas Zucker klar gerührt, damit es nicht stückericht ist; sodann kommt der Schaum dazu und gut gemischt, damit sich beides vereinigt. Dieses darf aber nicht eher bereitet werden, bis die Speise kalt ist; sodann legt man diese Mischung darauf und streicht es mit einem Messer glatt, streuet noch ein wenig Zucker darüber und stellt die Form mit dieser Speise in eine Tortenpfanne, wärmt den Deckel derselben recht gut durch und legt ihn darauf, damit der Gelée oder Schaum etwas Farbe bekommt; unter die Pfanne kommt aber keine Feuerung. Soll diese Speise zu Mittag gebraucht werden, so muß die Bereitung schon den Tag vorher geschehen; ist sie aber zu Abend bestimmt, so kann es denselben Tag geschehen. Die Bereitung des Schaums muß aber erst 2 Stunden vorher geschehen, wenn die Speise zur Tafel gegeben werden soll.

205. Eine kalte Mehlspeise von Chocolade.

Es wird 1 Quart Sahne aufs Feuer gestellt, mit 8 Loth Zucker und wenn sie kocht, 1/4 Pfund geriebene Chocolade dazu; man läßt es ein wenig kochen, dann gießt man es in einen Topf und ist die Masse abgekühlt, so daß sie lauwarm ist, so wird sie mit dem Gelben von 16 Eiern abgequirlt, alsdann in eine fayencene oder porzellanene Form gegossen und so damit verfahren, wie mit der vorigen Speise von Sahne.

Ist die Masse kalt, so belege man sie mit Sahnenschaum; man kann Vanille- oder auch andere Baisée's, jedoch ungefüllt, darauf setzen. Sollte die Bereitung dieser Speise im Sommer geschehen, wo der Sahnenschaum nicht steht, so kann die Belegung auch so wie bei der vorigen Speise gemacht werden.

206. Pudding von feinem Weizen-Gries.

Man stellt 1/2 Quart Milch, 12 Loth Butter und 8 Loth Zucker aufs Feuer und wenn es kocht, schüttet man 12 Loth Gries unter beständigem Rühren dazu und rührt es so lange, bis es von der Kasserolle los läßt, thut es hierauf in eine tiefe Schüssel und wenn es abgekühlt ist, thut man das Gelbe von 10 Eiern und von 1 Citrone die abgeriebene Schaale dazu, rührt es gut, schlägt das Weiße von den Eiern zu einem steifen Schaum und rührt diesen so lange darunter, bis kein Schaum mehr sichtbar ist. Dann thut man es in eine Puddings-Form, die vorher mit Butter ausgeschmiert worden ist, läßt es 1¼ Stunde kochen und macht dann eine Obst-Sauce dazu.

207. Pudding von Reismehl.

Stelle ½ Quart Milch, ½ Pfund Butter und 12 Loth Zucker aufs Feuer, und wenn es kocht, so schütte ½ Pfund gutes Reismehl unter beständigem Rühren dazu. Wenn es nun von der Kasserolle los läßt, dann thue es in eine tiefe Schüssel und sobald es abgekühlt ist, 4 ganze Eier und von 8 Eiern das Gelbe, eine abgeriebene Citrone, für 2 Groschen kandirte, in feine Würfel geschnittene Pomeranzenschaalen, oder statt deren ½ Loth bittere, feingestoßene Mandeln dazu und rühre dieses alles recht gut untereinander. Schlage hierauf das Weiße von den 8 Eiern zu einem steifen Schaum und rühre es darunter. Dann nimm eine starke Serviette, die vorher in kochendem Wasser gelegen hat, thue die Masse hinein, binde die Serviette, einen Finger hoch von der Masse ab, mit einem Bindfaden fest zu, lege sie in kochendes Wasser, welches vorher in einen Kessel aufs Feuer gestellt, thue etwas Salz in das Wasser und erhalte es so in immerwährendem Kochen und wenn es eingekocht ist, so gieße wieder kochendes Wasser hinzu. Der Pudding muß 1½ Stunde und nicht länger kochen; dann nimm ihn heraus, lasse ihn ein wenig abkühlen, lege in eine Tortenpfanne dünne Scheiben von Semmel und den Pudding, nachdem er behutsam aus der Serviette genommen, darauf, bestreiche ihn mit Ei, bestecke ihn oben und unten herum mit süßen Mandeln, die vorher abgebrüht und grob länglich geschnitten sind, lege den Deckel auf die Tortenpfanne, mache oben Kohlenfeuer, auch unten ein wenig und lasse den Pudding gelbbraun backen. Man kann ihn auch auf ein Backblech legen und zu dem Bäcker schicken.

Es kann dazu eine Sauce von Himbeer- oder Kirschsaft, oder eine Crême-Sauce, wie diese bei dem Flammerin von Reismehl unter Nr. 197 beschrieben ist, bereitet werden. Von der Sauce wird etwas in die Schüssel angerichtet, der Pudding daraufgelegt und die übrige besonders zu Tische gegeben.

208. Schwamm-Pudding.

Man stelle ½ Quart Milch, ½ Pfund Butter und 12 Loth Zucker in einer Kasserolle aufs Feuer und wenn es kocht, schütte man unter beständigem Rühren ½ Pfund feines Reismehl, oder feines Weizenmehl dazu, lasse es auf gelindem Feuer so lange kochen, bis es sich von der Kasserolle und Kelle löset, dann thue man es in eine tiefe Schüssel und wenn es kalt ist, 6 ganze Eier, von 10 Eiern das Gelbe und die abgeriebene Schaale von 1 Citrone dazu und rühre es ½ Stunde lang gut; dann schlage man das Weiße von den 10 Eiern zu einem steifen Schaum, thue es dazu und rühre es durcheinander, aber nicht länger, als bis der Schaum sich verloren hat. Diese Masse thue man in eine Puddings-Form, die zuvor gut mit Butter ausgeschmiert ist, stelle sie in kochendes Wasser, welches man sich vorher in einem Kessel besorgt hat, lege Bolzen auf die Form, damit sie fest stehe und lasse den Pudding so kochen, daß kein Wasser hinein zieht. In 1½ Stunden ist der Pudding gahr. Sollte das Wasser eingekocht sein, so gieße man immer wieder kochendes Wasser hinzu. — Wenn man den Pudding dann aus dem Kessel nimmt, muß er nicht gleich aus der Form genommen, sondern noch ein wenig in derselben gelassen werden, dann kehre man ihn auf die Schüssel um und gieße ein wenig Sauce hinzu, die in der Art verfertiget wird, wie bei Nr. 197 gelehrt ist.

209. Schwamm-Pudding auf andere Art.

Man nehme ½ Quart Milch, ½ Pfund Weizenmehl oder Reismehl, ½ Pfund Butter, ¼ Pfund feingeriebenen Zucker und 16 Eier. Vier ganze Eier schlägt man in einen Topf, und wenn sie gut gequirlt sind, so thut man wechselsweise Mehl und Milch dazu. Die Butter und den Zucker lege man in die Kasserolle und thue die Masse dazu, stelle es aufs Feuer und rühre es so lange, bis es von der Kasserolle abbackt; dann wird es in eine Schüssel gethan und wenn es kalt ist, wird von 12 Eiern das Gelbe und von 1 Citrone die abgeriebene Schaale hinzu gethan, und muß gut gerührt werden. Das Weiße von den Eiern wird zu einem steifen Schaum geschlagen und behutsam mit der Masse vermengt. Streiche eine Puddingsform gut mit Butter aus und thue die Masse hinein. Lasse sie 2 Stunden kochen.

210. Semmel-Pudding.

Nimm alte Semmel, schneide die Rinde ab, nimm 18 Loth davon, schneide sie in Stücken, gieße 1 Quart lauwarme Milch darauf und lasse sie, aber so, daß sie warm stehe, weichen; rühre ½ Pfund Butter zu Sahne, thue Butter nach Belieben, die abgeriebene Schaale von 1 Citrone, 6 ganze Eier und von 6 Eiern das Gelbe dazu, schlage es gut mit der Kelle, streiche die geweichte Semmel durch einen Durchschlag und thue sie lauwarm hinzu. Schlage nun das Weiße von den 6 Eiern zu einem steifen Schaum und rühre es sodann mit der Masse gut durcheinander, thue es sodann in eine mit Butter gut ausgestrichene Puddings-Form und lasse es darin 1½ Stunde so kochen, wie bei dem Schwamm-Pudding Nr. 208 gesagt ist.

211. Semmel-Pudding auf andere Art.

Nimm 8 Loth Butter, ½ Pfund geriebene Semmel, 8 Eier, ½ Quart Milch, Zucker nach Belieben und eine abgeriebene Citrone. Die Butter rühre zu Sahne, die Semmel, das Gelbe von den Eiern und die Milch rühre dazu und lasse diese Masse eben so, wie Nr. 208 und 210, in einer Form 1½ Stunde kochen. Die Sauce wird nach Belieben bereitet, wie bei dem ersten Pudding Nr. 208 angegeben worden ist.

212. Noch ein Semmel-Pudding.

Drei Viertel Pfund Butter rühre man zu Sahne, thue ¼ Pfund feingestoßenen Zucker, die abgeriebene Schaale einer Citrone und ½ Loth feingestoßenen Zimmet hinzu und rühre es gut. Alsdann quirle das Gelbe von 10 Eiern mit ½ Quart Milch und thue es mit 1½ Pfund geriebener Semmel wechselsweise zur Masse und gieße auch noch 1 Tassenkopf voll Franzbranntwein dazu. Wenn dies wiederum gehörig gerührt ist, so thue das Weiße von den 10 Eiern, das zu einem steifen Schaum geschlagen, nebst 1 Pfund große Rosinen, wovon man die kleinen zurückgelassen, ¼ Pfund kleine Rosinen, die gehörig gereinigt und ausgesucht sein müssen, zu der Masse, rühre diese recht behutsam, thue sie in eine mit Butter ausgestrichene und mit etwas geriebener Semmel ausgestreute Puddingsform und lasse sie 2—3 Stunden backen.

213. **Brod-Pudding.**

Sechszehn Loth grobes, geröstetes Brod wird recht fein gestoßen, hierzu 16 Loth geriebener Zucker, 4 Loth gestoßene, süße Mandeln, die abgeriebene Schaale einer Citrone und das Gelbe von 16 Eiern; alles dieses wird recht gut untereinander gerührt; nach dem wird von den 16 Eiern das Weiße zu Schaum geschlagen und ebenfalls dazu gerührt. Eine Puddingsform wird mit Butter ausgestrichen, die Masse hineingethan und 1 Stunde kochen gelassen. Man kann hierzu eine Wein- oder Obstsauce geben.

214. **Krebs-Pudding.**

Man nimmt dazu 1½ Mandel kleine, rohe Krebse, die aber nicht modrig sein müssen, wäscht sie, schneidet den Kopf ab und macht mit einem Messer den Magen und die Galle*) weg, was gleich vorn an sitzt; alsdann stößt man sie in einem Mörser, wobei man nur immer 3—4 nehmen kann und deshalb nur so vielen die Köpfe abschneiden muß, als man stoßen kann, sonst sterben die andern. Dann nimmt man 1 Quart gute, unaufgekochte Milch, gießt sie in eine tiefe Schüssel, stellt einen feinen

---

*) Thut man dies nicht, so wird der Pudding bitter.

Durchschlag hinein, legt das Gestoßene hinein, rührt es mit der Kelle gut durch, drückt es gut aus, stößt das Zurückgebliebene wieder, thut es wieder in den Durchschlag, drückt es abermals aus und dieses wiederholt man zum drittenmale. Mit dem Uebrigen, welches das Erstemal nicht in den Durchschlag hineingeht, verfährt man eben so. (Die Krebse müssen aber fein gestoßen werden, sonst wird es nicht roth.) Man klärt es sodann durch einen feinen Durchschlag, oder ein Haarsieb ab und läßt dabei den Bodensatz in der Schüssel zurück und gießt das Abgeklärte in eine verzinnte Kasserolle. Dann werden 6 ganze Eier, in einem Topfe gut gequirlt, dazu gegossen. Dies alles wird auf gelindes Kohlenfeuer gestellt, zuweilen umgerührt, damit es nicht anbrenne und so läßt man es langsam käsen (gerinnen) und zuletzt ein paarmal aufkochen, gießt es sodann wieder in einen feinen Durchschlag und stellt es so hin, daß die Wadig (die wäßrigen Theile) gut ablaufen kann. Ferner wird 1 Pfund gute Butter zu Sahne gerührt und wenn der Krebskäse gut abgeleckt, keine Nässe mehr darin und er auch kalt ist, alsdann thut man ihn zu der Butter, auch thut man Muskatenblüthe, von 1 Citrone die abgeriebene Schaale und Zucker nach Belieben, 12 ganze, in einem Topfe gut gequirlte Eier und 26 Loth geriebene Semmel und zwar die Eier und die Semmel nach und nach dazu und rührt alles ½ Stunde recht gut. Von 2 Mandel Mittelkrebse, die vorher gekocht und ausgepellt worden, werden nun die Schwänze, in feine Würfel geschnitten, auch das Fleisch aus den Scheeren dazu gethan, aber nicht länger damit gerührt, als bis es sich vermischt hat. Dann legt man Papier auf ein Backblech, bestreicht es mit warmer Butter, bestreut es mit geriebener Semmel und verfertigt den Pudding darauf.

Man macht ihn rund und etwas hoch, bestreicht ihn mit einem Messer, welches in heißem Wasser gewärmt worden, daß er glatt wird und kneift ihn auch ein wenig mit dem Rücken vom Messer, damit er ein buntes Ansehen bekömmt, bestreicht ihn dann mit warmer Butter und läßt ihn in einem Backofen backen.

Zur Sauce thut man Krebsbutter, die vorher verfertigt worden, in eine verzinnte Kasserolle und in Butter geschwitztes Mehl dazu, gießt gute, heiße Rindfleisch-Bouillon dazu und etwas Muskaten-Blüthe und läßt dies ein wenig kochen. Man kann auch nach Belieben Krebsschwänze und ein wenig Zucker unter die Sauce nehmen.

Beim Anrichten zieht man die Sauce mit Gelbem von Eiern ab, gießt ein wenig auf die Schüssel, legt den Pudding darauf und giebt die übrige Sauce in Saucièren zu Tische.

Man kann auch eine Sahn-Sauce in folgender Art dazu bereiten:

Man stellt süße Sahne aufs Feuer und wenn sie kocht, thut man ein wenig in Butter geschwitztes Mehl, Krebsbutter (auch Krebsschwänze, wenn man will), ein wenig Zucker und Muskaten-Blüthe oder -Nuß dazu und beim Anrichten zieht man sie mit Gelbem von Eiern ab.

215. Krebs-Rand zu verfertigen.

Der Krebs-Rand wird von derselben Masse verfertigt, wie es bei dem Krebs-Pudding gelehrt worden. Man legt Papier auf ein Backblech, bestreicht es mit warmer Butter, bestreut es mit geriebener Semmel und bereitet darauf den Rand. Zu 2 Mittelschüsseln ist diese Portion hinreichend. Man streicht den Rand mit einem warmen Messer glatt, macht ihn mit dem Rücken von dem Messer ein wenig bunt, bestreicht ihn mit warmer Butter, läßt ihn im Backofen backen und wenn die Speise auf der Schüssel angerichtet ist, dann schneidet man den Rand mit einem Messer schräge durch und legt ihn gerade so auf dem Rand der Schüssel, wie er durchgeschnitten ist, damit es aussieht, als wenn er noch ganz sei. Im Ganzen kann man ihn, ohne ihn zu zerbrechen, nicht herum legen, man muß aber dafür sorgen, daß er warm herum kömmt.

Diesen Rand kann man, wenn man will, um nachbenannte Speisen legen, wenn dieselben nemlich mit Krebsschwänzen und Krebsbutter verfertigt sind, als:

1) um Hühner- und Kalbfleisch-Fricassée,
2) um Hammel- und Rinder-Zungen,
3) um Pflückhecht und
4) um Krebsschwänze mit Sahn-Sauce.

216. Eierkäse.

Schlage 12 ganze Eier in einen Topf und quirle sie gut, thue 4 Loth feingestoßene Mandeln, die auf Zucker abgeriebene Schaale von 1 Citrone und Zucker nach Geschmack dazu, alsdann gieße 1 Quart unaufgekochte Milch dazu, thue diese Masse in eine Puddings-Form, oder in Ermangelung derselben in einen Topf, decke sie zu, stelle sie in einen Kessel, in welchem das Wasser bereits kocht und lasse sie so lange kochen, bis sie dick ist. Beim Einkochen wird immer kochendes Wasser dazu gegossen und wenn die Masse gut ist, so gieße sie in einen Durchschlag, daß der Wadig (die wäßrigen Theile) davon ablecke. Hierauf nimm eine Form, die man Eierkäseform nennt, lege in die Spitzen ein wenig kleine Rosinen, die vorher gut gewaschen worden, dann drücke den Käse hinein und stelle die Form so, daß der in der Masse etwa noch enthaltene Wadig auch noch ablecken kann.

Stelle zur Crême ½ Quart Milch mit Zucker und ganzem Zimmet aufs Feuer und wenn sie kocht, so quirle sie mit dem Gelben von 8 Eiern ab, welches zuvor mit 1 Tassenkopf voll kalter Milch gut gequirlt worden ist.

Wenn der Käse und die Crême kalt ist, so lege eine Schüssel auf die Form und kehre sie um, gieße ein wenig Crême um den Käse und gieb die andere besonders bei Tische dazu herum.

NB. Dieses ist nur zu einer kleinen Portion berechnet; will man mehr Käse und Crême haben, so müssen die Ingredienzen verdoppelt werden.

217. Eierkäse auf andere Art.

Sechszehn Eier gut gequirlt, so daß sich das Gelbe mit dem Weißen ganz vereinigt, hierzu gieße man 2 Quart Milch, reibe auf ¼ Pfund Zucker 1 Citrone ab, schlage denselben in Stücken, thue diesen nebst ½ Theelöffel Salz dazu und lasse es in einer verzinnten Kasserolle unter immerwährendem Rühren bei gelindem Kohlenfeuer käsen. Nachher gießt man diese Masse in eine mit Rosinen ausgestreute Eierkäseform oder auch in einen feinen Durchschlag und läßt es kalt werden, deckt eine Schüssel auf die Form und kehrt sie behutsam um, gießt eine Weinkaltschaale oder auch abgerührte Milch darüber.

Zu der Weinkaltschaale kann man 3 Theile weißen Wein und 1 Theil Wasser nehmen, dazu kommt etwas Zucker, worauf Citronenschaale abgerieben ist.

Die abgerührte Milch bereitet man aus 1 Quart, wozu 1 Stück Zimmet und die Schaale von 1 Citrone auf Zucker abgerieben, zusammen gekocht wird. Von zehn Eiern das Gelbe, mit ein Paar Löffel kalter Milch gut gequirlt, wird auf gelindem Kohlenfeuer dazu gerührt, bis es etwas dick wird; doch muß man dies immerwährende Rühren nicht unterlassen, damit es nicht ansetzt, alsdann in einen Topf gegossen und kalt werden lassen.

218. Mandelkäse.

Zwölf Loth süße Mandeln werden mit einem Tassenkopfe voll Milch recht fein gestoßen, 9 ganze Eier und von 9 Eiern das Gelbe in einen Topf gethan und gut gequirlt. Dann thue 3 Quart gute Milch, obige Mandeln, 1 Stange Zimmet, die Schaale von 1 Citrone auf Zucker abgerieben, 12 Loth Zucker in kleine Stücke zerschlagen und 12 Loth kleine Rosinen, die vorher gut verlesen und gereinigt sind, hinzu, und in einer Kasserolle aufs Feuer gesetzt und beständig gerührt, damit es nicht ansetze und wie mit dem Eierkäse verfahren. Auch kann man obige Weinkaltschaale oder abgerührte Milch dazu geben.

219. Speise von gefüllten Aepfeln.

Nimm sogenannte Pipons (Pipen, Pepins), so groß sie zu haben sind, schneide den Stiel unten ab, stelle sie in eine gut verzinnte Tortenpfanne, lege Kohlenfeuer oben und auch ein wenig unten und siehe darauf, daß die Aepfel in der Pfanne weich werden, jedoch nicht platzen, sondern ganz bleiben; wenn sie alle gut sind, so nimm sie heraus und lasse sie abkühlen. Sodann schneide die Blume heraus, so daß etwas von den Aepfeln darin sitzen bleibt, nimm hierauf einen Theelöffel, höhle den Apfel dergestalt aus, daß die Schaale nicht beschädigt wird und thue zu diesem Ausgehöhlten feingeriebene oder gestoßene süße Mandeln, Zucker so viel, daß es recht süß wird und abgeriebene Citronenschaalen; rühre alles gut durcheinander, lege davon mit einem Theelöffel so viel wieder in die Aepfel, als hinein kann, damit die Aepfel ihre Gestalt wieder bekommen, dann stelle die Blume wieder darauf und setze sie so auf eine Schüssel in Form einer Pyramide, die großen unten und die kleineren oben auf und gieb sie zu Tische.

NB. Man kann die Aepfel auch in der Röhre braten. Bei dem Aushöhlen der Aepfel kann, wenn es sich thun läßt, ohne die Schaale zu beschädigen, das Kernhaus herausgenommen werden; sieht man aber, daß die Schaale leidet, so muß dieses sitzen bleiben und man nimmt dann nur den Apfel rund um das Kernhaus weg.

220. Aepfel mit Kastanien.

Große Borsdorfer Aepfel werden geschält, ein Deckel abgeschnitten, alsdann so viel wie möglich ausgehöhlt, jedoch recht vorsichtig, daß die Aepfel ganz bleiben, dann werden feingehackte Aepfel, wie auch gehackte süße und bittere Mandeln, in Butter, von welcher das Salz zurückgeblieben, geschmoort. Wenn diese Masse etwas erkaltet ist, kommt Zucker, abgeriebene Citrone, feingeschnittener Citronat, kleine Rosinen und einige Eier hinzu. Mit dieser Masse werden die Aepfel gefüllt und in Butter, dicht zugedeckt, geschmoort. Die Kastanien werden, gebrüht und geschält, sodann in etwas Wasser und Wein mit Zucker weich gekocht; es darf nur wenig Sauce darauf bleiben. Die Aepfel werden auf eine Schüssel gestellt und die Kastanien darüber geschüttet.

221. Fastenspeise von braunem Sago.

Der Sago wird rein verlesen und gewaschen, mit kaltem Wasser aufs Feuer gestellt und gut gerührt, damit er nicht anbrennt; wenn er kocht, gießt man ihn in ein Haarsieb, thut kaltes Wasser darauf und spült ihn so lange damit ab, bis das Wasser klar abläuft; sodann kocht man ihn mit Franzwein und zwar möglichst steif, rührt ½ Pfund frische Butter zu Schnee; hierzu kommt ½ Pfund Zucker, von 12 Eiern das Gelbe, gestoßener Zimmet und eine abgeriebene Citrone. Alles dieses muß gut gerührt werden, und wenn der Sago kalt ist, so wird derselbe dazu gethan und die ganze Masse wieder gut gerührt und zuletzt das Weiße von 12 Eiern zu Schaum geschlagen und auch dazu gethan; sodann wird die Speise im Backofen oder in einer Tortenpfanne langsam gebacken.

222. Fastenspeise von Nudeln.

Man mache von 3 Eiern Nudeln, wie die zur Suppe, koche sie in Milch und etwas Zucker, aber nicht steif und auch nicht fließend. Nun rühre man ½ Pfund Butter zu Sahne, thue hierzu 12 Loth Zucker, 1 abgeriebene Citrone und von 14 Eiern das Gelbe; dies alles rühre gut untereinander. Nachdem man nun die Nudeln hat kalt werden lassen, thue man sie nebst ¼ Pfund bittere Makaronen zu obiger Masse hinzu, rühre es leicht unter, damit es nicht zerrieben wird und zuletzt kommt von den 14 Eiern das Weiße, zu Schaum geschlagen, hinzu. Nun wird eine Fastenspeiseform mit Butter ausgestrichen, die Masse hineingethan und dann die Form in eine Tortenpfanne gestellt, worin man die Speise langsam backen läßt.

223. Fastenspeise von Borstorfer Aepfeln.

Die Aepfel, welche etwas mürbe sein müssen, werden geschält, in 4 Theile geschnitten und das Kernhaus herausgenommen. Dann werden sie 6—8 Stunden in Zucker und Rum, fein länglich geschnittenen Citronenschaalen, gesäuberten kleinen Corinthen, Citronat und feingestoßenem Zimmet einmarinirt. Nachdem dies geschehen, ordne sie auf einer Schüssel (diese kann von Porzellan oder Zinn sein) gleich einer Pyramide, so daß die Ingredienzen in die Mitte derselben kommen. Darauf bestreue dies gut mit gehackten, süßen Makaronen und kleingehacktem Bisquit. Dann stelle die Schüssel mit der Masse in eine Tortenpfanne und lasse es langsam backen, bis die Aepfel mürbe sind und die Speise braun ist. Die Speise kann man kalt oder warm zur Tafel geben.

224. Nudeln zur Suppe.

Man nehme 3—4 Eier, feines Weizenmehl und mache einen steifen Teig daraus, rolle ihn ganz dünn auf ein Backbrett auf, schneide sodann 2 Finger breite Streifen, lege 3—4 derselben auf einander, streue jedoch zwischen jeden derselben Mehl, damit sie nicht zusammenkleben, schneide sie nun so fein wie möglich, lege sie sogleich auseinander, damit sie auch hier nicht zusammenkleben, lasse sie ein wenig trocknen und thue sie in die Suppe.

225. Schaum-Eierkuchen.

Von 8 Eiern wird das Gelbe in einem Topfe gut gequirlt, 8 Loth feines Weizenmehl, ¼ Quart Milch wechselsweise dazu gethan, das Weiße von den Eiern wird zu Schaum geschlagen und kommt ebenfalls mit etwas Salz dazu, doch muß man mit dem Schaum behutsam umgehen, damit er nicht gerührt wird; diese Masse wird in einem Eierkuchen-Tiegel langsam gebacken.

226. Französischer Eierkuchen.

Acht ganze Eier, 1 Tassenkopf voll Milch mit ein wenig Salz in einem Topfe gut gequirlt und abgeklärter Butter in einem Eierkuchen-Tiegel nur auf einer Seite gebacken; man kann auch etwas Schnittlauch dazu nehmen. Ist er auf einer Seite gebacken, so schlägt man ihn um.

227. Schinken-Flecke mit saurer Sauce.

Man mache Nudeln von 3 Eiern und feinem Weizenmehl, rolle sie auf einem Backbrett zu Fleckchen wie ein Fingerglied lang, rändele sie ab, und koche sie in recht kräftiger Bouillon, sodann hacke man 1 Pfund abgekochten magern Schinken, thue Pfeffer, Muskaten-Nuß, 1/4 Pfund geriebenen Parmesankäse, 1/4 Pfund Butter, 1/2 Quart saure Sahne dazu und lasse die ganze Masse mit einem Rande 1/2 Stunde backen und bestreue dieselbe mit geriebenem Parmesankäse.

Achte Abtheilung.

Verschiedene Braten.

Vom Braten überhaupt.

Um einen guten Braten zu machen, erfordert es besonders darin Uebung, ihn gehörig zu salzen und den Grad des Feuers nach der Größe des Bratens einzurichten. — Dieses muß ein Jeder selbst überlegen können und ausprobiren. Eine Regel muß ich aber doch anführen: daß man nemlich keinen Braten mit lauter Fett begießen muß. Will man ihn mit Butter braten, so muß gleich Wasser zu der Butter gegossen und hat es sich beim Braten eingezehrt, dann wieder ein wenig Wasser zugegossen und so damit fortgefahren werden, bis er gahr ist. Auf diese Art wird der Braten saftig, man bekömmt hinreichend Jus zum Begießen und zum Essen; denn lauter Fett schmeckt nicht gut zum Braten. Hat man einen Braten, der statt mit Butter, mit seinem eigenen Fett begossen werden muß, z. B. Gänsebraten, so verfährt man in derselben Art.

228. Puten-Braten.

Wenn ein Puthahn von Federn gereinigt, ausgenommen und ausgewässert ist, lege man auf einen Schemel ein doppeltes Handtuch und den Puthahn mit der Brust darauf, stecke ein Hackmesser oben in die Mitte der Brust, fasse mit der linken Hand den Rücken von dem Puthahn, hebe diesen in die Höhe, stoße ihn nieder, spalte so den Brustknochen und drücke ihn mit der Hand inwendig hinein, schiebe die Keulen in die Höhe, stecke einen Speil durch und binde die Keulen am Rücken mit Bindfaden fest. Alsdann gieße man über denselben kochendes Wasser, damit er sich gut spicken lasse, er darf aber vorher nicht mit heißem Wasser gewaschen werden, weil man ihm sonst diese Form nicht geben kann.

Zur Füllung nehme man das Herz, die Leber und den Magen (von dem Magen schneide man das Harte als unbrauchbar weg), schneide und hacke es zusammen ganz fein, thue dazu ganze Eier, geschmolzene Butter, feingehackte Schalotten, Citronenschaalen, ein wenig Pfeffer und geriebene Semmel, rühre alles wohl untereinander und fülle den Kropf des Puthahns damit. Demnächst näht man den Kropf zu und wenn der Puthahn am Spieß ist, bestreicht man ein Papier mit kalter Butter, legt dasselbe über den Kropf, bindet es mit Bindfaden fest und läßt den Puthahn braten.

NB. Mit Kapphähnen (Kapauhen) verfährt man eben so; diesen spaltet man aber den Brustknochen mit einem Küchenmesser.

229. Fasanen-Braten.

Wenn die Fasanen gepflückt werden, müssen sie die Federn auf dem Kopfe behalten, im übrigen muß man sie behutsam und sauber pflücken, damit sie nicht einreißen; die Haare werden abgesengt. Hierauf werden sie mit lauwarmem Wasser gewaschen, alsdann ausgenommen, ½ Stunde in kaltem Wasser gewässert, die Keulen in die Höhe geschoben und mit einem Speil durchstochen. (Die Füße läßt man daran.) Dann werden sie mit feingeschnittenem Speck sauber gespickt und wenn man sie an einen Spieß steckt, bewickelt man den rauhen Kopf mit Papier, damit er bei dem Braten nicht Schaden leidet. Wenn sie nun schön gebraten sind, daß sie zu Tische geschickt werden sollen, so nimmt man das Papier von den

Köpfen und auch den Bindfaden, womit die Füße zusammengebunden sind, ab und wickelt ein feines ausgeschnittenes Papier (in der Art, wie man es gewöhnlich als Manschetten um Lichte wickelt) um den Hals, so daß die rauhen Köpfe hervorscheinen. Die langen, vorher ausgezogenen Federn, welche in dem Schwanze gesessen haben, steckt man ein wenig in den Leib hinein, so daß der Fasan natürlich aussieht und den Leib putzt man mit dünnen Scheiben von ausgeschnittenen Citronen aus.

NB. Mit Rebhühnern verfährt man in derselben Art. Haselhühnern, Birkhühnern und Auerhähnen, wenn man sie gepflückt hat, zieht man die Haut ab, wie einem Hasen und wenn sie ausgenommen und gut gewässert sind, dann schiebt man die Keulen in die Höhe, steckt einen Speil durch, bindet die Keulen am Rücken fest und spickt die Brüste gut mit Speck, bewickelt die Köpfe mit Papier und so läßt man sie braten.

230. Waldschnepfen zu braten.

Wenn die Schnepfen von Federn gut gereinigt sind (der Kopf wird abgezogen), dann senge und wasche sie ein wenig in lauwarmem Wasser (sie müssen nicht ausgenommen, auch nicht gewässert werden), dann stich die Augen aus, beuge den Schnabel nach den Keulen, stecke ihn durch die Keulen, an welchen die Füße auch bleiben und so brate sie am Spieße; auch lege Semmelscheiben, die ein wenig geröstet sind, in die Bratpfanne.

Gespickt müssen die Schnepfen nicht werden; doch kann man, wenn man will, dünne Scheiben Speck schneiden und diese den Schnepfen auf die Brust legen, Papier mit kalter Butter beschmieren und mit feinem Bindfaden darüber binden.

NB. Mit Pfuhlschnepfen verfährt man in derselben Art.

231. Grammetsvögel zu braten.

Man pflückt sie sauber, die Köpfe zieht man ab, sengt sie und wäscht sie mit lauwarmem Wasser (sie müssen aber ja nicht lange darin liegen und deshalb muß man, wenn man viele hat, nur immer einige in das Wasser legen), schneidet die Füße etwas über die Hälfte ab, legt den Kopf nach den Keulen, steckt die Füße mit dem Gelenke durch die Löcher, wo die Augen gesessen haben und steckt sie an kleine eiserne Vogelspieße. Hat man dergleichen Spieße nicht von Eisen, dann muß man sich welche von Holz machen, die Vögel quer darauf stecken und mit Bindfaden an einen Bratspieß binden. Hat man viele Vögel, so kann man sie auch doppelt anbinden und so mit Butter schön braten lassen. Semmelscheiben, die ein wenig geröstet werden, legt man in die Bratpfanne und wenn die Vögel gahr sind, bestreue man sie mit geriebener Semmel, unter welche gestoßene Wachholderbeeren gethan sind.

Mit Lerchen verfährt man in derselben Art; man kann sie in einem Tiegel, auch in einer verzinnten Kasserolle braten lassen, jedoch muß man fleißig darnach sehen und zuletzt immer ein wenig kaltes Wasser hinzugießen, damit sie Jus behalten. In bloßer Butter werden sie hart.

232. Hammelrücken wie Wildbraten zu verfertigen.

Man nimmt einen Rücken von einem jungen Hammel (muß aber von den Keulen nicht viel abnehmen, sonst hat man zu wenig, weil der Rücken nicht viel Fleisch enthält), läßt ihn 2 Tage und wenn es die Jahreszeit erlaubt, 4 Tage hängen, dann nimmt man die Häute und alles Fett ab, legt ihn in eine Mulde, gießt halb Weißbier und halb Bieressig darauf, thut etwas Wachholderbeeren und gequetschtes Englisch Gewürz, auch ein wenig Lorbeerblätter dazu, deckt ihn mit einem Brett zu und läßt ihn 2 Tage stehen; spickt alsdann den Rücken mit Speck gleich einem Wildbraten, steckt ihn an den Spieß und bratet ihn mit Butter.

233. Kälberbraten.

Von dem Kälberbraten ziehe die Haut ab, spicke ihn mit Speck und brate ihn mit Butter. Will man ihn säuerlich haben, dann lege man ihn 2 Tage in guten Bieressig, wasche ihn ab, nehme die Haut ab, spicke und brate ihn und begieße ihn fleißig; welches übrigens bei allen Braten beobachtet werden muß. Man kann auch unter die Butter starkes Weißbier nehmen, welches eine gute Gallerte giebt.

234. Rinder-Mürbbraten.

Man nimmt von einem jungen Ochsen die Mürbbraten, läßt sie 3 Tage und wenn es die Jahreszeit erlaubt noch länger hangen, dann wäscht man sie ab, spickt sie mittelst einer Spicknadel wie andere Braten, jedoch mit etwas grob geschnittenem Speck, den man etwas tief hineinstecken muß, damit sie Saft davon bekommen und so steckt man sie an den Spieß, begießt sie fleißig mit Butter wie einen andern Braten, und läßt sie braten. Man kann sie an kleine Spieße stecken und an einen großen Bratspieß anbinden. Will man sie säuerlich haben, so legt man sie 2 Tage in halb Bieressig und halb Weißbier.

235. Frischen, zahmen Schweinschinken zu braten.

Von dem Schinken zieht man die Haut ab, besteckt ihn mit ganzen Gewürznäglein und in Stücken zerbrochenem Zimmet, bratet ihn am Spieße oder in einem Backofen und begießt ihn fleißig.

236. Junge Hühner zu braten.

Wenn die Hühner gut von Federn und Spulen gereinigt und ausgewässert sind, dann nimmt man ein Messer, steckt es inwendig in den Leib hinein und drückt den Brustknochen damit ein, doch so, daß er darin bleibe und nicht herausgebrochen werde, damit das Fleisch nicht beschädigt werden und die Brust zusammenfallen möge. Dann drückt man die Keulen erst nieder, schiebt sie darauf in die Höhe, steckt einen Speil durch, bindet die

Keulen an den Rücken mit feinem Bindfaden fest, spickt die Hühner mit feingeschnittenem Speck sauber und begießt sie beim Braten fleißig mit Butter.

237. Wildbraten.

Von Reh-, Schmalthier- und Hirschbraten, wie auch vom Hasen muß man die Häute behutsam abnehmen, damit man nicht das Fleisch beschädige und auch von demselben nichts an der Haut sitzen bleibe und dann spickt man sie sauber mit Speck, welcher verhältnißmäßig zu dem Braten geschnitten werden muß. Zu Hasen und zum Reh muß man es fein schneiden, zu einem Schmalthier und Hirsche noch einmal so groß; auch muß man den Speck tief mit der Nadel hineinstecken, damit die Braten Saft davon bekommen. Wenn der wilde Schweinsbraten nicht fett genug ist, dann nimmt man ihm die Haut ab und spickt ihn ebenfalls; ist er aber fett genug, dann nimmt man ihm kein Fett ab, denn er bratet sich viel schöner mit seinem eigenen Fette.

Allgemeine Bemerkung.

Man muß alle Braten, wenn man sie zu Tische schicken will, mit ausgeschnittenen Citronen verzieren; hat man einen Citronenreißer, so reißt man sie damit aus, sonst werden dünne Scheiben davon geschnitten und die Braten damit garnirt.

Neunte Abtheilung.

Von Gelées, Gefrornem, Blancmangers und Compots.

---

238. Wein-Gelée.

Schütte 1½ Pfund gutes, frisches, geraspeltes Hirschhorn in einen reinen Kochtopf, der nicht neu zu sein braucht, in welchem jedoch noch nicht viel Fleisch gekocht worden ist, gieße 3 Quart Wasser darauf, stelle es ans Feuer und lasse es 4—5 Stunden langsam kochen und sieden. Wenn es zur Hälfte eingekocht ist, dann nimm einen Löffel voll davon heraus, stelle es an einen kühlen Ort und siehe nach einer halben Stunde zu, ob es recht steif ist. Ist dies nicht der Fall, so muß es noch kochen; wenn es aber gut ist, so stelle es vom Feuer ab, damit es sich setze. Binde sodann eine grobe Serviette, die vorher in kochendem Wasser gelegen hat, mit einem Bindfaden fest über die Füße eines umgekehrten Schemels, gieße das Klare von dem Hirschhorn in eine verzinnte Kasserolle ab, das Dicke von dem Hirschhorn ringe durch ein vorher mit kochendem Wasser gut ausgebrühtes Tuch, aber nicht mit einmal, sondern mit 4 Malen, damit das Hirschhorn ganz trocken ausgerungen werde. Dann thue 2½ Quart guten Franzwein oder Rheinwein, von 6 guten Citronen den Saft, aber ohne Kerne, von 2 Citronen die dünnen Schaalen, 1 Loth feinen Zimmet, ½ Loth

Nelken und Zucker nach Geschmack und von 8 Eiern das Weiße, welches mit einer Kelle in einer Schüssel gut durchgeschlagen ist, zu dem Durchgerungenen und stelle es alsdann auf das Feuer. Wenn es unter beständigem Rühren einmal auf- und in die Höhe gekocht ist, so gieße es durch die Serviette in ein untergesetztes Gefäß. Das erste, was durchläuft, ist nicht klar, dieses gieße wieder in die Serviette und lasse es abermals durchlaufen; ist es noch nicht klar, so gieße es wieder hinein und fahre damit so lange fort, bis es klar durchläuft und wenn es gut ist, dann decke ein Tuch darüber, damit es nicht abrauche und lasse es ganz durchlaufen. Im Winter muß man es an einen warmen Ofen stellen. Ist noch viel in der Serviette und fängt es an trübe durchzulaufen, so muß man es wieder in die Kasserolle gießen, aufkochen lassen und nochmals in die Serviette gießen und wenn alles durchgelaufen ist, dann gieße man es in kleine, tiefe Schüsseln, oder in die sogenannte Muschelform, welche jedoch gut verzinnt sein muß.

Man kann auch etwas von dieser Gelée nehmen (einen Suppenteller voll), ein wenig frischen, oder auch eingekochten Kirschsaft dazu gießen und sie damit färben; es muß aber nicht zu viel Saft dazu kommen, weil sie sonst trübe wird. Eben so kann man rothen Flor nehmen, den man in der Apotheke erhält und die Gelée heiß durchlaufen lassen, um ihr eine rothe Farbe zu geben.

Stelle die Gelée nun an einen kühlen Ort und wenn sie zu Tische kommen soll, so garnire sie mit dem Rothen um die Schüssel herum; ist sie in einer Form, dann halte diese ein wenig in lauwarmes Wasser, so löset sich die Gelée gleich, lege eine Schüssel auf die Form, kehre sie darauf um und garnire die Schüssel mit dem rothen Gelée.

239. Speck-Gelée.

Man kann von der vorstehenden Wein-Gelée auch Speck-Gelee machen und färbt zu diesem Ende die Hälfte roth, wie vorher gelehrt ist und die andere Hälfte weiß. Um die weiße Gelée zu bereiten, nimmt man ¾ Pfund feingeriebene oder gestoßene Mandeln, legt sie in etwas von der Gelée, zerrührt sie darin, nimmt alsdann ein reines Haarsieb, wie man es zum Sieben des Zuckers gebraucht, schüttet die Mandeln hinein, streicht sie mit der Kelle durch, so daß der Saft von den Mandeln zu der übrigen Gelée kömmt und wenn die Mandeln in dem Siebe trocken sind, dann gießt man mit einem Tassenkopf wieder etwas von dem Durchgestrichenen zu und streicht dieses abermals durch, damit so wenig wie möglich von den Mandeln in dem Siebe bleibe. Dann nimmt man eine gut verzinnte Form und gießt zuerst, wie 2 Finger hoch, von der rothen Gelée hinein, stellt sie an einen kalten Ort, daß sie bald steif wird und wenn sie steif ist, so gießt man von der weißen Gelée darauf und so fährt man fort, bis die Masse alle ist, doch muß man von der ersten, klaren (ungefärbten) Gelée etwas übrig lassen. Im Sommer stellt man die Form in den Keller und im Winter an einen kalten Ort, an welchem es aber auch nicht frieren muß. Die Geschirre, in welchen beide Sorten Gelée befindlich sind, stellt man so, daß die Gelée kalt, aber nicht steif wird, denn kalt und steif ist zweierlei. Warm darf die Gelée nicht sein, sonst schmilzt die eine Sorte, wenn man sie mit der andern begießt, welches letztere behutsam mit einem Tassenkopfe geschehen muß. Wenn die Gelée zu Tische kommen soll, so hält man die Form ein wenig in lauwarmes Wasser, damit sich die Masse löse, legt eine Schüssel darauf und kehrt die Form um. Mit der zurückgebliebenen weißen Gelée garnirt man die Gelée und die Form rund um die Schüssel herum.

240. Stachelbeer-Gelée.

Es werden noch nicht ganz reife Stachelbeeren sauber abgeputzt, in einem gut verdeckten Schmoortopfe gut gekocht, bis sie ganz zergangen, dann etwas abgekühlt und durch eine Serviette gegossen. Auf 1 Pfund Saft wird ein Pfund Zucker genommen und beides gut zu Gelée gekocht, nachdem man zuvor sowohl den Saft, als auch die Schaale von einer Citrone dazu gethan.

241. Aepfel-Gelée.

Die noch nicht völlig reifen Aepfel werden geschält, in Stücke geschnitten und in einem Schmoortopfe mit Wasser so lange gekocht, bis sie zergangen, sodann wird dieser Saft durch eine Serviette gegossen. Auf 1 Pfund von diesem Saft wird 1 Pfund Zucker, nebst dem Saft und der Schaale von 2 Citronen und etwas Zimmet genommen und diese Masse zu Gelée eingekocht.

242. Sahn-Crême mit Vanille.

Nimm 1 Quart Sahne, 8 Loth Zucker, auf welchem von 1 Citrone die Schaale abgerieben ist und Vanille nach Belieben, nachdem man die Schaale derselben gespalten und den Saamen mit einem Messer als unbrauchbar herausgeschabt hat; thue die Schaale zu der Sahne und stelle es in einer verzinnten Kasserolle aufs Feuer. Quirle von 16 Eiern das Gelbe recht gut mit etwas kalter Sahne, die von dem 1 Quart zurückbehalten worden und wenn die obige Masse kocht, so gieße sie zu den Eiern und quirle es gut. Dann gieße es wieder in die Kasserolle, stelle es auf gelindes Kohlenfeuer und rühre es beständig mit der Kelle, bis es dick ist; gieße es nun in einen Topf und quirle es zuweilen, damit sich keine Haut darauf setze und wenn die Crême zu Tische kommen soll, so richte sie auf die Schüssel an, belege sie mit Spanischem Wind oder Vanille-Baisées.

243. Milch-Crême.

Stelle 1 Quart gute Milch in einer verzinnten Kasserolle aufs Feuer, schlage das Weiße von 16 Eiern zu einem steifen Schaum, lege, wenn die Milch kocht, mit einem Schaumlöffel große Stücken des Schaums darauf und wenn sie einmal damit aufgekocht ist, dann kehre den Schaum um, damit er auf der andern Seite auch gahr werde; dann nimm den Schaum heraus, lege ihn in eine Schüssel, gieße die Milch durch ein Sieb oder einen feinen Durchschlag, gieße aber, da sie eingekocht ist, so viel Milch zu, daß es wieder 1 Quart wird, thue 8 Loth Zucker, auf welchem vorher 1 Citrone abgerieben worden, dazu, und stelle es wieder zum Feuer. Wenn es kocht, so ziehe es mit dem Gelben von 16 Eiern ab, die vorher mit etwas kalter Milch und ½ Löffel voll Kraftmehl gut gequirlt worden sind, stelle es auf gelindes Kohlenfeuer, rühre es beständig und wenn es dick wird, dann gieße es in einen Topf, quirle es mitunter, daß sich keine Haut setze und wenn es abgekühlt ist, so gieße Orangenwasser oder Marasquin dazu. Wenn die Crême zu Tische kommen soll, dann lege den Schaum in die Schüssel und richte die Crême darüber an.

244. Wein-Crême.

Man nehme von 20 Eiern das Gelbe, thue 1 Löffel voll Kraftmehl hinein, quirle es gut, gieße 1 Quart guten Franzwein und träufle von 2 Citronen den Saft dazu, nachdem vorher die Schaalen der Citronen auf Zucker abgerieben sind, stoße diesen Zucker und thue davon so viel zu dieser Masse, daß sie süß wird, auch thue ganzen Zimmet hinzu. Dann gieße man die Masse in eine verzinnte Kasserolle, stelle sie auf Kohlenfeuer und rühre sie so lange, bis sie dick ist; gieße sie hierauf in einen Topf und quirle sie zuweilen, damit sie keine Haut setze.

Wenn man die Crême zu Tische geben will, so richte man selbige auf Schüsseln oder Assietten an, und setze gebackene, frische Zuckerplätzchen darauf.

Auch kann folgender Schaum dazu genommen werden: Man schlage von 16 Eiern das Weiße zu einem steifen Schaum, setze vorher eine Kasserolle mit Wasser aufs Feuer und wenn es kocht, stelle man sie vom Feuer zurück, lege den Schaum sogleich darauf, decke die Kasserolle dicht zu und nach einer Weile kehre man den Schaum um. Nach einer Viertelstunde nehme man ihn mit einem Schaumlöffel heraus, lege ihn in einen reinen irdenen Durchschlag, damit das Wasser ablecke und wenn die Crême angerichtet werden soll, lege man den Schaum in die Schüssel und gieße die Crême darüber.

245. Crème à la Fantôme.

Es wird 1 Quart süße Sahne mit Zucker und etwas Vanille aufgekocht; nachdem dasselbe erkaltet, rührt man von 10—12 Eiern das Gelbe dazu, und gießt es durch ein Haarsieb in eine Mehlspeiseform. Diese setzt man in eine Kasserolle mit kochendem Wasser, nachdem man vorher ein hölzernes Kreuz darein gelegt, deckt einen eisernen Deckel auf die Form, thut sowohl unter den Kessel, als auf den eisernen Deckel glühende Kohlen und läßt die Masse so lange kochen, bis sie sich zu Crème zusammenzieht. Dieses gewahrt man, wenn mit einem Theelöffel versucht wird und diese nicht mehr flüssig ist; jedoch muß man sie nicht zu lange stehen lassen, weil sie sonst leicht Wasser zieht. Sodann nehme man die Form aus dem Wasser, lasse die Crème erkalten, und garnire sie mit geschlagener Sahne, Vanille-Basées, Chocoladenplätzchen u. dgl. m.

246. Eis von Haselnüssen.

Man mache die Haselnüsse aus ihren Schaalen und von den Kernen die Haut trocken ab, stoße sie mit gekochter Sahne so fein wie Mandeln, streiche sie durch eine Serviette, nehme 1 Quart abgekochte Sahne, thue ½ Pfund geklärten Zucker dazu und rühre dieses mit dem Gelben von 8 Eiern, bis es kalt ist, thue diese Masse in die Gefrierbüchse und bearbeite sie langsam.

247. Eis von Ananas.

Die Ananas wird fein geschält, auf einem Reibeisen abgerieben und mit Wein und Zucker marinirt. Die Schaale wird mit Wasser und etwas Zimmet gekocht; sodann streiche man die geriebene Ananas durch ein feines Haarsieb, setze 1 Pfund abgeklärten Zucker dazu, rühre alles dieses mit dem Abgekochten von der Schaale gut durcheinander, und thue es in die Gefrierbüchse zur weitern Bearbeitung.

248. Gefrornes mit Vanille.

Nimm $1\frac{1}{2}$ Quart gute, süße Sahne und eine gute Schote Vanille, spalte diese, schabe mit einem Messer den unbrauchbaren Saamen heraus, gieße die Sahne in eine verzinnte Kasserolle, thue die Vanille und $\frac{1}{4}$ Pfund feinen Zucker, auf welchem vorher die Schaale von einer Citrone abgerieben worden, dazu, und stelle es aufs Feuer. Thue von 24 Eiern das Gelbe in einen Topf, quirle es gut, gieße etwas kalte Sahne, die von der angegebenen zurückbehalten worden, dazu, und wenn die Sahne kocht, so gieße sie zu den Eiern, quirle es wieder gut, gieße es wieder in die Kasserolle, stelle es auf gelindes Kohlenfeuer und rühre es beständig und so lange, bis es dick wird, dann gieße es wieder in den Topf und stelle es an einen Ort, wo es recht kalt wird, quirle es auch dann zuweilen, damit sich keine Haut setze und nimm endlich eine Gefrierbüchse und gieße es hinein.

Schlage nun Eis mit einem Beile in kleine Stücken, streue Salz in einen Eimer, stelle die Büchse darauf, lege etwas Eis umher, streue wieder Salz darauf und thue dieses abwechselnd, bis es beinahe die Höhe der Büchse erreicht, aber nicht über diese steht. (Es gehören 3 Pfund Salz dazu.) Die Büchse muß von Jemandem, der dabei steht, immer, und zwar im Anfang etwas stark gedreht und immer wieder Eis dabei gelegt werden, damit sie jederzeit davon umgeben ist und nach einer kleinen halben Stunde muß man nach der Masse in der Büchse sehen und wenn sie sich angesetzt hat, rund um und auch am Boden mit einer hölzernen Kelle oder einem Holzstecher alles los stechen, und wenn dies geschehen ist, die Büchse wieder zumachen. Es muß aber ja nichts von dem Salzwasser in die Büchse kommen; was aber an der Kelle von der Masse bleibt, muß man mit einem blechernen Löffel wieder in die Büchse thun. Diese wird dann wieder gedreht und wieder umgestochen und so fährt man fort, bis alles in der Büchse steif und ganz eben wie Butter ist. Wird es früher fertig, als es genossen werden soll, so muß man es in der Art zu erhalten suchen, wie vorher gesagt worden ist; sollte es aber in dem Eise zu hart werden, so muß man es herausnehmen und umstechen, damit es so bleibt. Wenn es angerichtet werden soll, muß es steif, doch so beschaffen sein, daß es mit der Kelle angerichtet werden kann, es muß klar und es dürfen keine Stücken darin sein.

249. Gefrornes mit Marasquin.

Thue zu 1 Quart süßer Sahne ½ Pfund Zucker, stelle sie in einer verzinnten Kasserolle aufs Feuer, schlage von 16 Eiern das Weiße zu einem feinen Schaum und wenn die Sahne kocht, so nimm sie vom Feuer, thue den Eierschaum dazu, rühre es gut durcheinander, stelle es wieder ein wenig auf Kohlenfeuer, daß der Schaum gahr wird und rühre es beständig. Wenn es gut ist, so streiche es durch ein reines Haarsieb, lasse es kalt werden und thue dann Marasquin nach Belieben dazu. Demnächst wird es in eine Gefrierbüchse gethan und so damit verfahren, wie bei Nr. 248 gesagt ist.

250. Gefrornes von Chocolade.

Zu 1 Quart süßer Sahne thue ½ Pfund Zucker, stelle es in einer verzinnten Kasserolle aufs Feuer und wenn sie kocht, so schütte 8 Loth geriebene Chocolade und ¼ Loth feingestoßenen Zimmet dazu und lasse es einmal aufkochen; dann ziehe es mit dem Gelben von 8 Eiern ab, welches vorher mit etwas kalter Sahne gut gequirlt ist, gieße es wieder in die Kasserolle, stelle es auf gelindes Kohlenfeuer, rühre es beständig, und wenn es dick ist, so gieße es in einen Topf und lasse es kalt werden. Thue es alsdann in eine Gefrierbüchse und lasse es gefrieren.

251. Gefrornes von Apfelsinen.

Nimm 12 Apfelsinen, die gute Schaalen haben, 2½ Pfund feinen Zucker, reibe von 6 Apfelsinen die Schaalen auf dem Zucker ab, schabe das Abgeriebene mit einem Messer in eine Porzellan-Terrine und thue von den 12 Apfelsinen den Saft dazu, welches Alles durch einen feinen

Durchschlag gedrückt werden muß, damit weder Faseriges noch Kerne darunter kommen. Auf den Zucker gieße 2 Quart kaltes Wasser, stelle es aufs Feuer und lasse es so einkochen, daß noch im Ganzen 1½ Quart in der Kasserolle bleiben; dann stelle es vom Feuer zurück und lasse es in der Kasserolle abkühlen, welche zu dem Ende aber gut verzinnt sein muß. Dann gieße es zu der in der Terrine befindlichen Masse, thue ½ Quart guten Rheinwein auch dazu und wenn es kalt ist, so gieße es in eine Gefrierbüchse.

Diese Speise gefriert aber nicht so leicht, wie die vorigen Massen und muß gut gedreht werden; auch müssen zu dem Eise gleich 3 Pfund Salz genommen werden und wenn es eine halbe Stunde lang darin gestanden hat, muß man es umstechen. Entsteht zu viel Wasser in dem Eimer, so muß man es in der Zwischenzeit abgießen. Um dieses zu bewirken, zieht man die Büchse ein wenig in die Höhe, gießt das Wasser ab und schaukelt ein wenig mit der Büchse, damit sie wieder auf den Boden des Eimers zu stehen kommt; man muß aber sehr behutsam damit zu Werke gehen, damit ja kein Wasser in die Büchse kommt, und dann wieder Salz und so viel Eis dazu werfen, wie nöthig ist; auch muß man die Masse fleißig mit einem Holzstecher, der unten breit ist, umstechen, damit sie von den Seiten nach der Mitte kommt. Diese Speise friert nicht so steif, wie die vorigen Massen, sie muß aber doch so steif wie steifes Gänseschmalz sein, und das Geschirr, auf welchem angerichtet wird, muß auf Eis gestellt werden, damit es recht kalt ist. Wird in Gläsern angerichtet, so müssen diese im Winter nicht in der Stube stehen.

252. Gefrornes von Himbeer-Syrup. *)

Gieße 1¼ Quart Wasser auf 1½ Pfund Zucker, stelle es in einer verzinnten Kasserolle aufs Feuer und lasse es so lange kochen, bis das Ganze noch 1 Quart in der Kasserolle ist, dann stelle es vom Feuer zurück, drücke

---

*) Man bekommt ihn in der Apotheke.

von 4 Citronen den Saft durch einen feinen Durchschlag (damit weder Fasern noch Kerne dazu kommen) in eine Porzellan-Terrine, thue ½ Quart Rheinwein und 1 Pfund Himbeer-Syrup dazu, gieße hierauf den Zucker hinzu und thue dieses dann in eine Gefrierbüchse und verfahre damit, so wie bei dem Gefrornen von Apfelsinen gesagt ist. Dieses friert ebenfalls schwer und wird auch nicht steifer.

NB. Wenn man keinen Himbeer-Syrup haben kann, dann nimm ½ Quart frischen, oder eingekochten Himbeersaft, gieße auf 2 Pfund *) feinen Zucker 1½ Quart Wasser und lasse es einkochen, so daß es noch 1¼ Quart bleibt, dann gieße es zu dem Himmbeersaft, thue von 2 Citronen den Saft und ¼ Quart Rheinwein dazu und verfahre so damit, wie vorstehend gesagt ist.

253. Gefrornes von frischen, sauren Kirschen.

Man nimmt gute, saure Kirschen, pflückt sie von den Stängeln, stößt sie in einem Mörser recht klein und ringt sie durch ein Tuch. Auf 1 Pfund von diesem Saft nimmt man 2 Pfund Zucker und ¼ Loth feinen Zimmet, gießt auf den Zucker 1½ Quart Wasser, setzt es in einer verzinnten Kasserolle aufs Feuer und läßt es so lange kochen, bis von dem Ganzen noch 1¼ Quart vorhanden sind; dann gießt man es durch einen Durchschlag in eine Terrine, thut den ungekochten Kirschsaft hinzu und läßt es in einer Büchse gefrieren. Es kann auch eingekochter Saft dazu genommen werden, man muß aber die Menge des Zuckers alsdann nach der Süßigkeit des Saftes berechnen.

254. Gefrornes von Citronen.

Man nimmt 8 gute Citronen und 2½ Pfund Zucker; von 6 Citronen reibe man die gelben Schaalen auf Zucker ab, drückt von den sämmtlichen 8 Citronen den

*) Wenn der Himbeersaft gut mit Zucker eingekocht ist, dann kann man weniger Zucker dazu nehmen.

Saft in eine Terrine und thut den Zucker, auf welchem die Citronen abgerieben, dazu. Dann gießt man auf die 2⅓ Pfund Zucker 2 Quart Wasser, stellt dieses in einer verzinnten Kasserolle aufs Feuer und läßt es so lange kochen, bis nur noch 1½ Quart davon in der Kasserolle vorhanden ist, stellt es dann vom Feuer zurück und wenn es abgekühlt ist, dann gießt man es nebst ½ Quart Rheinwein zu der Masse in der Terrine und wenn es ganz kalt ist, thut man es in eine Gefrierbüchse und läßt es in der Art gefrieren, wie bei dem Vorhergehenden gesagt ist. Sind aber die Citronen klein, dann muß man 10 statt 8 nehmen.

255. Blanc-manger von Sahne und Hausenblase.

Nimm 3 Loth gute, weiße Hausenblase, klopfe sie mit einem eisernen Hammer auf einem reinen Klotz, so daß sie sich ganz auseinander blättert und so dünn wie Papier wird, dann schneide sie und lege sie in einen reinen Topf, gieße 3 Tassenköpfe voll kalten Wassers darauf und lasse sie eine Nacht damit weichen. (Man kann auch in der Apotheke geschlagene Hausenblase bekommen, diese ist aber nur selten gut.) Am Morgen stelle den Topf an Kohlenfeuer und lasse die Hausenblase dabei ganz verweichen, stelle eine kleine Kelle, oder wenn diese nicht vorhanden ist, einen guten blechernen Löffel in den Topf und rühre sie damit öfter um, damit sie nicht anbrenne. (Der Löffel muß darin stehen bleiben, denn wenn man ihn oft herausnimmt, geht immer etwas von der Hausenblase verloren.) Hierauf nimm 1½ Quart gute, süße Sahne, gieße sie in eine tiefe, irdene Schüssel, schlage sie mit einem Schaumbesen von abgeschälten Ruthen ¼ Stunde gut und lasse sie eine Weile stehen, daß sich der Schaum setze; dann nimm den Schaum mit einem Schaumlöffel ab, thue ihn in ein reines Haarsieb (oder einen feinen, blechernen Durchschlag) und stelle es auf die Schüssel, damit das Flüssige ablecke, schlage dies wieder und so fahre so lange fort, wie man Schaum bekommen kann. Was aus dem Siebe oder Durchschlage herausgeleckt ist, gieße in der Zwischenzeit wieder dazu und wenn man keinen Schaum mehr davon bekömmt, dann thue man es in eine tiefe Schüssel, geriebenen Zucker und Marasquin nach Geschmack hinzu, sodann die Hausenblase (diese muß aber nur lauwarm dazu kommen und durch ein Sieb gegossen werden), rühre es schnell untereinander und thue es so in eine gut verzinnte Form und lasse es steif werden.

Wenn angerichtet werden soll, hält man die Form ein wenig in lauwarmes Wasser, legt eine Schüssel darauf und kehrt die Form um.

256. Sahnschaum auf andere Art, ohne Hausenblase.

Wenn der Schaum in der Art verfertigt ist, wie bei dem Vorhergehenden gesagt worden, dann legt man ihn in eine Schüssel und setzt in derselben einen Berg davon auf, streicht ihn mit einem Messer glatt und legt spanischen Wind darauf, worauf die Speise aber auch sogleich zu Tische kommen muß.

Man giebt dieses an die Stelle des Kuchens.

Man kann diese Speise auch noch auf eine andere Art zu Tische geben, nemlich man nimmt Tassenköpfe, oder kleine Gläser, welche man gewöhnlich zu Gefrornem gebraucht, legt Himbeer-Gelée unten, den Sahnschaum darauf, steckt einen Theelöffel hinein und giebt es zum Dessert bei Tische herum.

257. Blanc-manger von Sahne und Mandeln.

Man nimmt 3 Loth geschlagene Hausenblase, welche nicht gelb, sondern weiß sein muß, gießt auf selbige drei gute Tassenköpfe voll kalten Wassers und läßt sie eine Nacht damit stehen. Den folgenden Tag gießt man einen Tassenkopf voll süßer Sahne dazu, stellt es mit dem Topfe an gelindes Kohlenfeuer und läßt die Hausenblase weichen. (Sie kann auch ein wenig kochen, muß aber mitunter umgerührt werden, damit sie sich nicht ansetze.) Dann nimmt man ¾ Pfund gute, süße Mandeln, brüht sie ab und stößt sie in einem Mörser mit ein wenig Milch recht fein und wenn sie gestoßen sind, die Hausenblase auch gänzlich zergangen ist, dann stellt man 1½ Quart süße Sahne aufs Feuer und thut hinlänglich Zucker, damit es gut süß werde, ein wenig ganzen Zimmet und dünne abgeschälte Citronenschaalen dazu. Wenn es kocht, stellt man es vom Feuer zurück, thut die Mandeln dazu, rührt es gut durcheinander, gießt es dann in ein reines Haarsieb (nemlich ein Zuckersieb, durch welches noch kein Fett gegossen ist) und streicht es mit einer reinen Kelle gut durch. Wenn die Mandeln trocken sind, so gießt man von der Masse mit einem Tassenkopf immer wieder etwas darüber und fährt mit dem Durchstreichen fort. (Die Mandeln müssen vorher so fein gestoßen sein, daß nur wenig davon in dem Siebe bleibt.) Alsdann gießt man die Hausenblase durch das Sieb zu der obigen Masse, rührt diese durch, gießt sie in Assietten und stellt sie an einen kühlen Ort, damit sie steif wird. Man kann auch statt der Assietten eine Form nehmen und wenn man anrichten will, hält man sie ein wenig in lauwarmes Wasser, legt eine Schüssel darauf und wendet sie darauf um.

258. Blanc-manger von Chocolade.

Man nehme 1½ Loth gute geschlagene Hausenblase, zerschneide sie in kleine Stücke, thue sie in ein Töpfchen, gieße 2 Tassen Milch darauf, stelle sie an Kohlenfeuer, sie muß kochen und weichen, bis alles zergangen ist, aber es muß immer 2 Tassen Milch bleiben; dann stelle ein Quart Sahne und 8 Loth Zucker aufs Feuer, und wenn es kocht, schütte 12 Loth geriebene Chocolade dazu und dann quirle es mit dem Gelben von 8 Eiern ab, ein wenig kalte Milch dazu, setze es wieder auf Kohlenfeuer, damit die Eier gahr werden; dann wird unter beständigem Rühren die Hausenblase durch ein feines Sieb oder Durchschlag dazu gegossen, dann thue diese in eine kupferne Form und stelle es an einen kühlen Ort. Im Sommer muß es im Keller stehen, im Winter aber muß es nicht an einem Ort stehen, wo es friert. Wenn es zu

Tische gegeben werden soll, so halte die Form ein wenig in lauwarmes Wasser, dann lege eine Schüssel darauf und kehre es um.

259. Compot von Borstorfer Aepfeln.

Zwanzig Borstorfer Aepfel, sauber geschält, werden mit ½ Quart Wasser, ¼ Quart weißen Wein, ½ Pfund Zucker, etwas Zimmet und Citronenschaalen gut zugedeckt, auf einem gelinden Feuer gekocht; man muß aber fleißig danach sehen, daß die Aepfel zwar weich gekocht, aber nicht zerkochen. Sodann nimmt man sie einzeln heraus und wenn sie alle gut sind, gießt man den Stand durch ein Sieb oder feinen Durchschlag und läßt denselben zu Gelée kochen; ist er auf die Hälfte eingekocht, so probirt man ihn auf einem kalten Teller; nach wenigen Minuten kann man sehen, ob es Gelée wird, ist es aber noch nicht der Fall, so läßt man ihn noch mehr einkochen. Die Aepfel werden auf eine Saladière angerichtet und wenn das Gelée kalt ist, darüber gelegt.

260. Compot von frischen Birnen.

Nachdem eine beliebige Anzahl Birnen sauber geschält sind, nimmt man drei Theile Wasser und einen Theil rothen Wein, Zucker, Zimmet, Citronenschaalen auch nach Geschmack und Belieben. Sobald die Birnen weich sind, gießt man die Sauce durch, läßt sie gut einkochen und richtet sie sodann über die Birnen an; hat man frische Kirschen, so nimmt man den Saft dazu; in Ermangelung derselben kann man aber auch den Saft von eingemachten Kirschen nehmen, jedoch nimmt man alsdann statt rothen, weißen Wein, weil sie schon davon eine schöne Röthe bekommen.

261. Compot von frischen Pflaumen.

Die Pflaumen müssen gut reif, jedoch nicht weichlich sein; man schäle sie sauber ab, thue sie mit gestoßenem Zucker, etwas weißen Wein, Zimmet und Citronenschaa=

len in eine Kasserolle und lasse sie langsam kochen. Die Kasserolle muß aber zugedeckt werden, weil der Dampf von oben die Pflaumen gahr macht. Man nehme die Pflaumen behutsam mit einem Schaumlöffel heraus, damit sie ganz bleiben, läßt die Sauce dick einkochen und richtet sie nachher über die Pflaumen an. Bei dem Schälen der Pflaumen muß man aber ja darauf sehen, daß keine madigen dabei sind, diese müssen ganz zurückgelassen werden.

262. Compot von Stachelbeeren.

Es werden junge und kleine Stachelbeeren geputzt, die Blüthen und die Stiele abgenommen, mit kochendem Wasser abgebrüht und ¼ Stunde in demselben stehen gelassen. Auf ¼ Metze Stachelbeeren nimmt man ½ Pfund gestoßenen Zucker, 2 Tassenköpfe weißen Wein, Zimmet und Citronenschaalen. Die Stachelbeeren werden in einen Durchschlag gegossen, dazu gethan und langsam geschmoort; sind sie gehörig weich, so werden sie auf eine Saladière gethan und nachdem die Sauce noch etwas mehr eingekocht, darüber gethan.

263. Compot von sauren Kirschen.

Auf ¼ Metze saure Kirschen, wo die Stiele abgepflückt und die Steine mit einem Speile herausgestoßen sind, nehme man ½ Pfund Zucker, thue die Kirschen damit in eine Kasserolle, lasse sie langsam kochen, und sind sie bald gahr, so lasse man sie in einem Durchschlag ablaufen, lasse die Sauce dick einkochen, thue die Kirschen auch dazu und lasse sie damit etwas kochen.

264. Compot von Glaskirschen.

Man schneide von ½ Metze Glaskirschen die Stiele halb ab, koche ½ Pfund Zucker, etwas Zimmet, Citronenschaalen mit 2 Gläsern weißen Wein zu einem ziemlich dicken Syrup, thue die Kirschen hinein und lasse sie auf langsamem Feuer kochen, so daß sie nicht aufspringen, nicht kraus werden und auch die Steine nicht herausgehen. Wenn sie angerichtet werden und der Syrup wieder dünn geworden wäre, so lasse man denselben wieder dick kochen und gieße ihn nachher darüber.

265. Compot von Melonen.

Man schneide die Melonen in der Mitte durch, nehme alle Körner heraus, schneide sie nach ihren natürlichen Streifen, nachdem man sie geschält, in Stücken eines halben Fingers lang. Koche einen Syrup von ½ Pfund Zucker, etwas Zimmet, Citronenschaalen und 2 Gläsern weißen Wein und dem Safte von einer Citrone, lege die Melonenstücke darein und koche sie langsam auf gelindem Feuer, bis sie weich sind.

266. Compot von Preiselbeeren.

Die reifen Preiselbeeren werden gut verlesen und gewaschen. Auf ¼ Metze dieser Preiselbeeren nehme man ½ Pfund Zucker, gehörig Zimmet und Citronenschaalen, koche die Beeren damit ein, damit sie nicht zu viel Saft behalten. Weder Wein noch Citronensaft darf dazu, weil diese Beeren schon an und für sich eine starke zusammenziehende Säure haben; Zucker ist die beste Mitgabe dabei.

267. Compot von Pfirsichen.

Die Pfirsiche werden geschält und in 2 Theile geschnitten; die Kerne der Steine gebrüht und wie Mandeln abgezogen. Auf 16 Stück koche man einen Syrup von ½ Pfund Zucker, 2 Gläsern weißen Wein und etwas Citronenschaalen, lege die Früchte darein, lasse sie aber ja nicht zerkochen, richte sie sodann auf einer Saladière an, lasse den Syrup wieder klar kochen, daß er aber weiß bleibt, und thue denselben darüber.

268. Compot von Johannisbeeren.

Die Johannisbeeren werden von den Stielen abgestreift. Auf ¼ Metze dieser Beeren koche man einen Syrup von

¾ Pfund Zucker, 3 Tassen Wasser, etwas Zimmet und Citronenschaalen, thue die Beeren hinein und lasse sie etwas mit kochen, sodann nehme man sie mit einem Schaumlöffel heraus und lasse sie in einem Durchschlag abträufeln, lasse den Syrup noch mehr kochen, daß er etwas dick wird, thue die Beeren wieder dazu, lasse sie wieder etwas mit kochen, nehme sie wieder heraus, lasse den Syrup nochmals kochen, daß er dick wird; sollte er es demohngeachtet noch nicht werden, so müssen die Beeren nochmals etwas mitgekocht werden.

269. Compot von Himbeeren.

Die Himbeeren müssen sehr gut verlesen werden, damit ja eine Würmer darin bleiben. Man koche von einem halben Pfund Zucker und 2 Tassen Wasser einen Syrup, thue die Himbeeren mit etwas Zimmet und Citronenschaalen hinein; lasse sie ein wenig kochen, nehme sie mit einem Schaumlöffel heraus und lasse sie in einem Durchschlag abträufeln. Den Syrup lasse man dick kochen, thue die Himbeeren wieder dazu, nehme sie nach kurzer Zeit wieder davon und lasse den Syrup noch mehr einkochen, damit er gehörig steif wird.

Zehnte Abtheilung.

Von Kuchen und Gebackenem.

Vorbemerkung.

Zu allen Kuchen, bei welchen es heißt: „die Butter wird zu Sahne gerührt", muß man bei Wintertagen Mehl, Eier und Zucker den Abend vorher in die Stube stellen, damit es sich durchwärme, denn die Kuchen werden nicht gut, wenn alles dieses kalt dazu genommen wird. Die Butter muß gut ausgewaschen werden, daß sie kein Salz behält; auch muß man die Schüssel, in welcher man den Kuchen einrühren will, mit der Butter ein wenig auf Kohlen stellen, damit diese etwas weich wird, sie muß aber nicht schmelzen und so wird sie dann mit einer Kelle zu Sahne gerührt. Auch die Kuchen müssen in der warmen Stube eingerührt werden.

270. Baumkuchen.

Hiezu gebraucht man 3 Pfund Butter, 3 Pfund feingesiebten Zucker, 1½ Pfund feines Weizenmehl, 1½ Pfund Kraftmehl, 3 Mandel und 6 Eier, (auf das Weizenmehl nimmt man auf das Pfund 20, auf das Kraftmehl 16 Eier), 1½ Loth feinen Zimmet, 1 Loth feinen Cardamom, ½ Loth Nelken und ½ Loth Muskaten-Blumen.

Um den Kuchen anzufertigen, verfährt man folgendermaßen: Man wäscht die Butter gut aus, damit sie kein Salz behält, thut sie dann in eine tiefe Schüssel, in welcher der Kuchen eingerührt werden soll, stellt sie ein wenig auf Kohlenfeuer, daß die Butter etwas erwärmt und rührt sie dann mit einer hölzernen Kelle zu Sahne. Hierauf thut man den Zucker hinzu und rührt es wieder gut, damit sich der Zucker völlig gut wieder auflöse, schlägt 16 ganze Eier (die Eier müssen zu allen Kuchen frisch sein) eins nach dem andern und thut diese und auch zu gleicher Zeit das Mehl nach und nach und von den andern 38 Eiern das Gelbe und endlich auch das oben benannte, fein zu stoßende Gewürz hinzu. Ferner schlägt man das Weiße von den 38 Eiern in einer tiefen Schüssel zu einem steifen Schaum, thut es auch zu dem Teige und rührt diesen so lange behutsam darunter, bis kein Schaum mehr zu sehen ist.

Dann legt man den Baum, der vorher mit Bindfaden und Papier bewickelt *) ist, ans Feuer, welches schon gut in Brand sein muß, auf 2 gute eiserne Böcke (die gleich hoch sind, damit der Baum gerade liegt), oder auf ausgehauene Mauersteine, worin der Baum gehörig gedreht werden kann. Dann nimmt man einen Pinsel, oder in Ermangelung dessen die rauhe Seite von Federposen, bestreicht den Baum mit heißer Butter (man muß aber keine Stelle verfehlen) und dreht ihn immer langsam, als wenn der Kuchen schon darin befindlich wäre, bis der Baum sich gut durchhitzt hat. Eine halbe Stunde ist in der Regel hierzu erforderlich. Wenn man glaubt, daß der Baum gut durchhitzt ist, dann wischt man ihn mit Löschpapier ab, thut von dem Kuchenteige in eine vorher gut gereinigte Bratpfanne und begießt damit den Baum. (Wird der Teig in der Pfanne zum

---

*) Um den Baum zuzurichten, schlägt man an beiden Enden, nahe am Rande, kleine Nägel ein, bindet an den Nagel des Endes vom Baume, welches man oben nennt, einen guten Bindfaden von mittlerer Stärke, legt Papier um den Baum, wickelt den Bindfaden darum, wie zwei Finger breit, auseinander, zieht ihn fest an und befestigt ihn, wenn man zu Ende ist, wieder an den Nagel des untern Baum-Endes.

Begießen zu dick, so thut man etwas Milch hinzu.) Während des Begießens muß man den Baum erst langsam, hernach aber stärker drehen, damit der Kuchen Zacken erhalte, auch muß man nicht zu starkes Feuer machen, damit er nicht schwarze Flecke bekomme. Wenn der erste Guß schön gelbbraun ist, dann begießt man ihn wieder und so fährt man fort, bis der Kuchen fertig ist. Wenn der Kuchen fertig ist, muß er ein wenig abkühlen, dann schneidet man von beiden Enden ein wenig, doch ohne den Bindfaden zu zerschneiden, ab, macht den Bindfaden von den Nägeln los, drückt ihn immer dicht an den Baum und wickelt ihn, während man allmählig zieht, erst von einem Ende, dann von dem andern Ende los, zieht ihn so ganz heraus und nimmt dann den Kuchen behutsam von dem Baume ab.

Dann nimmt man zum Ueberguß von einem ganz frischen Ei das Weiße, schüttet 6 Loth feingesiebten Zucker dazu, rührt es nebst dem Safte von einer halben Citrone mit einer kleinen, hölzernen Kelle eine halbe Stunde, so daß sich der Zucker gut aufrührt und blank aussieht, dann nimmt man eine steife, rauhe Feder und streicht von der Masse auf die Zacken des Kuchens und wo man sonst noch will, damit er ein schönes Ansehen bekömmt.

NB. Wenn man das Feuer, um einen solchen Kuchen zu backen, anmacht, muß man erst eine Klobe Holz und dann kleines Holz vorn hinlegen. Die Klobe hält nemlich das Feuer zusammen und man hat egale Hitze. Kann man Meilerkohlen haben, so backt sich der Kuchen noch besser.

271. Sandtorte.

Hierzu gebraucht man 1½ Pfund Butter, 1¼ Pfund feingesiebten Zucker, 1½ Pfund Kraftmehl, 14 Eier und von einer Citrone die abgeriebene Schaale.

Man wäscht die Butter gut aus, daß sie kein Salz behält und drückt sie auch gut aus, damit ja kein Wasser darin bleibt, stellt sie hierauf mit der Schüssel, in wel-

cher der Kuchen eingerührt werden soll, ein wenig auf Kohlenfeuer, damit die Schüssel warm werde, doch so, daß die Butter nicht schmilzt, dann rührt man diese mit einer Kelle zu Sahne, thut den Zucker dazu und vermischt es gut, damit der Zucker sich gut auflöset, thut die abgeriebene Citronenschaale, das Gelbe von den Eiern und dann das Kraftmehl dazu, und rührt es im Ganzen 1 Stunde gut durch. Dann schlägt man das Weiße von den Eiern zu einem steifen Schaum, fügt diesen auch hinzu und rührt ihn behutsam darunter, so lange bis er sich vermischt hat und man nichts mehr vom Schaume sieht. Darauf thut man die Masse in eine zuvor dazu bereitete Kuchenform etwas über halb voll und übergiebt diese so dem Bäcker zum Backen, oder backt sie auch selbst in einer Tortenpfanne, wenn man einen Backofen hat.

NB. Den Boden der Form bestreicht man, ehe der Kuchen hineinkommt, mit heißer Butter, schneidet Papier in Streifen, höher als die Form ist, bestreichet es auf einer Seite mit warmer Butter, stellt es um den Rand der Form, drückt die Seite, die man bestrichen hat, an die Form, so daß die unbestrichene Seite an den Teig kommt, und inwendig mit der Tülle der Form verfährt man eben so. Alsdann streuet man ein wenig geriebene Semmel in die Form, ehe man den Teig hineinthut.

272. Mandeltorte.

Thue von 20 Eiern das Gelbe in eine tiefe Schüssel, das Weiße von 16 Eiern in eine besondere tiefe Schüssel und lasse von 4 Eiern das Weiße zurück. Nimm 1¼ Pfund feingesiebten Zucker, 1¼ Pfund mit dem von den 4 Eiern zurückgebliebenen Weißen feingestoßene, oder geriebene, süße Mandeln, worunter 4 Loth bittere Mandeln befindlich sind, die vorher abgebrüht worden und von einer Citrone die abgeriebene Schaale, thue dies zu dem Eigelb und rühre es mit einer Kelle eine gute Stunde lang; alsdann schlage das Weiße von den 16 Eiern zu einem steifen Schaum, thue es zu dem Teige, rühre es behutsam darunter, bis kein Schaum mehr sichtbar ist, und so thue den Teig in eine Kuchenform, in welcher vorher Papier herumgestellt, wie bei der Sandtorte angeführt ist, und lasse die Torte langsam backen.

273. Biscuitkuchen.

Man thue von 20 Eiern das Gelbe in eine tiefe, und das Weiße in eine besondere tiefe Schüssel, schlage das Gelbe gut mit einer Kelle eine Viertelstunde lang, thue alsdann 1 Pfund feinen und feingesiebten Zucker dazu, rühre dieses wieder gut, thue alsdann 3/4 Pfund Kraftmehl und von einer Citrone die abgeriebene Schaale dazu und rühre dieses zusammen eine gute Stunde hindurch. Das Weiße von den Eiern schlage man zu einem steifen Schaum, füge auch diesen hinzu und rühre es so lange untereinander, bis es sich vermischt hat. Dann thue man den Teig in die Form, über halb voll, nachdem mit derselben eben so verfahren worden, wie bei der Sandtorte gelehrt ist.

274. Brodtorte.

Schlage von 20 Eiern das Gelbe in einen tiefen Napf und rühre es gut mit der Kelle, dann nimm 20 Loth süße und 3 Loth bittere, feingeriebene oder gestoßene Mandeln, 1 Pfund Zucker, 1/2 Loth Zimmet und etwas Nelken, auch von einer Citrone die abgeriebene Schaale und 8 Loth in dünne Scheiben geschnittenes und braun geröstetes, grobes Brod, welches vorher fein gestoßen und durchgesiebt worden; thue dieses alles zur Masse und rühre es zusammen eine Stunde recht gut durch. Alsdann schlage von 14 Eiern das Weiße zu einem steifen Schaum (von 6 Eiern bleibt das Weiße zurück), thue diesen auch zur Masse und rühre es so lange, bis es sich vermischt und kein Schaum mehr sichtbar ist. Thue die Form, die vorher in der Art vorbereitet, wie bei der Sandtorte gesagt worden ist, über halb voll von diesem Teige und lasse es alsdann im Backofen bei gelinder Hitze backen.

275. Mandelkalatschen.

Man gebraucht dazu 1 Pfund Butter, ½ Pfund Zucker, 6 Eier, ½ Pfund süße, geriebene, oder feingestoßene Mandeln, 1 Pfund feines Weizenmehl und von einer Citrone die abgeriebene Schaale.

Die Butter wird gut ausgewaschen, daß kein Salz darin bleibt und mit der Kelle gut ausgeklopft, damit sie kein Wasser behält und dann zu Sahne gerührt. Hierauf werden der Zucker und die abgeriebenen Mandeln, 3 ganze Eier und von 3 Eiern das Gelbe dazu gethan; dieses wird recht gut zusammengerührt, alsdann wird das Mehl hinzugefügt und alles wieder gut gerührt Hierauf lege man Papier auf ein Backblech, bestreue es mit Mehl, lege von der Masse Stückchen, wie ine große Wallnuß groß, auf das Papier, mache sie mit den Fingern, welche immer in Mehl getaucht werden, ein wenig breit, drücke sie mit dem Daumen in der Mitte etwas ein und lege ein wenig Kirschfleisch *), oder ganze eingemachte Himbeeren in die Vertiefung und lasse sie im Backofen bei gelinder Hitze backen.

276. Portugieser.

Nimm 1 Pfund frische, gute Butter, wasche sie gut aus und rühre sie alsdann zu Sahne, thue 1 Pfund feinen Zucker dazu, rühre diesen gut darunter, thue sechs ganze Eier, 1 Pfund feines Weizenmehl und eine gute, geriebene Muskatennuß auch dazu und rühre dieses alles wieder gut durcheinander. Dann nimm kleine blecherne, viereckige Formen, die etwas höher wie ein Daum und wie ein guter Finger lang sind, schmiere sie mit warmer Butter aus, thue die Masse in die Formen, so daß sie nicht ganz voll werden und lege die Hälfte einer abgebrühten Mandel zum Zierrath auf einen jeden Kuchen, stelle die Formen auf ein Backblech und lasse sie bei gelinder Hitze

---

*) Man kann sie auch ohne dieses machen; dann werden sie nur mit den Fingern, welche immer in Mehl getaucht werden, ein wenig breit gedrückt.

im Backofen backen. Hat man dergleichen Formen nicht, dann lege man Papier auf ein Backblech, bestreue es mit Mehl, setze Häufchen, wie eine große Wallnuß, 3 Finger breit auseinander, darauf und lasse sie backen.

277. Dessauer Kuchen.

Man nehme 1 Pfund gute, steife und zähe Butter, wasche sie in kaltem Wasser gut aus, damit sie kein Salz behalte, auch keine Klümperchen darin bleiben und sie ganz eben wird; dann klopfe sie mit den Händen ein wenig breit, lege sie wieder in kaltes Wasser und stelle sie an einen kühlen Ort. (Dieses muß den Tag vorher geschehen, ehe man den Kuchen machen will.) Dann schütte man 1 Pfund feines Weizenmehl auf ein Backbrett, oder einen reinen Tisch, die Butter trockne man mit einem reinen Tuche gut ab, krümele ¼ Theil davon in das Mehl, mache eine Vertiefung hinein, thue 4 ganze Eier, 4 Loth Zucker und einen guten Tassenkopf voll kalter Sahne dazu, mache hievon einen festen Teig, rolle ihn aus, lege die Butter in die Hälfte von dem Teige und die andere Hälfte schlage man darüber. So rolle man es aus, schlage es zweimal über, rolle es wieder, verfahre in dieser Art fünfmal und das fünftemal rolle man es so dünn, wie ein Tischmesserrücken aus und lege es auf ein Backblech, welches vorher mit Löschpapier auf Kohlenfeuer gut abgerieben und mit Mehl bestreuet ist. Alsdann steppe man ihn mit einer Messerspitze reihenweis wie 2 Finger breit auseinander, aber so, daß man auch mit der Messerspitze das Blech berühre, bestreiche den Kuchen mit heißer Butter und setze ihn dann in einen Backofen, wo er etwas rasche Hitze haben muß. Wenn er gut gelbbraun ist, dann nehme man 8 Loth feingeriebenen Zucker, worunter ein halbes Loth feiner und feingestoßener Zimmet gemischt ist, bestreue ihn damit und setze ihn wieder in den Ofen. Wenn nun der Zucker braun und etwas geschmolzen ist, so ist der Kuchen gut. Man kann diesen Kuchen in beliebige Stücken schneiden. — Dies ist ein schöner Kuchen zum Thee.

278. Kleine Biscuit-Kuchen oder sogenannte Gesundheits-Kuchen.

Nimm von 12 Eiern das Gelbe in einen tiefen Napf, schlage es mit der Kelle gut, thue 1 Pfund feinen Zucker und von einer Citrone die abgeriebene Schaale dazu und rühre es eine gute halbe Stunde. Dann schlage das Weiße von 6 Eiern zu einem steifen Schaum (von den andern 6 Eiern bleibt es zurück), thue den Schaum zu der Masse, rühre ihn darunter, aber nicht länger, als bis es sich vermischt hat und lasse es eine Viertelstunde damit stehen. Alsdann thue 1 Pfund feines Weizenmehl auch dazu und rühre es noch ein wenig. Hierauf lege auf ein Backblech Papier, bestreue es mit Mehl, setze Häufchen wie eine große Wallnuß groß, aber gute zwei Finger breit auseinander, reihenweise so darauf, daß die zweite Reihe gerade unter den Lücken der ersten zu liegen kommt und fahre in dieser Art fort, bis der Teig all ist. Hiebei muß dafür gesorgt werden, daß die Kuchen alle gleich groß werden, weil sie sonst nicht gut backen. Dann lasse die Kuchen in einem Backofen bei gelinder Hitze backen.

279. Kleine Sand-Kuchen.

Wasche 1 Pfund Butter gut aus, damit sie kein Salz behält, drücke das Wasser gut aus und rühre sie mit einer Kelle zu Sahne, thue ½ Pfund feinen Zucker und von einer Citrone die abgeriebene Schaale dazu, rühre es gut; thue ferner 6 ganze Eier und 1 Pfund Mehl dazu und rühre es wieder gut. Dann lege Papier auf ein Backblech, bestreue es mit Mehl, setze von dem Teige Häufchen, wie eine große Wallnuß groß, darauf, drücke sie mit den Fingern ein wenig breit und lasse sie im Backofen backen.

280. Baumtorte.

Hiezu sind erforderlich 1½ Pfund feiner Zucker, 1½ Pfund gute, frische Butter, 1½ Pfund Kraftmehl, 30 Eier,

1 Loth Zimmet, ½ Loth feiner Cardamom, 1 Quentchen Gewürznägelein und von 2 Citronen die abgeriebene, gelbe Schaale.

Die Butter wasche man aus, damit sie kein Salz behält, rühre sie zu Sahne, thue den Zucker dazu, rühre es wieder gut, damit sich der Zucker auflöse, thue auch das zuvor gestoßene Gewürz dazu, schlage nach und nach 10 ganze Eier hinein, thue immer dazwischen auch Mehl und von 20 Eiern das Gelbe dazu und wenn dies alles gut zusammen gerührt ist, so schlage man das Weiße von 16 Eiern zu einem steifen Schaum, thue diesen auch dazu und rühre es so lange, bis es sich vermischt hat und kein Schaum mehr vorhanden ist.

Dann hitze man eine Tortenpfanne gut durch, lege einen Bogen Papier hinein, bestreiche ihn mit Butter und stelle einen blechernen Rand darauf; hat man einen solchen Rand nicht, dann nehme man eine Fasten-speise-Form, streiche diese mit Butter aus (wobei das Papier zurückbleibt) und wenn die Form heiß ist, dann gieße und streiche man wie einen guten Messerrücken dick von dem Teige mit einem Löffel in die Form, lege den Deckel darauf, mache gelindes Kohlenfeuer oben und unten und wenn der Teig nun gelbbraun ist, so begieße man ihn wieder in derselben Art und so fahre man fort, bis die Masse verwendet ist. Die Baumtorte muß aber sehr langsam backen, sonst wird sie klinschig (klitschig). Wenn zum zweitenmale begossen ist, muß kein Feuer mehr darunter kommen.

Ist die Baumtorte fertig, so nimmt man den Rand, in so fern einer darum ist, ab; hat man aber eine Form dazu genommen, so kehre man sie um und schütte den Kuchen heraus. Hat man eine kleine Tortenpfanne, so läßt die Baumtorte sich auch auf Papier backen, welches man vorher mit Butter bestrichen hat. Ist sie in der Form, so muß sie gleich warm herausgenommen werden.

281. Wiener Torte.

Nimm dazu 1½ Pfund Butter, 2 Pfund feines Weizenmehl, 12 Loth feinen Zucker und 8 Eier.

Die Butter wasche aus, damit sie kein Salz behalte (sie muß aber auch steif sein); wenn sie gewaschen ist, muß sie an einen kühlen Ort gestellt werden, damit, wenn man sie gebrauchen will, sie gut dazu ist. Das Mehl schütte auf einen reinen Tisch, die Butter trockne mit einem reinen Tuche ab und pflücke sie rund um in das Mehl, mache dann in das Mehl eine Vertiefung, schütte den Zucker hinein, thue 4 ganze Eier und von 4 Eiern das Gelbe dazu und so rühre das Mehl und die Butter mit der Kelle so viel wie möglich ist. Dann mache mit den Händen einen festen Teig davon, der aber nicht länger bearbeitet werden muß, als bis die Butter mit dem Mehle sich vereinigt hat. Nun theile ihn in Stücken, eins so groß wie das andere und rolle den Teig wie einen halben Finger dick aus; dann nimm eine Schüssel, so groß wie man die Torte haben will, lege sie auf den Teig und schneide das, was hervorsteht, rund herum ab. Lege Papier auf ein Backblech, die Teig-Platte darauf (man kann den Teig auch auf Papier ausrollen, auf ein Backblech legen, und so damit fortfahren, bis er alle ist,) und lasse sie in einem Backofen bei gelinder Hitze backen. Wenn sie gahr ist, dann lege Kirschfleisch darüber, decke wieder eine ähnliche, zuvor gebackene Platte über das Kirschfleisch, streiche über diese wieder Himbeer- oder Johannisbeer-Gelée *) und fahre so wechselsweise fort, bis die Torte fertig ist. Auch muß man ein Stückchen von diesem Teige etwas dünn rollen, selbiges backen, zerbrechen und an den Seiten, wo Lücken sind, diese damit ausfüllen.

Zu dem Guß nimm von 2 frischen Eiern das Weiße, thue 12 Loth geriebenen, ganz feinen Zucker und von einer halben Citrone den Saft dazu, rühre es mit einer reinen, kleinen Kelle eine gute halbe Stunde lang und schlage es so, daß es wie ein Schaum wird und bestreiche den Kuchen mit einem breiten Messer oben und rund herum damit. Hierauf nimm Citronat, schneide von demselben Stengel und Blätter, lege sie auf die Torte und lege

---

*) Man kann auch ganze Himbeeren nehmen.

eingemachte Früchte, nemlich Kirschfleisch und Hambutten in Form von Blumen dazwischen und garnire so die Torte. Man kann auch Dragée darauf legen.

NB. Diesen Guß kann man zu allen Kuchen gebrauchen, die überhaupt einen Guß haben sollen.

282. Sächsischer Kuchen.

Man nimmt hierzu 1 Pfund feines Mehl, ¾ Pfund Butter, das Gelbe von 3 Eiern, 3 Loth Zucker und 1½ Löffel Rum. Die Butter wird zu Sahne gerührt, das Uebrige nach und nach hineingethan, der Kuchen in der Stärke eines kleinen Fingers ausgerollt, mit Gelbem von Eiern bestrichen und mit grobgehackten Mandeln, Zucker und Zimmet bestreuet und auf einem Backbleche gebacken.

283. Braunschweiger Butterkuchen.

Schlage 6 ganze Eier in einer tiefen Schüssel mit einer Kelle und thue 4 Loth Zucker dazu; 1 Pfund geschmolzene Butter, von welcher das Salz zurückbleiben muß, ½ Quart lauwarme Milch und 1 Metze feines Weizenmehl *) werden wechselsweise zu den Eiern und dem Zucker gethan und alles gut gerührt; eben so kommen von 2 Citronen die abgeriebenen Schaalen, 6 Loth Citronat in feine Würfel geschnitten, 8 Löffel gute, frische Weißbierhefen und zuletzt 1 Pfund große Rosinen, die vorher verlesen, gewaschen und gut abgetrocknet worden, dazu. Dann stelle den Teig an einen warmen Ort und lasse ihn ein wenig aufgehen, aber auch nicht zu lange. Dann streue auf einen reinen Tisch Mehl, lege den Teig darauf, drücke ihn ein wenig mit Mehl zusammen, bestreue ein Backblech, welches vorher gut gereinigt worden, mit Mehl und rolle den Teig, beinahe wie 2 Finger hoch mit einem Rollholze aus, lege hierauf rund um den Kuchen große Rosinen, wie einen Finger breit auseinander, schlage den Teig ein wenig darüber und so ziehe ihn mit den Fingern in Zacken. In der Mitte kneife ihn mit

*) Das Mehl, was dazu kommt, muß im Winter in der Stube gewärmt sein.

den Fingern und stelle ihn warm, damit er wieder in die Höhe geht; alsdann bestreiche ihn mit einem Pinsel mit warmer Butter, nimm ¾ Pfund feingesiebten Zucker, worunter 1 Loth gestoßener Zimmet gethan ist, streue die Hälfte davon sogleich über den Kuchen, der unmittelbar darauf in den Backofen kommen muß und wenn er halb gahr ist, so streue die andere Hälfte darüber, setze ihn wieder in den Backofen und wenn er endlich ganz gahr ist, so besprenge ihn mit einem Pinsel mit Rosenwasser.

284. Sächsischer Kuchen.

Zu 1 Metze Mehl nimmt man ½ Pfund Zucker, 1 Pfund geschmolzene Butter, ½ Loth gestoßenen Zimmet, eine geriebene Muskatennuß und etwas gestoßenen Cardamom, feingewiegte Citronenschaale, ⅜ Quart Milch, 12 Eier und gute Weißbierhefen. Alles dieses wird den Abend vorher eingerührt. Ist der Teig die Nacht über aufgegangen, so wird ein Bogen festes Papier mit Butter bestrichen, Mehl darauf gestreut und der Teig behutsam darüber gerollt, daß er egal wird; sodann biege man einen Rand herum und lege kleine Stückchen Butter auf den Kuchen; streue hierauf ½ Loth gestoßenen Zimmet, ½ Pfund geriebenen Zucker darauf, lasse ihn noch etwas gehen und backe ihn im Ofen.

285. Butter-Pretzel.

Schlage 8 Eier mit der Kelle gut, gieße 6 Löffel voll guter, frischer Weißbierhefen in ein Viertel-Quartmaaß und so viel kalte Milch dazu, daß das Maaß voll wird; dann gieße es zu den Eiern, rühre ½ Metze feines Weizenmehl dazu, lege es auf ein Backbrett, oder einen reinen Tisch, worauf Mehl gestreuet worden, thue ¾ Pfund Butter, die vorher gut ausgewaschen und auch steif ist, zu dem Teige, hacke sie mit einem Messer, arbeite den Teig mit den Händen gut zusammen, mache ihn ein wenig länglich und rolle ihn sodann mit einem Rollholze dünn aus. Hierauf streue große Rosinen, die vorher gewaschen und wieder abgetrocknet worden, über den Teig und so schlage ihn immer um; lege ihn alsdann auf ein Backblech, welches vorher mit Mehl bestreuet ist, und forme eine Pretzel davon, bestreiche sie mit geschmolzener Butter, lasse sie aufgehen und in einem Backofen backen.

286. Himbeertorte.

Wasche 1 Pfund frische Butter gut aus, damit sie kein Salz behält, rühre sie alsdann zu Sahne, thue 1 Pfund Zucker dazu, rühre es gut zusammen, alsdann schlage 8 ganze Eier nach und nach dazu und thue die abgeriebene Schaale von 1 Citrone und 2 Pfund feines Weizenmehl ebenfalls nach und nach dazu und rühre die Masse noch immer gut. Alsdann streue Mehl auf einen reinen Tisch, lege den Teig darauf, nimm ein Stück davon ab, bestreue einen Bogen Papier mit Mehl, lege das Stück des Teigs darauf und rolle es wie einen Messerrücken dick aus. (Sollte er sich noch nicht gut rollen lassen, dann muß noch ein wenig Mehl dazugethan werden.) Dann lege die Teigplatte mit dem Papier auf ein Backblech, lege eine Schüssel darauf, schneide den überstehenden Teig rund herum ab und bestreiche ihn mit Ei. Rolle nun wieder Teig aus, lege davon einen Rand, wie 2 Finger breit, auf die erste Teigplatte und alsdann eingemachte ganze Himbeeren, wie ein guter Daum hoch, hinein, schneide von dem Teige Streifen, etwas mehr wie einen Finger breit, bestreiche diese und den Rand wieder mit Eiern, lege die Streifen 2 Finger breit auseinander über die ganze Torte und dann noch einmal quer darüber andere Teigstreifen, damit das Ganze ein gitterartiges Ansehen bekomme; dann rolle abermals etwas Teig aus, lege davon noch einmal einen Rand um die Torte in der Art wie den vorigen, bestreiche ihn mit Ei und lasse die so bereitete Torte in einem Backofen backen.

NB. Man kann auch anstatt der Himmbeeren Kirschfleisch nehmen.

287. Spanische Torte.

Man nimmt 1½ Pfund süße Mandeln, brüht sie ab und spaltet sie, schneidet sie fein länglich, läßt sie alsdann in einem Backofen oder in einer Tortenpfanne trocknen und etwas gelbbraun werden, welches alles den Tag vorher geschehen muß. Am folgenden Tage nimmt man 3/4 Pfund Butter, wäscht*) sie gut aus, daß sie kein Salz behält, aber auch steif ist und trocknet sie mit einem reinen Tuche ab. Dann schüttet man 1 Pfund Mehl auf einen reinen Tisch, pflückt die Butter rund herum in das Mehl, macht in dasselbe eine Vertiefung, rührt 1/4 Pfund geriebenen Zucker, 2 ganze Eier und von zwei Eiern das Gelbe mit der Kelle darunter und knetet dies mit den Händen so lange, bis es ein fester Teig wird und die Butter sich mit dem Uebrigen vereinigt hat. Dann nimmt man ein Stück von dem Teige, rollt selbiges, wie einen starken Messerrücken dick, aus, legt eine Schüssel darauf, schneidet das Ueberstehende des Teiges rund herum ab und legt ein Papier auf ein Backblech und den ausgerollten Teig darauf. Nun rollt man wieder ein Stück Teig mit den Händen auf dem Tische länglich und demnächst rund aus, wie einen guten Daum dick, bestreicht die obige Teigplatte mit Ei, legt von dem zuletzt ausgerollten Teige einen Rand um dieselbe, bestreicht ihn und läßt diese Teigform im Backofen backen.

Wenn die Teigform gahr ist, bereitet man folgende Masse: Das Weiße von 6 Eiern wird zu einem steifen Schaum geschlagen und zu den oben erwähnten Mandeln gethan, und mit 1/2 Pfund geriebenem Zucker und 5 Loth feinem Weizenmehl mit einer reinen Kelle gut zusammengearbeitet, damit sich Alles vereinige. Alsdann wird es auf den Kuchen gelegt und dieser wieder in den Backofen geschoben, damit das Aufgelegte gahr und gut gelbbraun wird, doch muß man den Rand mit doppeltem Papier bestecken, damit er nicht zu braun wird, auch darf die Torte dann nicht mehr lange backen.

Alsdann macht man den Guß, welcher bei der Wiener Torte Nr. 281 beschrieben ist, streicht ihn mit einem Messer dick über den Kuchen und wenn er trocken und kalt ist, dann legt man entweder zweierlei Eingemachtes,

---

*) Bei warmer Witterung muß man sie am Tage vorher auswaschen und die Nacht in einen Keller stellen.

z. B. Kirschfleisch und ganze Himbeeren in Form eines Kreuzes, wie 3 Finger breit und 1 Finger hoch, darüber, so daß 4 Lücken von dem Gusse weiß bleiben, oder man garnirt diese Torte eben so wie die Wiener Torte.

288. Hirschzweige (Hirschgeweihe) zu backen.

Nimm 4 Eier, nemlich 2 ganze und von zweien nur das Gelbe, 8 Eßlöffel (silberne) voll süßer Sahne, 8 gehäufte Löffel voll geriebenen Zucker, von einer Citrone die abgeriebene Schaale, ein wenig gestoßenen Zimmet und Cardamom, rühre dieses zusammen und knete dann so viel feines Weizenmehl hinein, daß es sich formen und backen läßt, forme daraus kleine Kuchen von der Gestalt eines Hirschgeweihs und backe sie in Butter oder Schmalz.

289. Mandeln zu backen.

Man schlage 4 Eier gut, reibe 1/4 Pfund Zucker, stoße 3 Loth süße Mandeln und 2 Loth bittere Mandeln fein und nehme von einer halben Citrone die abgeriebene Schaale, rühre dies alles zusammen und mache es mit feinem Weizenmehle so steif, daß es sich rollen läßt. Alsdann drücke man mit einer sogenannten Mandelform die Mandeln aus dem zuvor ausgerollten Teige, lasse sie in Schmalz oder Butter ganz langsam backen, bis sie braun und den Mandeln ähnlich sind, und rühre sie während des Backens öfters mit einem Schaumlöffel um, womit sie endlich herausgenommen und auf Löschpapier zum Ablecken gelegt werden.

NB. Der Teig muß nicht ganz so dick ausgerollt sein, wie die Form tief ist, weil dann die Mandeln nicht das natürliche Ansehen erhalten; auch darf man den Teig nicht zu steif kneten, weil die Mandeln dann nicht gut werden.

290. Kirschkuchen.

Pflücke frische Kirschen von den Stängeln, nimm die Steine heraus und lege die Kirschen in einen Durchschlag, damit sie ablecken. Dann nimm 1 Pfund feines Weizenmehl und ¾ Pfund gute Butter, die man vorher ausgewaschen und welche an einem kühlen Orte gestanden hat, daß sie steif geworden ist, schütte das Mehl auf einen reinen Tisch, mache eine Vertiefung in dasselbe, thue 8 Loth Zucker, 2 ganze Eier und von 2 Eiern das Gelbe hinein, die Butter pflücke rund herum in das Mehl und rühre dann mit einer Kelle alles gut durcheinander. Alsdann mache davon mit den Händen einen festen Teig, der aber nur so lange bearbeitet werden darf, bis sich die Butter mit dem Uebrigen vereinigt hat. Hierauf streue Mehl auf einen Bogen Papier, lege ein Stück von dem Teige darauf und rolle ihn dünn aus, decke eine Schüssel darüber und schneide das Ueberstehende vom Teige rund herum ab, lege den Kuchen auf ein Backblech und bestreiche ihn mit Eiern. Rolle ferner von dem Teige mit den Händen einen langen Streifen, lege einen Rand davon auf die Teigplatte herum, mache ihn mit einem Messerrücken ein wenig bunt und bestreiche ihn mit Eiern. Alsdann lege so viel Kirschen, wie möglich sind, darauf, lasse den Kuchen in einem Backofen backen, und wenn er gahr ist, bestreue die Kirschen gut mit Zucker und gestoßenem Zimmet.

Ist es in der Jahreszeit, daß man frische Pflaumen hat und man will Pflaumenkuchen anfertigen, so schälet man die Pflaumen ab und legt sie, wie die Kirschen, auf den in obiger Art zubereiteten Teig.

Man kann von dem nemlichen Teig auch kleine Kuchen anfertigen: Man rolle ihn nemlich wie ½ Finger dick aus, schneide ihn in Stücken, etwas breiter wie 2 Finger breit und wie ein Finger lang, lege diese dann auf ein Backblech, bestreiche sie mit Eiern und bestreue sie etwas dick mit gehackten, oder gröblich gestoßenen, süßen Mandeln, Zucker und feingestoßenem Zimmet, welches man sich zuvor dazu bereitet hat.

Es können auch Kränze davon gemacht werden: Man nimmt dann ein Bierglas und sticht von dem Teige damit runde Platten und aus diesen die Mitte wieder mit einem kleineren Glase aus, und so entstehen Kränze, welche man eben so bestreuet, wie oben gesagt ist.

291. Apfeltorte.

Man nimmt Rostocker, oder auch eine andere Sorte Aepfel, die säuerlich, doch nicht zu sauer sind) weil letztere zu viel Wässeriges haben und der Kuchen davon nicht gut wird (schält sie ab, schneidet sie in 4 Theile, nimmt das Kernhaus heraus und zerschneidet sie so in die Quere gröblich. Dann schüttet man in einen Schmoortopf so viel geriebenen Zucker, daß die Aepfel gut süß davon werden können, gießt ein wenig Franzwein, verhältnißmäßig zu den Aepfeln hinein, schüttet auch diese hinein, deckt sie zu und stellt sie auf gelindes Kohlenfeuer, so daß sie ziehen und schmooren, wobei sie oftmals im Topfe umgeschmissen, doch nicht gerührt werden müssen, weil sie sonst ganz zergehen. Wenn sie nun weich sind, so thut man gestoßenen Zimmet, abgeriebene Citronenschaalen, fein in Würfel geschnittenen Citronat, oder feingeschnittene, süße Mandeln dazu und kehrt es mit einer Kelle behutsam um, damit sich alles vermische.

Hierauf mache man einen Blätterteig: Man nimmt hierzu 1 Pfund Butter, die fest und zähe ist, wäscht sie gut aus, damit sie kein Salz behalte, klopft sie mit den Händen etwas breit, legt sie wieder in kaltes Wasser und stellt sie an einen kühlen Ort, welches aber alles am Tage vorher geschehen muß. Am folgenden Tage schüttet man 1 Pfund Mehl auf einen reinen Tisch, trocknet die Butter mit einem reinen Tuche gut ab, krümelt den vierten Theil davon in das Mehl, macht eine Vertiefung in dasselbe, gießt allmälig ein knappes Viertelquart Wasser dazu und rührt es mit einer Kelle. Ferner macht man mit den Händen einen festen Teig davon, rollt ihn mit einem Rollholze aus, rollt auch die Butter mit etwas Mehl, welches man unten und oben streuet, aus, legt diese in die Hälfte von dem ausgerollten Teige, die andere Hälfte schlägt man darüber, rollt es dann abermals aus, schlägt es 2mal über und rollt es wieder, im Ganzen mit diesem 2mal Uebergeschlagenen 5mal, aus. Dann nimmt man ein Stück von dem Teige, legt ihn auf einen Bogen Papier, streut etwas Mehl darunter und rollt es dünn aus; legt ihn alsdann auf ein Backblech, deckt eine

Schüssel darauf, schneidet den Teig rund um den Rand weg, bestreicht die dadurch entstandene Kuchenplatte alsdann mit Eiern, rollt wieder einen Theil von dem Teige aus, schneidet davon Streifen wie 2 Finger breit und formirt einen Rand um den Kuchen, bestreicht auch diesen und legt dann die Aepfel hinein; schneidet wieder Streifen wie 1 Finger breit und legt solche 2 Finger breit auseinander darüber und legt noch einmal Streifen Teig quer über, damit es gitterartig wird. Hierauf rollt man wieder etwas Teig dünn aus, schneidet abermals einen Streifen, wie den vorigen Rand und legt diesen auf den Rand rund herum, bestreicht allen Teig mit Eiern und läßt den Kuchen in einem Backofen backen.

In derselben Art bereitet man auch eine Pflaumentorte, wobei man nemlich an die Stelle der Aepfel, Pflaumenmuß nimmt.

292. Schürz-Kuchen.

Nimm das Gelbe von 12 Eiern, einen Tassenkopf voll Sahne, ½ Tassenkopf voll geschmolzener Butter, Zucker nach Belieben und von einer Citrone die abgeriebene Schaale; rühre es recht gut mit der Kelle und thue alsdann so viel Mehl dazu, daß es ein fester Teig wird. Streue Mehl auf einen reinen Tisch, lege den Teig darauf und versuche mit etwas davon, ob es sich dünn ausrollen läßt, wo nicht, so muß es noch mit Mehl gut durchwirkt werden. Wenn es nun dünn ausgerollt ist, dann schneide mit einem Kuchenrade Streifen davon, beinahe wie 3 Finger breit und etwas länger, wie 1 Finger lang, schneide in der Mitte mit dem Rade ein Loch und ziehe (schürze) das eine Ende des Streifens durch dieses Loch, lege die so zubereiteten Kuchen einstweilen auf ein reines Brett, auf welches zuvor Mehl gestreut worden, damit der Teig nicht festsitze und backe die Kuchen dann nach und nach, so wie es der Raum gestattet, in klarer Butter in einem eisernen Tiegel, oder in einer flachen Kasserolle aus.

NB. Die Butter muß aber gut heiß *) sein, so daß, wenn man einen Kuchen hineingelegt hat und er auf den Grund gefallen ist, er gleich wieder in die Höhe kommt. Geschieht dies, dann ist die Butter gut. Man legt von den Kuchen so viele hinein, als der Raum gestattet und läßt sie alle schön gelbbraun backen und beim Herausnehmen legt man sie auf Löschpapier. Man kann auch halb Schmalz und halb Butter zum Ausbacken nehmen.

293. Arme Ritter.

Man nehme frische geröstete Zwiebacke, oder Semmel-Scheiben wie ein Finger stark; tauche sie in Milch, damit sie ein wenig weich werden, dann lege sie auf den Rand einer Schüssel, damit sie ablaufen. Schlage Eier-Gelb und Weißes zusammen, lege die Zwiebacke hinein und nimm sie mit einem Löffel heraus. Nimm abgeklärte Butter, lasse sie gut heiß in einem eisernen Tiegel werden, lege die Zwiebacke hinein, drehe sie gut um und wenn sie gelbbraun sind, nimm sie heraus. Bestreue sie mit Zimmet und Zucker und gieb sie zu Tische.

294. Pfannkuchen.

Nimm dazu 8 ganze Eier, ½ Metze gewärmtes Weizenmehl, ½ Pfund geschmolzene Butter, von welcher das Salz zurückbleiben muß, 2 Löffel voll süßer Sahne, 6 Löffel guter, frischer Weißbierhefen, ein wenig Zucker und von einer Citrone die gelbe Schaale.

Die Eier schlage in einem tiefen Napfe mit der Kelle gut, thue das Mehl und die Butter wechselsweise, so wie auch alles das Vorbenannte dazu und wenn es gut gerührt ist, dann streue Mehl auf einen reinen Tisch, nimm ein Stück von dem obigen Teige und rolle es auf dem aufgestreuten Mehle, wie einen halben Finger dick aus. Schneide nun mit einem Kuchenrade Stücken, so groß wie eine Untertasse, bestreiche sie mit Eiern, lege Aepfel-

---

*) Wenn die Butter zu heiß ist, so verliert sie die Kraft im Backen.

muß, oder Pflaumenmuß *) welches beides gut süß sein muß, hinein, schlage den Teig darüber und drücke beides ein wenig zusammen. Streue nun Mehl auf ein reines Brett, lege die Kuchen darauf und stelle sie an einen warmen Ort (im Winter an den Ofen) und wenn sie aufgegegangen sind, dann backe sie in abgeklärter Butter oder Schmalz aus und verfahre so damit, wie bei den Schürzkuchen gesagt ist.

Man kann die Kuchen auch auf folgende Art machen: Wenn man ein Stück Teig ausgerollt hat, legt man das Muß, was zum Pfannkuchen gehört, auf das Ausgerollte, wie 2 gute Finger breit auseinander und wie einen guten Finger breit vom Rande des Teigs zurück, schlägt den Rand über und drückt diesen und den Teig zwischen dem Muß ein wenig zusammen und schneidet mit einem Kuchenrade oder mit einem Messer die Kuchen auseinander.

295. Spritzkuchen.

Man stelle 1 Quart Milch in einer Kasserolle auf das Feuer, und wenn sie kocht, so schütte man allmählig 36 Loth feines Weizenmehl unter beständigem Rühren dazu (es löset sich zwar gleich von der Kasserolle, weil es sehr steif ist, es ist aber dann noch nicht gut, sondern man muß es auf gelindem Kohlenfeuer noch immer rühren und kehren, damit das Mehl gahr wird); dann thue man es in eine tiefe Schüssel und wenn es etwas kalt ist, schlage man nach und nach 18 ganze Eier dazu, rühre es jedoch, jedesmal wenn 4 Eier darunter sind, so lange, bis es sich vereinigt hat und schlage hierauf wieder vier Eier dazu, so lange bis sie alle sind, wobei immer mit dem Rühren fortgefahren, auch von einer Citrone die gelbe Schaale hinzugethan werden muß. Dann stelle man abgeklärte Butter in einem eisernen Tiegel auf das Feuer, nehme eine Kuchenspritze, fülle sie mit dem Teige beinahe voll und wenn die Butter heiß genug ist, dann halte man die Spritze auf die Butter, spritze die Kuchen

---

*) Man kann auch Kirschfleisch oder eingemachte Himbeeren dazu nehmen.

hinein, so groß und klein, wie man sie haben will (wobei man die Spritze immer ziehen muß, damit die Kuchen krumm werden), lasse sie gelbbraun backen und lege sie endlich auf Löschpapier, damit sie ablecken.

296. Apfelkuchen in klarer Butter ausgebacken.

Nimm Rostocker, oder andere weinsäuerliche Aepfel, die aber nicht groß sind, hole das Kernhaus mit einem Stecher oder mit einem kleinen Messer heraus, schäle die die Aepfel ab, schneide sie in Scheiben, lege sie in eine Schüssel, bestreue sie mit geriebenem Zucker und lasse sie eine Stunde damit liegen.

Dann mache einen Teig; nimm dazu 8 ganze Eier, schlage sie gut mit der Kelle, thue 20 Loth Mehl dazu und vermische es gut, daß es eben wird. Nimm alsdann einen Tassenkopf voll lauwarmer Milch, einen Tassenkopf voll geschmolzener Butter, 2 Eßlöffel voll geriebenen Zucker, 3 Löffel guter frischer Weißbierhefen und von einer Citrone die gelbe Schaale dazu, schlage dieses alles gut und stelle es an einen warmen Ort, daß der Teig ein wenig aufgehe. Dann stelle einen eisernen Tiegel mit geklärter Butter, oder Schmalz auf Kohlenfeuer und wenn sie gut heiß ist, so lege von den Aepfelscheiben in den Teig, kehre sie mit einem Löffel darin um und lege sie in die heiße Butter, lasse sie gelbbraun backen, lege sie dann auf Löschpapier und wenn sie auf die Schüssel gelegt worden, so bestreue sie mit Zimmet und Zucker.

297. Geriebener Napfkuchen.

Wasche 1 Pfund gute Butter aus, reibe sie in einem tiefen Napfe zu Sahne, thue 12 Loth geriebenen Zucker dazu und rühre es gut; dann nimm von 16 Eiern das Gelbe, von 2 Citronen die abgeriebene Schaale und wenn dieses alles wieder gut durcheinander gerührt ist, thue 5 Löffel guter, frischer Weißbierhefen und 1¼ Pfund feines Weizenmehl dazu, rühre es wieder gut und thue alles zusammen. Hierauf schlage das Weiße von 16 Eiern zu einem steifen Schaum, thue dieses auch dazu und rühre es abermals so lange, bis sich alles vermischt hat. Dann schmiere eine Napfkuchenform mit kalter Butter aus, thue die Masse hinein (etwas über halb voll), lasse sie aufgehen und in einem Backofen backen.

298. Napfkuchen auf eine andere Art.

Hierzu gebraucht man 1 Pfund ausgewaschene Butter, 13 Eier, ¾ Pfund geriebenen Zucker, ½ Loth gestoßene Muskatenblumen, 1 Nößel gute Milch, 2¾ Pfund feines Weizenmehl, 12 Loth süße und 4 Loth bittere Mandeln, welche abgebrüht und mit ein wenig Milch fein gestoßen werden, für 4 Groschen feinwürflich geschnittenen Citronat und 6 Löffel voll guter, frischer Weißbierhefen.

Die Butter rühre in einer tiefen Schüssel zu Sahne, thue nach und nach die 13 Eier dazu und wenn dieses wohl durchgerührt ist, dann thue etwas von dem Mehl, nebst Zucker, Muskatenblumen und allmählig die Mandeln dazu, gieße und rühre die nur lauwarm gemachte Milch darunter und thue alsdann nach und nach das übrige Mehl, nebst den Weißbierhefen dazu, rühre es wieder gut durcheinander und rühre es zuletzt mit dem hineingeworfenen Citronat alles gut durch. Thue alsdann die Masse in eine Biscuitkuchenform, die vorher gut mit Butter ausgestrichen worden ist, lasse sie gut aufgehen und dann sogleich in einem Backofen backen.

299. Napfkuchen auf noch andere Art.

Schlage 6 ganze Eier in einer tiefen Schüssel mit einer Kelle gut durch, thue alsdann ein Nößel lauliche Milch, ¾ Pfund geschmolzene Butter, ½ Metze gewärmtes, feines Weizenmehl dazu, schlage es recht gut zusammen, füge die abgeriebene Schaale von einer Citrone, große und kleine, gut gereinigte und gewaschene Rosinen nach Belieben und 4 Löffel voll guter frischer Weißbierhefen hinzu und rühre es damit gut durch; schmiere die Napfkuchenform mit kalter Butter aus, bestreue sie mit abgebrüheten und länglich geschnittenen süßen Mandeln, thue den Teig hinein, lasse selbigen darin aufgehen und hierauf in einem Backofen backen.

300. Napfkuchen auf noch andere Art.

Man gebraucht hiezu ¾ Pfund Butter, 1 Pfund feines Weizenmehl, 12 Eier, 3 gute Tassenköpfe voll warmer Milch, die Schaale einer Citrone und 3 Löffel voll guter Weißbierhefen.

Die Butter wird gut ausgewaschen und zu Sahne gerührt, das Gelbe von den 12 Eiern, die Milch, das Mehl, die feingeriebene Citronenschaale und die Bärme dazu gethan und dies alles recht gut gerührt. Das Weiße von den Eiern wird zu einem steifen Schaum geschlagen, zur Masse gethan und nicht länger gerührt, als bis man keinen Schaum mehr sehen kann. Eine Napfkuchenform wird mit Butter ausgestrichen und mit feingeschnittenen, süßen Mandeln bestreut, dann die Masse hineingethan, so daß die Form ein wenig über die Hälfte voll wird, dann muß die Form warm gestellt und der Kuchen, wenn er gut aufgegangen ist, sogleich im Backofen gebacken werden.

301. Hamburger Waffeln.

Nimm dazu 6 ganze Eier, 1 Pfund feines Weizenmehl, ¾ Pfund geschmolzene Butter, 1 Nößel lauwarme Milch, von einer Citrone die abgeriebene, gelbe Schaale und 3 Löffel voll guter frischer Weißbierhefen. Die Eier werden in einem Topfe mit einer Kelle gut geklopft, dann werden das Mehl, die Butter, von welcher das Salz zurückbleiben muß, und die Milch wechselsweise dazu gethan und hierauf die Citronenschaale und die Hefen, wobei immer gut mit der Kelle geschlagen wird. Dann stelle die Masse an einen warmen Ort und wenn sie anfängt aufzugehen, dann beginne mit dem Backen. Lege nemlich das Waffelkucheneisen aufs Feuer und wenn es von beiden Seiten gut heiß ist, so schmiere es ein wenig mit Butter aus, welche vorher in ein Läppchen gebunden worden; thue alsdann von dem Teige in die Form, backe die Waffeln auf beiden Seiten und gieb sie warm zu Tische.

302. Sehr gute Waffeln.

Man nehme 1 Pfund feines Weizenmehl und 1 Pfund geschmolzene Butter, schlage sie ½ Stunde lang mit dem Mehle gut durcheinander, daß es zu Schaum wird, hernach quirle man 8 frische Eier, gieße sie allmählig zu der Masse und schlage es gut durcheinander, gieße nach und nach ¾ Quart warme Milch und einige Löffel voll guter frischer Weißbierhefen dazu, lasse den Teig aufgehen und backe die Waffeln wie die vorigen.

303. Waffeln auf andere Art.

Man nehme 4 Tassenköpfe voll geschmolzener Butter, wovon das Salz zurückgelassen ist, rühre sie kalt, dann schlage man von 8 Eiern das Gelbe und hiernächst 8 Tassenköpfe voll Milch und 8 voll Mehl dazu. Das Weiße von den Eiern wird zu Schaum geschlagen und zuletzt darunter gerührt, auch reibt man von einer Citrone die Schaale dazu. Der Teig darf aber gar nicht gegen das Feuer gesetzt werden. Hierauf backe man die Waffeln wie Nr. 301 gesagt ist.

304. Königskuchen.

Lege 16 Loth Mehl auf einen reinen Tisch und krümele 12 Loth ausgewaschene Butter hinein, mache eine Vertiefung in das Mehl, thue das Gelbe von 4 Eiern und einen kleinen Tassenkopf voll kalter Sahne hinein, rühre es zusammen und mache mit den Händen einen festen Teig daraus; rolle ihn dünn aus, stich die Kuchen mit einem Bierglase aus, lege Papier auf ein Backblech und die Kuchen darauf.

Dann nimm 12 Loth feinen Zucker, der vorher fein gesiebt worden, das Weiße von einem Ei und etwas Citronensäure dazu, rühre es ½ Stunde, daß es wie ein Schaum wird, bestreiche die Kuchen mit einem Messer damit, bestreue sie mit länglich und feingeschnittenen süßen Mandeln und lasse sie in einem Backofen langsam backen.

305. Sahnröllchen, oder sogenanntes Eisenbrod.

Nimm von 8 Eiern das Gelbe und 1 Quart süßer Sahne, quirle es wohl durcheinander, thue ½ Pfund geriebenen Zucker, gestoßenen Cardamom und Zimmet, von einer Citrone die abgeriebene Schaale und zuletzt 1 Pfund recht feines Weizenmehl dazu. Wenn es gut durchgerührt ist, so backe es in einem Zimmetröllchen-Eisen, welches vorher auf beiden Seiten warm gemacht und mit der fetten Seite einer Speckschwarte ein wenig bestrichen worden ist. Thue nemlich einen Löffel voll Teig in das Eisen und drücke das Eisen behutsam zu, daß nicht viel Teig herauslaufe und was herausläuft, mache mit einem Messer schnell ab, kehre das Eisen um und gieb Acht, daß die Röllchen nicht verbrennen und wenn sie gut sind, so wickele sie gleich, noch in dem Eisen liegend, auf ein rundes Holz, welches herausgezogen wird, wenn der Kuchen kalt ist und worauf gleich der folgende wieder aufgewickelt wird und lege die Kuchen sodann nicht auf Zinn, weil sie darauf weich werden. Sieht man, daß das Eisen fett genug ist, so darf man es weiter nicht bestreichen. Es muß nur so viel Teig in das Eisen gethan werden, daß es bedeckt ist, denn die Kuchen müssen ja nicht dick werden, welches man gleich bei dem Ersten sehen kann.

306. Zimmet-Röllchen.

Nimm ¼ Pfund Butter und schlage es zu Sahne, dazu thue ¼ Pfund Zucker, ¼ Pfund Mehl, 3 Eier, etwas gut gestoßenen Zimmet, Cardamom, Nelken, Muskatenblumen (alles dieses nach Gutdünken), die Schaale von einer Citrone und rühre alles gehörig durcheinander, thue diese Masse in ein Zimmetröllchen-Eisen und lasse es backen.

307. Zimmet-Kuchen.

Man schlage 8 ganze Eier zusammen und rühre nach und nach 1 Pfund Zucker, ¾ Pfund geschmolzene Butter, 1 Pfund Mehl und Zimmet nach Belieben dazu. Das Eisen, in welchem man diesen Teig bäckt, muß ein wenig tiefer sein, als das, welches man gewöhnlich das Zimmetröllchen-Eisen nennt.

308. Kleine Mandelkuchen.

Drei Viertel Pfund Butter zu Sahne gerieben, 2 Eier, 1 Pfund geriebener Zucker, 1 Pfund süße und 1 Loth bittere Mandeln, welche nicht ganz fein gestoßen, von 2 Citronen die Schaale abgerieben und zuletzt 1¼ Pfund feines Weizenmehl dazu; alles dieses wird zu einem festen Teig gemacht, in kleine Häufchen auf mit Butter bestrichenes Papier gelegt und so bei dem Bäcker gebacken.

309. Kleine Mandelkuchen auf andere Art.

Nimm 2 Pfund geschmolzene Butter, wovon das Salz zurückbleibt, thue hierzu unter beständigem Rühren 8 ganze Eier, ¼ Pfund süße, ⅛ Pfund bittere, feingestoßene Mandeln, 1 Pfund geriebenen Zucker, von 2 Citronen die abgeriebene Schaale, nebst 1 Loth gestoßenen Zimmet und für 1½ Sgr. Hirschhornsalz, welches letztere aber nicht in einem messingernen Mörsel gestoßen werden darf; sodann schütte nach und nach 1 Metze feines Weizenmehl hinzu und bearbeite es mit den Händen, rolle den Teig so dünn wie einen Messerrücken und stich die Kuchen mit einem Glase aus, lege sie auf ein mit Mehl bestreutes Backblech, bestreiche sie mit Ei und bestreue sie mit Zucker, Zimmet und länglich geschnittenen süßen Mandeln; man verwende hierzu 6 bis 8 Eier, ¼ Pfund Mandeln und 1 Loth Zimmet.

310. Zucker-Pretzeln mit Mandeln.

Man rühre ½ Pfund Butter zu Sahne, thue ½ Pfund feingesiebten Zucker, das Gelbe von 6 Eiern, abgeriebenen Citronenzucker, Muskatennuß, ½ Pfund abgebrühte mit 2 Eiern feingestoßene Mandeln dazu, rühre diese Masse tüchtig, versetze sie mit ½ Pfund feinem Mehl, wirke sie gehörig auf einem Backtische aus, forme kleine Pretzeln oder Kränze und lasse sie auf einem Bleche in einem nicht zu heißen Ofen backen. Diese Pretzeln kann man an einem trockenen Orte lange aufbewahren.

311. Malthefer Kuchen.

Es werden ½ Pfund süße Mandeln mit etwas Eiweiß recht fein gestoßen, hierzu kommt ½ Pfund gestoßener Zucker, auf dem vorher eine Citrone abgerieben, das Gelbe von 16 Eiern; dieses wird zusammen recht stark gerührt, sodann werden 4 Loth zerlassene Butter und ½ Pfund feines Weizenmehl dazu gethan, von 8 Eiern das Weiße zu Schnee geschlagen wird langsam darunter gerührt, alsdann die Masse in einer Tortenform eine halbe Stunde bei gelinder Hitze gebacken.

312. Englische Schnitte.

Nimm 1 Quart kalte Milch, 12 Eier, 3 Loth gestoßenen Zucker, eine Muskatennuß fein gerieben und so viel Mehl, daß der Teig nur so dick wird, als zu einem dünnen Eierkuchen; thue diese Masse in eine Tortenpfanne, welche vorher mit Butter ausgestrichen und mache unter dieselbe nur ein gelindes, aber auf den Deckel derselben ein etwas stärkeres Kohlenfeuer; der Zucker darf jedoch nicht eher beigemischt werden, als bis die Masse in die Tortenpfanne gegossen wird. Nachdem das Gebäck fertig ist, wird es in Streifen ohngefähr eines Fingers Länge und 2 Finger Breite geschnitten und in Butter gebacken.

313. Kartoffelkuchen.

Schlage von 21 Eiern das Gelbe mit ¾ Pfund geriebenem Zucker, thue 1½ Pfund gekochte und geriebene Kartoffeln, 12 Loth süße und 4 Loth bittere, gestoßene Mandeln und von einer Citrone die Schaale dazu, rühre es eine gute Stunde, schlage das Weiße von den 21 Eiern zu Schaum, thue diesen dazu, bringe diese Masse in eine mit Butter ausgeschmierte Form und lasse sie gut backen.

314. Schneebälle.

Setze 1 Quart Milch und ½ Pfund Butter in einer Kasserolle aufs Feuer und wenn es kocht, so schütte ein Pfund Mehl unter beständigem Rühren hinzu, und rühre es so lange, bis es gahr und von der Kasserolle losbackt. Dann thue diese Masse in eine tiefe Schüssel und wenn es abgekühlt ist, so thue 12 gut gequirlte Eier, 6 Loth feingestoßenen Zucker; die abgeriebene Schaale einer Citrone hinzu und wenn es eine halbe Stunde gerührt ist, so bestreiche Papier mit Butter und setze auf dasselbe Häufchen von obiger Masse wie ein kleines Hühnerei und lasse sie langsam backen.

315. Baisées.

Es wird das Weiße von Eiern zu einem steifen Schaum geschlagen, hierzu kommen ¾ Pfund feingestoßener und gesiebter Zucker; beides wird behutsam gerührt, daß es sich gehörig vereinigt. Von dieser Masse lege man Häufchen wie eine Wallnuß groß auf ein mit Papier und dasselbe mit Mehl bestreutes Blech und lasse sie bei gelinder Hitze backen, schneide sie nachher von dem Papier ab, fülle sie mit geschlagener Sahne und setze immer 2 und 2 zusammen. Man kann diese Baisées auf Sahn=Crême und andere geschlagene Sachen setzen.

316. Gebackene Milch.

Man nimmt dazu 12 Eier, nemlich 6 ganze und von den übrigen 6 das Gelbe, quirlt sie gut in einem Topfe, thut einen gehäuften Löffel voll geriebenen Zucker und ½ Quart Milch dazu, gießt es in eine Assiette und läßt es in einer Tortenpfanne langsam backen. Von unten muß diese Speise sehr wenig Hitze bekommen und wenn sie gahr und gelbbraun ist, muß sie auch gleich genossen werden. Man bestreut sie ein wenig dick mit Zimmet und Zucker.

317. Bandkuchen.

Man nehme ½ Pfund süße Mandeln, 4 Loth bittere Mandeln, stoße diese mit 2 Eiern recht gut, rühre dieses mit dem Gelben von 28 Eiern und 1½ Pfund feingesiebtem Zucker eine halbe Stunde lang, sodann thue man 2 Pfund durch Wasser vom Salze gereinigte zerlassene Buttter nach und nach dazu und rühre alles noch einige Zeit wohl durcheinander. Von 2 Citronen die Schaale abgerieben, ⅓ Loth gestoßener Zimmet, etwas trockene Orangenblüthe und 1½ Pfund Weizenmehl wird ebenfalls nach und nach dazu gerührt, endlich wird das Weiße von den 28 Eiern zu Schnee geschlagen und ebenfalls behutsam dazu gerührt. Hiernach wird eine etwas große Fastenspeiseform mit Butter ausgeschmiert und von der Masse so viel hineingethan, daß es die Stärke eines kleinen Fingers dick hat. Die Form wird nun in eine gewöhnliche kupferne Tortenpfanne gesetzt und unten und oben gelindes Kohlenfeuer (welches jedoch oben etwas stärker sein muß) gemacht. Ist nun diese erste Lage gut und schön gelb gebacken, so wird eine zweite Lage der Masse darauf gelegt, eben so wieder mit oben etwas stärkerem Feuer gebacken und so fährt man fort als man viele Lagen machen will, denn, je mehr man Auflagen macht, je schöner wird der Kuchen; nur muß man bei dem Backen ja recht sorgfältig darauf sehen, daß das Feuer immer oben etwas stärker, als unten ist, weil sonst die verschiedenen Lagen nicht durchbacken und überhaupt der Kuchen, wenn er durchschnitten ist, wie ein Band ohne alle Flecken und Streifen aussehen muß.

318. Sahn-Kuchen.

Nimm 2 ganze Eier, und von 8 Eiern das Gelbe, 8 Eßlöffel guter Sahne und 8 Löffel geschmolzener Butter, von der das Salz zurückgeblieben, und etwas gestoßenen

Zimmet und feingesiebten Zucker nach Geschmack. Nachdem dies gehörig vereinigt, so thue so viel Mehl hinzu, daß der Teig sich recht fein ausrollen läßt; wenn er recht dünn ausgerollt ist, so schneide runde Kuchen aus demselben, in der Größe einer Untertasse, bestreiche sie gut mit geschmolzener Butter, und bestreue sie mit Zimmet und Zucker, lege sie auf ein Backblech und schicke sie zum Bäcker.

319. Französischer Pfefferkuchen.

Drei Pfund feines Weizenmehl, ¾ Pfund süße, ½ Pfund bittere Mandeln, welche recht fein gestoßen sein müssen, werden durch einander gemengt, 1½ Pfund Honig wird in einer Kasserolle aufs Feuer gebracht, wenn es kocht, wird 2¼ Pfund geriebener Zucker dazu gethan, womit es noch etwas weniges kochen muß, sodann wird diese kochende Masse zu dem Mehl und den Mandeln geschüttet, ½ Loth gestoßener Zimmet, ½ Loth Nelken, das Abgeriebene einer Citrone, etwas wenig Cardamom, 1 Loth Potasche wird in einem Töpfchen mit wenigem Wasser aufgelöst und dazu geschüttet. Alles dieses wird nun recht tüchtig durcheinander gerührt. Es ist besser, wenn im Anfange nicht gleich alles Mehl mit einem Male genommen, sondern bei dem Durcheinanderarbeiten immer noch etwas nachgeschüttet wird. Der Teig wird, nachher aufgerollt, mit einem Bierglase oder einer Form ausgestochen und auf einem Backbleche gebacken.

320. Pfefferkuchen.

Ein Pfund guter Zuckersyrup, 1 Pfund feines Mehl, ½ Loth gereinigte Potasche, ½ Loth Schweineschmalz, Zimmet, Citronenschaale, Nelken, Zimmetblüthen und etwas Pfeffer nach Gutdünken, doch ja recht wenig von beiden letztern Gewürzen, weil sonst der Kuchen zu scharf wird. Der Syrup mit dem Schmalz und der Potasche wird warm gestellt, bis er dünn ist, sodann zum Mehl und den übrigen Sachen gegossen und mit diesen ½ Stunde durchgearbeitet und zwar nicht in der Runde, sondern hin und her, wie man Butter durchstampft. Dieser Teig muß nun 14 Tage bis 3 Wochen im Keller stehen, alsdann wird er mit etwas wenig Mehl ausgerollt, die Kuchen mit einem Bierglase, oder beliebigen Form ausgestochen und bei recht gelinder Wärme gebacken, weil sie sehr leicht verbrennen. Das Backblech darf übrigens nicht mit Mehl bestreut, sondern muß, wenn die Kuchen gut und leicht abgehen sollen, mit etwas Schweineschmalz bestrichen werden.

Sollen die Kuchen ein schönes Ansehen bekommen, so mache man einen Zuckerguß. Hierzu koche den Zucker mit etwas Wasser so lange, bis es spröde wird, nehme etwas davon heraus, erkaltet es schnell, so ist es gut; hiermit bestreiche man die Kuchen, sowie sie aus dem Ofen kommen, der Guß ist dann augenblicklich glänzend weiß.

321. Kleine Kuchen à la Berlinion.

Man nimmt hiezu 2 ganze Eier und von 2 Eiern das Gelbe, klopft diese ein wenig mit der Kelle in einer tiefen Schüssel, thut ½ Pfund feingesiebten Zucker hinzu, die abgeriebene Schaale einer Citrone und für 2 Groschen Zimmet, Orangen- und Rosenwasser, welches man sich zusammen aus der Apotheke holen läßt, und ½ Pfund geschmolzene Butter, von der das Salz zurückgeblieben. Nachdem es gut gerührt worden, schütte man so viel Mehl hinzu, daß der Teig nicht mehr an die Finger klebt. Nimm ein reinliches Kuchenbrett, bestreue es mit Mehl und lege immer von obigem Teige Häufchen auf dasselbe und gieb ihnen die Form eines Kringels, oder runden Kranzes. Bestreiche Papier mit zergangener Butter, lege die Kringel darauf und lasse sie gelbbraun backen.

322. Einen Süster oder Kings-cake zu machen.

Nimm 1 Pfund gute Butter, wasche sie und rühre sie zu Sahne, thue alsdann 1 Pfund feingesiebten Zucker hinzu und rühre es tüchtig. Dann nimm von 9 Eiern das Gelbe, ½ Pfund Kraftmehl und ½ Pfund feines Weizenmehl und thue es abwechselnd unter beständigem Rühren zu der Masse. Die abgeriebene Schaale von einer Citrone, 1/3 Pfund kleine Rosinen, die vorher gut gewaschen und getrocknet sind, nebst dem zu Schaum geschlagenen Weißen von den 9 Eiern werden zuletzt hinzu gethan und die ganze Masse in eine mit Butter ausgeschmierte Kuchenform, die in der Mitte eine Tülle hat, gethan, worin man sie langsam backen läßt.

323. Butter zu klären.

Die Butter setzt man auf ein gelindes Kohlenfeuer und läßt sie langsam kochen, jedoch muß sie nicht stark kochen, damit sie nicht braun wird, sie verliert auch sonst die Kraft; sie muß wie klares Oel aussehen, man muß den Satz auf dem Boden sehen können. Zeigt sich aber Schaum oder Satz, so wird derselbe mit einem Schaumlöffel abgenommen, die Butter abgeklärt, damit kein Bodensatz dazu kommt, und will man damit backen, so muß sie recht heiß sein.

Eilfte Abtheilung.

Von verschiedenen Arten Eingemachten und Bereitung von Salaten.

---

324. Johannisbeer-Gelée.

Man nimmt gute, reife, rothe Johannisbeeren, pflückt sie von den Stengeln, zerdrückt sie zu gleicher Zeit alle mit den Fingern, damit keine ganze dabei bleibe und ringt sie sogleich durch ein Tuch. Auf 1 Pfund Saft nimmt man 1 Pfund feinen, geriebenen Zucker, stellt denselben in einer verzinnten Kasserolle auf gelindes Kohlenfeuer, rührt mit einer reinen hölzernen Kelle auf dem Boden gut und kehrt es um, damit der Zucker durchgehends heiß werde; alsdann gießt man den Saft dazu und kann demnächst stärker Feuer machen. Die Masse muß mit einem reinen Schaumlöffel immer gut gerührt, mit diesem stets in die Höhe gezogen werden, auch muß man den Löffel damit hin und her, auf und ab bewegen (wägern), indem dadurch das baldige Verdunsten der darin enthaltenen wäßrigen Theile und die Bereitung der Gelée, welche nicht lange kochen muß, befördert wird. Wenn man 4—5 Pfund hat, nemlich 5 Pfund Saft und 5 Pfund Zucker, dann muß man schon nach einer kleinen halben Stunde ein wenig davon herausnehmen und an einen kühlen Ort stellen und kann dann nach einer kleinen Weile gleich sehen, ob die Gelée gut ist; wo nicht, so läßt man sie noch ein wenig kochen und wenn sie steht, dann füllt man sie heiß in vorher gut gereinigte und gut durchgewärmte, zum Aufbewahren bestimmte Gläser. Man muß die Gläser aber nicht auf den Feuerheerd stellen, wenn man die Gelée hineingießt, sondern auf einen Tisch, und doppelte Tücher darunter legen.

Wenn man die Gelée aufbewahren will, so legt man ein rund geschnittenes Stück Wachspapier, das gerade auf die Gelée paßt, darauf, bindet noch Wachspapier über das Glas und stellt es an einen kühlen Ort*).

Auch ist es gut, wenn man die Gelée und alles süße Eingemachte in kleine Gläser füllt, weil sie, angebrochen, sehr bald beschlägt. Was aber mit Essig eingemacht wird, davon können die Portionen größer sein, weil dieses nicht leidet, auch legt man über dasselbe ebenfalls Papier in der Art, wie vorstehend gesagt ist.

325. Himbeer-Gelée.

Man nimmt frische Himbeeren, verlieset sie, ringt sie durch ein Tuch, nimmt auch 1 Pfund feinen geriebenen Zucker und verfährt damit so, wie bei der Johannisbeer-Gelée gesagt ist; die Himbeer-Gelée muß aber etwas länger kochen, wobei man sie fleißig mit dem Schaumlöffel in die Höhe ziehn und damit wägern muß.

326. Kirschfleisch.

Man pflücke recht gute, saure Kirschen von den Stengeln, nehme dann die unbrauchbaren Steine heraus und nehme zu jedem 1 Pfund Kirschen 1 Pfund Zucker, welcher aber nicht gerieben wird.

Wenn man z. B. 3 Pfund Kirschen und 3 Pfund Zucker hat, so gieße man auf den Zucker 1 Quart Wasser, stelle ihn in einer verzinnten Kasserolle aufs Feuer und

*) Man kann auch anderes Papier dazu nehmen und selbiges in Rum tauchen.

lasse ihn so lange kochen, bis er so zähe wie ein Syrup und das Wasser daraus verdampft ist; dann schütte man die Kirschen hinein und wenn sie eine Weile darin gekocht haben, so nehme man sie mit einem reinen Schaumlöffel heraus und lege sie in einen irdenen, reinen Durchschlag. Die Sauce lasse man kochen und verfahre dabei so mit der Schaumkelle, wie im Vorhergehenden gesagt ist; wenn sie eine Weile gekocht hat, dann schütte man die Kirschen wieder hinein, thue auch den Saft, der herausgeleckt ist, dazu und lasse sie wieder etwas kochen. Hierauf nehme man sie wieder heraus und lasse die Sauce so lange kochen und einkochen, bis sie dick genug ist. (Sie muß aber nicht zu lange kochen, damit sie nicht die Farbe verliert, sondern roth bleibt.) Dann schütte man die Kirschen wieder hinein, lasse sie noch einmal aufkochen und thue auch die Kerne aus den vorher aufgeschlagenen Steinen dazu, lasse es nun ein wenig abkühlen und thue es so in gewärmte Confectur-Gläser.

NB. Es muß dieses nicht geschäumt werden, da sich alles klar kocht.

327. Saure Pflaumen einzumachen.

Auf 8 Pfund ganze Pflaumen werden 2 Loth Zimmet und 1 Loth Nelken in ein Glas gelegt, dann werden 2 Quart Essig mit ¾ Quart Cahors und 3 Pfund Zucker zusammen aufgekocht und kalt auf die Pflaumen gegossen. Wenn diese damit 24 Stunden gestanden haben, wird der Essig wieder aufgekocht und kalt aufgegossen; man läßt es abermals 24 Stunden stehen, gießt zum 3tenmal die Sauce in eine Kasserolle ab und wenn sie kocht, wird die Hälfte von den Pflaumen hinein, die andere Hälfte aber in eine Terrine geschüttet und das Glas gewärmt. Die Pflaumen werden ein wenig mit der Sauce gekocht und wenn sie anfangen weich zu werden, dann nimmt man sie schnell mit einem Schaumlöffel heraus, legt sie ins Glas und schüttet die andere Hälfte aus der Terrine sogleich wieder in die Kasserolle und verfährt damit so, wie mit der ersten. Wenn alle Pflaumen heraus sind, läßt man die Sauce so lange kochen, bis sie klebrig ist, doch auch so, daß man genug davon zu den Pflaumen behält, über welche sie dann heiß gegossen wird.

328. Pflaumen auf eine andere Art.

Man nimmt 3½ Pfund Zucker zu 8 Pfund reinen Pflaumen, wischt letztere gut ab und sticht in jede einzelne an verschiedenen Stellen mit einer Gabel, legt sie dann in ein Glas und gießt rohen Essig darauf, läßt sie damit 24 Stunden stehen, gießt nun den Essig ab, spickt eine jede Pflaume mit Zimmet und Nelken, streut 1½ Pfund geriebenen Zucker zwischen die trockenen Pflaumen und läßt sie 24 Stunden stehen. Alsdann nimmt man ¾ Quart Cahors und 2 Pfund Zucker, gießt den Essig von den Pflaumen und auch das Wenige, was sich wieder auf den Pflaumen gesetzt hat, alles in eine verzinnte Kasserolle, setzt es aufs Feuer, daß es kocht, läßt dann einen Theil von den Pflaumen ein wenig darin kochen und wenn sie anfangen weich zu werden, nimmt man sie schnell mit einem Schaumlöffel heraus, legt andere wieder hinein und wenn sie alle heraus sind, läßt man die Sauce so viel einkochen, daß die Pflaumen beim Aufgießen der Sauce wieder damit bedeckt werden.

329. Saure Kirschen einzumachen.

Man nimmt dazu saure Kirschen, die groß und frisch sind, schneidet die Stengel über die Hälfte ab, legt die Kirschen in ein Glas und thut feinen Zimmet und Nelken nach Belieben dazu. Man stellt nun ein Quart Essig und 1½ Pfund Zucker aufs Feuer und läßt es ein wenig kochen, stellt dann das Glas mit den Kirschen auf einen zinnernen Teller und gießt den Essig kochend, aber langsam, darauf. Hiermit läßt man sie 2 Tage stehen, gießt alsdann den Essig wieder ab und läßt ihn wieder kochen und ist es noch zu viel zur Sauce, so läßt man sie noch einkochen.

Wenn die Kirschen aufgeborsten sind, so wird der Essig kalt, im entgegengesetzten Fall aber wieder kochend darauf gegossen.

330. Saure Kirschen auf andere Art.

Es werden 8 Pfund Kirschen mit 2 Loth Zimmet und 1 Loth Nelken in ein Glas gelegt, 2 Quart Weinessig mit ¼ Quart Cahors und 3 Pfund Zucker zusammengekocht und kalt auf die Kirschen gegossen. Man läßt dies 24 Stunden darauf stehen, gießt es sodann ab, kocht es wiederum auf, läßt es abkühlen, gießt es wieder auf die Kirschen, läßt sie abermals damit 24 Stunden stehen und kocht zum drittenmal alles zusammen im Kessel auf und nimmt die Kirschen heraus, sobald sie etwas zerplatzt sind; läßt nun die Sauce so lange kochen, bis sie klebrig ist und gießt sie dann so heiß wie möglich auf die Kirschen.

331. Saure Kirschen auf noch andere Art.

Man nimmt recht gute, reife, saure Kirschen, so viel wie man einmachen will, pflückt sie von den Stengeln, gießt Weinessig so viel, daß er übersteht, darauf und läßt sie eine Nacht damit stehen. Am folgenden Morgen gießt man den Essig von den Kirschen rein ab, nimmt geriebenen Zucker nach Gutdünken, vermischt ihn mit gestoßenem Zimmet und Nelken, streut ihn zwischen die Kirschen, so daß immer eine Lage Kirschen, dann eine Lage Zucker kommt, bis das Glas voll ist, dann bindet man dies fest zu und läßt es stehen. Nach einigen Tagen giebt es so viel Saft, daß er über den Kirschen steht, welche sich sehr gut erhalten.

Man kann ungefähr auf ein Pfund Zucker 1½ Loth Gewürz nehmen.

332. Grüne Pflaumen einzumachen.

Man nimmt dazu die Pflaumen, wenn sie noch ganz grün, aber schon etwas groß sind, wischt sie mit einem Tuche rein ab, durchsticht sie mehreremal mit einer Nadel, weicht sie in kaltem Wasser und läßt sie eine Nacht darin liegen. Dann setzt man in einer Kasserolle kaltes Wasser aufs Feuer und wenn es anfängt zu kochen, wirft man eine Messerspitze voll Salz hinein und läßt es aufkochen. Hierauf legt man die Pflaumen hinein und läßt sie einigemal aufkochen, nimmt sie dann mit einem Schaumlöffel heraus, legt sie in einen irdenen Durchschlag und läßt alles Nasse ablaufen. Dann wiegt man die Pflaumen und nimmt auf jedes Pfund Pflaumen 1 Pfund Zucker, kocht den Zucker mit etwas Wasser von den Pflaumen zu einem Syrup, schäumt ihn, gießt ihn kochend auf die Pflaumen und läßt sie 24 Stunden damit stehen. Nun gießt man die Sauce ab, kocht sie wieder und gießt sie kochend auf. Am folgenden Tage kocht man die Pflaumen mit dem Syrup auf, nimmt sie dann heraus, läßt den Zucker noch einkochen, bis er dick genug ist und gießt ihn dann über die Pflaumen.

333. Ganze Himbeeren einzumachen.

Mann nimmt Himbeeren, so groß und schön man sie haben kann, es dürfen aber keine weichen darunter, auch müssen sie an demselben Tage erst gepflückt sein. Zu 1 Pfund Himbeeren nimmt man 1 Pfund Zucker, schlägt ihn in kleine Stücken, gießt beinahe ½ Quart Wasser darauf, stellt es in einer verzinnten Kasserolle auf das Feuer und läßt es dann so lange kochen, bis es wie Syrup wird. Dann schüttet man die Himbeeren dazu, die man vorher verlesen hat, und läßt sie ein wenig kochen. Hierauf nimmt man sie mit einem Schaumlöffel heraus und legt sie in einen reinen, irdenen Durchschlag.

Die Sauce läßt man dick einkochen und thut das, was aus den Himbeeren ableckt, auch dazu, schüttet dann die Himbeeren dazu, läßt sie noch ein wenig kochen und thut sie dann in Gläser.

334. Aprikosen in Zucker einzumachen.

Schäle Aprikosen, wenn sie noch nicht recht gelb sind, sauber ab, nimm die Steine heraus, nimm aus diesen die Kerne und thue, wenn sie abgezogen sind, eine jede Hälfte von dem Kerne in jede Hälfte der Aprikose. Nimm sodann so viel Zucker an Gewicht, als die Aprikosen schwer sind, reibe den Zucker fein und streue ihn über die Aprikosen und so laß sie 24 Stunden stehen. Thue dann den geschmolzenen Zucker in einen Kessel, setze ihn aufs Feuer und sobald er kocht, schütte die Aprikosen dazu und laß sie darin kochen, bis sie weich sind. Alsdann nimm die Aprikosen gleich heraus, laß den Saft aber noch so lange kochen, bis er sich ziehen läßt und gieße ihn dann über die Aprikosen.

335. Gelbe Rüben einzumachen.

Man nimmt zu 1 Pfund feingeschnittenen, gelben Rüben, wovon das Inwendige zurückbleibt, 1 Pfund Zucker und 4 Citronen; die Rüben werden in kochendes Wasser geschüttet und darin gekocht, aber nicht zu lange, auch wird nicht zu viel Wasser dazu genommen, alsdann werden sie in einen Durchschlag gethan, daß sie abkühlen. Die Schaalen von den Citronen werden fein länglich geschnitten und der Saft wird auf die Rüben ausgedrückt; alsdann gießt man ¼ Quart von dem Wasser, in welchem die Rüben gekocht sind, auf 2 Pfund Zucker, kocht ihn so lange damit, bis er, wenn man ihn auf einen Teller gießt, nicht mehr fließt, dann werden die Rüben hineingeschüttet und so lange gekocht, bis sie klar und durchsichtig werden. Die Citronenschaalen werden behutsam unter die Rüben gemacht, ehe der Citronensaft darauf gedrückt wird.

336. Gelbe Rüben auf andere Art.

Wenn die gelben Rüben gereinigt sind, schält man sie ab, läßt das Inwendige zurück und schneidet sie länglich und ganz fein. Auf 1½ Pfund Rüben nimmt man 1 Pfund Zucker.

Man setzt Wasser in einer verzinnten Kasserolle aufs Feuer, thut, wenn es kocht, die Rüben dazu und wenn sie weich, doch aber nicht zu weich sind, dann gießt man das Wasser durch einen Durchschlag ab, thut die Rüben in ein porzellanenes Geschirr, drückt den Saft von 2 Citronen, von denen man die Schaale vorher dünn abgeschnitten und auch diese fein länglich, wie die Rüben, geschnitten hat, darauf, thut die Citronenschalen zu den Rüben und mischt sie mit einem Löffel behutsam darunter. Alsdann thut man den Zucker zu dem Wasser, in welchem die Rüben gekocht sind, stellt dieses wieder in der Kasserolle auf das Feuer und läßt es zu einem Syrup einkochen. Dann thut man die Rüben dazu und läßt es noch ein wenig kochen, kehrt die Rüben dabei behutsam mit einem Löffel um und macht sie alsdann in ein Confectur-Glas.

337. Große Garten-Hambutten einzumachen.

Man nimmt gute, reife Hambutten, welche aber nicht weich sein müssen, schneidet sie übers Kreuz auf und macht behutsam alle Kerne als unbrauchbar heraus. Zu einer halben Metze nimmt man ½ Quart Essig, 1½ Pfund Zucker, etwas Zimmet und Nelken nach Belieben; dann stellt man den Essig mit dem Zucker und Gewürze aufs Feuer und läßt es ein wenig kochen; hierauf werden die Hambutten hinzu gethan und so lange gekocht, bis sie anfangen weich zu werden; dann nimmt man sie mit einem Schaumlöffel behutsam heraus und legt sie in ein Glas.

Sollte es zu viel Sauce scheinen, so läßt man diese noch einkochen und gießt sie alsdann auf die Hambutten.

338. Hambutten auf andere Art.

Nimm große Hambutten mit den Stengeln, schneide sie oben übers Kreuz ein wenig auf, hole so behutsam als möglich die Kerne heraus und lege die Hambutten in ein Confectur-Glas. Dann wiege die Hambutten und nimm nach Verhältniß ihres Gewichts auch eben so viel Zucker, lege diesen in eine verzinnte Kasserolle, gieße ein wenig kaltes Wasser darauf und wenn es ein Weilchen gekocht hat, so schütte die Hambutten hinein, gieße ein wenig guten Weinessig oder Citronensäure hinzu und laß sie kochen, bis sie weich sind.

339. Kirschsaft einzukochen.

Man nimmt gute, saure, recht reife Kirschen, pflückt sie von den Stengeln, stößt sie in einem großen Mörser, so daß alle Steine zerquetscht werden (kann man dazu eine große Stampfe von Jemand bekommen, der Kirschwein macht, oder von einem Destillateur, so ist es desto besser), dann ringt man diesen Brei durch ein Tuch und wiegt den Saft. Auf 3 Pfund Saft nimmt man 1½ Pfund Zucker. Man setzt beides in einer verzinnten Kasserolle aufs Feuer, läßt es kochen, bis es etwas dick wird und wenn es abgekühlt ist, gießt man es in kleine Bouteillen, pfropft es gut mit neuen Korken zu und verpicht es.

340. Himbeersaft einzukochen.

Man nimmt gute Himbeeren, welche am nemlichen Tage gepflückt sein müssen, an welchem man sie gebrauchen will, verlieset sie, ringt sie durch ein Tuch, wiegt hierauf den Saft, thut zu 3 Pfund Saft 1 Pfund Zucker, stellt dies in einer verzinnten Kasserolle aufs Feuer und läßt den Saft so lange kochen, bis er etwas dick wird. Wenn er sodann abgekühlt ist, gießt man ihn in kleine Bouteillen, pfropft sie mit neuen Korken zu und verpicht sie gut.

341. Melonen einzumachen.

Man schält die Melonen, macht die Kerne heraus, schneidet die Melonen in Scheiben, nimmt auf 3 Pfund Melonen 1 Quart guten Weinessig, legt die Melonen in eine Terrine und gießt den Essig kalt darauf. Dies muß zusammen 3 Tage stehen. Dann gießt man den Essig in eine verzinnte Kasserolle ab, thut 3 Pfund Zucker dazu, stellt es aufs Feuer und schäumt es während dem Kochen gut ab. Hierauf legt man die Melonen dazu, läßt sie gut mitkochen, legt sie dann wieder in die Terrine, läßt Essig noch etwas kochen, gießt ihn dann auf die Melonen und läßt dieses zusammen 3 Tage stehen. Dann macht man es wieder so, wie vorher und läßt es wieder 3 Tage stehen. Man läßt dann die Melonen zurück und kocht nur die Sauce mit ½ Loth Zimmet und ½ Loth Nelken auf, wobei die Sauce aber mehr einkochen muß, wie das vorigemal. Dann gießt man die Sauce wieder auf die Melonen, läßt es 4 Tage stehen, gießt hierauf die Sauce wieder ab, läßt sie kochen, thut die Melonen zu der Sauce und läßt sie einmal mit aufkochen. Hierauf legt man die Melonen in ein Glas und gießt die Sauce darüber.

Die Sauce muß so lange kochen, daß, wenn man sie aufgießt, nur so viel bleibt, daß sie über den Melonen steht, auch muß die Sauce jedesmal kochend auf die Melonen gegossen werden.

342. Reine-Claude (Grüne Pflaumen) einzumachen.

Man nimmt zu 3 Pfund Reine-Claude eben so viel Zucker (die Reine-Claude müssen reif, aber nicht weich sein) und legt sie in eine Terrine. Den Zucker stellt man mit etwas Wasser aufs Feuer, läßt es kochen, schäumt es gut ab und gießt es alsdann über die Reine-Claude, über welchen es etwas überstehen muß. Dies wiederholt man mit der Sauce 3 Tage, am 4ten Tage aber, wo der Zucker zum vierten mal gekocht wird, läßt man die Reine-Claude auch mit aufkochen, nimmt sie dann heraus, legt sie in Gläser und gießt den gekochten Zucker darüber, welchen man auch noch einmal kochen kann, wenn es zu viel sein sollte. Auch kann man zu dem Zucker Rum, so viel man will, nehmen, muß diesen jedoch erst in dem Augenblicke zur Sauce gießen, wenn man sie über die Reine-Claude gießt.

343. Grüne Wallnüsse einzumachen.

Die Nüsse werden gleich nach Johannis abgenommen und müssen, wenn man mit einer Gabel hineinsticht, inwendig noch keine harte Schaale haben. Man durchsticht die Nüsse dreimal mit einer Gabel, wässert sie 8 Tage in kaltem Wasser und giebt ihnen dabei täglich frisches Wasser; sodann setzt man frisches Wasser auf und wenn es kocht, thut man die Nüsse hinein und läßt sie beinahe ¾ Stunde kochen; dann nimmt man sie heraus, legt sie auf ein trockenes Tuch, läßt sie ein Paar Stunden liegen, daß das Wasser recht auszieht, spickt sie hierauf mit ganzen Nelken und Zimmet, wiegt sie und nimmt eben so viel Zucker, wie die Nüsse schwer sind. Zu 1 Pfund Zucker nimmt man 1 Nößel lauwarmes Wasser, kocht es zusammen, schäumt es wohl, läßt es aber nicht lange kochen; dann gießt man es in ein Geschirr, läßt es kalt werden und gießt es alsdann auf die zuvor in ein Glas gelegten Nüsse, die man alsdann 5 Tage damit stehen läßt. Hierauf gießt man den Zucker wieder ab, kocht ihn auf, gießt ihn, wenn er abgekühlt ist, wieder auf die Nüsse und läßt es wieder 5 Tage stehen. Man kocht dann den Saft und die Nüsse zusammen, nimmt die Nüsse heraus und läßt den Saft so lange kochen, bis er wie ein Syrup wird, und gießt ihn dann über die Nüsse.

344. Schalotten einzumachen.

Man schält Schalotten, die fest und schön sind, wäscht sie hierauf ab und schüttet sie in eine verzinnte Kasserolle, oder in einen Schmoortopf, gießt Weinessig darauf und läßt sie damit so lange kochen, bis sie weich sind, wobei aber so viel Essig bleiben muß, daß er beim Aufgießen übersteht. Wenn die Schalotten abgekühlt, sind, thut man sie in ein Glas.

Man kann sie zum Braten geben und zu braunen Saucen, auch zu Herings= und Neunaugen=Sallat gebrauchen. Ganz kleine Zwiebeln kann man auch in derselben Art bereiten.

345. Champignons einzumachen.

Die Champignons muß man noch an demselben Tage, wenn sie gepflückt sind, einmachen, sie dürfen auch nicht zu groß sein, weil sie sonst wenig Fleisch haben; das inwendige Rauhe muß man mit einem Messer rein herausschaben und auch so viel wie möglich ist von oben, auch muß man die Haut wegnehmen. Die kleinen Champignons schneidet man einmal durch, die großen aber in 4 Theile und wenn die Stiele fest sind, nimmt man sie auch dazu, lieber aber schneidet man sie von den Champignons ab. Die Champignons werden dann in kaltem Wasser gut abgewaschen, damit sie keinen Sand behalten, dann in eine verzinnte Kasserolle, oder in einen Schmoortopf gelegt, zugedeckt und auf gelindes Kohlenfeuer gestellt. Hier läßt man sie ziehen (dieses muß aber fürs erste sehr wenig sein und nach und nach immer ein wenig mehr, wobei man sie mit der Kelle zuweilen umkehren und ihnen auch ein wenig Salz geben muß) und wenn sie dann hinreichend Sauce haben, deren sie so viel bekommen, daß sie beim letzten Uebergießen beinahe übersteht, dann giebt man ihnen mehr Feuer und so läßt man sie einkochen. Alsdann gießt man recht guten, scharfen Weinessig darauf, läßt sie noch ein Weilchen damit kochen und wenn sie abgekühlt sind, thut man sie in Gläser, worin sie aber auch hinreichend Sauce haben müssen.

Man muß keine Champignons abkochen, sie müssen ihre Kraft und ihren Geschmack behalten. Pfeffer oder Muskatenblüthe müssen gar nicht dazu kommen, weil die Champignons ihren eigenthümlichen Geschmack behalten müssen.

346. Grüne Erbsen einzumachen.

Man nimmt Erbsen, so klein, wie man sie haben kann, palet sie aus und legt die darunter vorhandenen großen zurück, schüttet sie alsdann in eine tiefe Schüssel, salzt sie gut ein und bearbeitet sie so lange mit den Händen, bis sie ganz naß sind und das Salz zum Schmelzen gebracht ist; dann läßt man sie eine Nacht stehen, thut sie dann in reine, trockene Bouteillen, wobei man sich ein doppeltes Tuch hinlegen und mit den Bouteillen darauf stoßen muß, damit die Erbsen zusammenfallen.

Beim Einmachen in die Gläser bleibt doch immer etwas Lake darunter und die übrige Lake wird mit einem Töpfchen hineingegossen, so daß sie wie ein Daum hoch von den Korken zurückbleibt; dann propft man die Bouteillen mit neuen Korken fest zu und verpicht sie gut. Auf diese Art eingemacht werden die Erbsen sehr schön.*)

347. Grüne Bohnen einzumachen.

Man nimmt Schwerdtbohnen, die jung und mürbe und worunter keine harten befindlich sind, zieht sie ab und schneidet sie lang und gröblich, salzt sie alsdann scharf, mischt sie mit den Händen gut durch und läßt sie eine Nacht so stehen; dann legt man sie in ein reines Faß und drückt sie mit den Händen gut ein, damit sie recht fest im Fasse liegen. Man muß 2 Finger hoch mit den Bohnen von dem obern Boden zurückbleiben, das Faß dann sogleich vom Böttcher zuschlagen lassen und die Lake durch ein Loch (welches im Boden sein muß) zu den Bohnen gießen, dieses um ein Weilchen wiederholen (so zieht sich die Lake allmählich in die Bohnen) und so lange von der Lake aufgießen, bis nichts mehr davon hinein geht; dann schlägt man das Loch zu.

348. Kleine, grüne Bohnen einzumachen.

Hierzu nimmt man Bohnen, die noch keinen Kern gesetzt haben. Wenn sie gehörig geputzt sind, so werden sie in Wasser mit etwas Salz gekocht, bis sie mürbe sind, dann wird das Wasser abgegossen und die Bohnen werden auf ein Tuch ganz dünn auseinander geschüttet,

---

* **Nachträgliche Bemerkung zu Nr. 90. Seite 55.** Getrocknete astrachanische Erbsen (die man jetzt ebenfalls häufig nimmt) müssen beim Gebrauch nicht vorher, wie die eingemachten, abgekocht, sondern den Tag vorher in weiches Wasser geschüttet und die Nacht darin liegen gelassen werden. Den andern Morgen bekommen sie neues Wasser, und müssen wieder und zwar bis zwei Stunden vor dem Essen darin bleiben; dann werden sie gleich mit Bouillon und Butter aufgesetzt und man verfährt mit ihnen, wie mit den eingemachten Erbsen.

worauf man sie so lange liegen läßt, bis sie ganz trocken sind. Nun nimmt man guten Weinessig, schüttet so viel Zucker hinein, daß der Essig den gehörigen Wohlgeschmack bekömmt und wenn der Essig mit dem Zucker kocht und abgeschäumt ist, werden etwas Nelken, Zimmet und Englisch Gewürz hineingelegt, die trockenen Bohnen dazu geschüttet, in dem Essig einmal gut aufgekocht und alsdann mit dem Essig in ein trockenes, porzellanenes Gefäß geschüttet, in welchem man sie die Nacht hindurch stehen läßt. Am folgenden Tage werden sie wieder aufgekocht und dann in Gläsern aufbewahrt.

349. Große, grüne Gurken einzumachen.

Die Gurken werden geschält, in 4 Theile zerschnitten und das Inwendige mit einem Löffel herausgenommen, dann werden sie in eine Terrine gelegt und so viel kalter, recht scharfer Essig darauf gegossen, daß er über den Gurken steht. Man läßt sie 24 Stunden damit stehen, gießt den Essig sodann ab und mißt ihn. Auf jedes Quart Essig nimmt man 1 Pfund Zucker, stellt dieses zusammen in einer verzinnten Kasserolle aufs Feuer und wenn es kocht, schüttet man die Gurken hinein und läßt sie so lange kochen, bis sie anfangen weich zu werden; dann legt man sie wieder in eine Terrine und gießt den Essig, nachdem er noch etwas gekocht hat, darauf. Man läßt die Gurken nun 4 Tage damit stehen, gießt dann die Sauce wieder in eine verzinnte Kasserolle, thut Zimmet und Nelken nach Belieben dazu, läßt dieses kochen, schüttet dann nochmals die Gurken dazu und läßt sie mit durchkochen; worauf sie dann in Gläser gelegt werden.

Sollte es noch zu viel Essig scheinen, so läßt man ihn noch einkochen, doch muß davon so viel bleiben, daß der Essig über den Gurken steht.

350. Pfeffer-Gurken einzumachen.

Man nimmt dazu kleine Gurken, wäscht sie mit kaltem Wasser gut ab, legt sie in eine tiefe Schüssel und bestreut sie mit Salz. Wenn sie 3—4 Stunden darin gelegen haben und zuweilen umgeworfen worden sind, damit die obersten nach unten und die untersten nach oben kommen, dann legt man sie in einen irdenen Durchschlag und bald darauf auf ein Tischtuch, trocknet jede einzelne gut ab und legt sie in ein Glas, Pfeffer und ein wenig Lorbeerblätter lagenweise dazwischen. (Kann man grüne Lorbeerblätter haben, desto besser.) Dann kocht man guten scharfen Weinessig auf und wenn er kalt ist, gießt man ihn über die Gurken. Man bindet das Glas mit einem Papier zu und läßt sie 3 Tage stehen, alsdann schüttet man das Ganze in eine verzinnte Kasserolle, stellt es aufs Feuer und läßt es ein wenig kochen, legt die Gurken dann wieder ins Glas und gießt den Essig, so heiß wie thunlich ist, darüber.

351. Gurken auf andere Art.

Man nimmt große, gelbe Gurken, schält sie ab, schneidet sie einmal durch, holt die Kerne nebst dem Safte mit einem Löffel heraus, hierauf schneidet man sie noch einmal durch, legt sie auf eine tiefe Schüssel, bestreut sie mit Salz, so daß sie alle etwas davon bekommen, kehrt sie zuweilen um, daß die untersten nach oben und die obersten nach unten kommen und läßt sie 3 Stunden damit stehen. Sodann legt man sie auf ein Tischtuch, trocknet jedes einzelne Stück mit einem reinen Tuche ab, thut sie in Gläser, oder auch in steinerne Töpfe, nimmt abgeschälte Schalotten, Meerrettig, der vorher gut abgeputzt und in dünne schräge Scheiben geschnitten ist, auch schwarzen Senf und streut davon etwas zwischen die Gurken. Dann kocht man guten, scharfen Weinessig auf, thut etwas Basilicum und Estragon hinzu, läßt es ein wenig kochen und gießt es alsdann über die Gurken, wobei die Kräuter aber zurückbleiben müssen.

352. Gurken auf noch andere Art.

Man nimmt 30 Stück sogenannte kleine Salz-Gurken, schält sie und streut etwas Salz darüber. Nach 3 Stunden trocknet man sie ab, schneidet sie durch, legt sie in eine Schüssel und gießt heißen Weinessig darauf. Nach 4 Tagen kocht man den Essig wieder auf, gießt ihn wieder heiß darüber und läßt die Gurken wieder 4 Tage damit stehen, kocht hierauf Weinessig mit 20 Loth Zucker auf, läßt ihn abkühlen und gießt den alten Essig ab. Wenn die Gurken mit ½ Loth Gewürznelken, ¾ Loth Englisch Gewürz, 1¼ Loth Pfeffer (dies alles wird gröblich gestoßen) und mit ½ Loth Senfsaamen, 4 Lorbeerblättern und Dille *) nach Belieben, in einen Haven gepackt sind; dann gießt man den abgekühlten Essig darauf.

353. Salz-Gurken.

Man nimmt grüne, mittelmäßig große Gurken, legt sie ein paar Stunden in kaltes Wasser, wäscht sie dann rein ab und legt sie in ein Fäßchen und Kirschblätter, Weinblätter und Dille lagenweise dazwischen, bis das Faß voll ist, welches man demnächst vom Böttcher zuschlagen lassen muß.

Es ist zu beobachten, daß die Gurken 2 Finger hoch vom obern Boden zurück bleiben müssen. Hierauf nimmt man frisches Wasser, so viel wie nöthig ist, thut zu drei Quart Wasser 5 Loth Salz, stellt es aufs Feuer, läßt es ein paarmal aufkochen und wenn es ganz kalt ist, gießt man es durch ein Loch, welches im Boden des Fasses sein muß, auf die Gurken, so daß das Faß ganz voll wird und schlägt dann mit einem Zapfen oder Korken das Loch zu.

Nachdem man viel, oder wenig Gurken hat, wird Wasser und Salz berechnet, so daß auf drei Quart Wasser immer 5 Loth Salz genommen werden.

354. Sardellen-Salat.

Man wasche die Sardellen sauber ab, nehme die Gräten heraus, lasse sie aber nicht zu lange im Wasser lie-

*) Von der Dille muß man die Blume dicht bei den Stengeln abschneiden und von den letzteren darf nichts dazu kommen.

gen, damit sie nicht zu weich werden und zergehen, lasse sie abträufeln, lege sie auf die Saladière dicht neben einander, thue Kapern, Oliven und kleine Champignons darüber, gieße Provencer-Oel und Essig darauf und garnire sie mit Citronenscheiben.

355. Salat von Hering.

Man nehme guten Hering, wässere denselben und reinige ihn von Gräten, schneide ihn in lange feine Streifen, hierzu Kälberbraten, fein geschnittene Aepfel, gekochte Kartoffeln, etwas Zwiebeln, Oel, Essig und Pfeffer und mische dieses alles gut miteinander.

356. Salat von Wurzeln.

Man nehme Sellerie, gelbe Rüben und Petersilienwurzeln, wasche, reinige sie und koche sie mit Wasser und Salz, jedoch nicht zu weich, schneide sie sodann in runde Scheiben, lege sie auf eine Saladière, so daß eine Lage Sellerie, eine Lage gelbe Rüben und eine Lage Petersilienwurzeln gelegt werden und gieße sodann Oel und Essig darüber.

357. Salat von Bohnen.

Man nehme junge Bohnen, welche noch nicht Körner gesetzt haben, beputze sie unten und oben, koche sie in Wasser und Salz und lasse sie durch einen Durchschlag abträufeln, lege sie sodann auf eine Saladiere und gieße Oel, und Essig mit etwas Pfeffer darüber.

358. Kopf-Salat.

Man nehme von gutem Salat die Herzen, schneide selbe in 4 Theile, wasche sie und schwenke sie in einer Serviette gut aus, mische sie mit Oel, Essig und Salz; auch kann man etwas Schnittlauch und etwas Estragon dazu nehmen.

359. Gurken-Salat.

Man nehme Gurken, schäle und schneide sie, mische sie mit etwas Salz und lasse sie in einen Durchschlag abträufeln, thue sie auf eine Assiette, Oel, Franz. Essig mit Pfeffer darüber; auch kann man fein geschnittenen Schnittlauch darüber streuen, doch muß dieses kurz vor dem Essen geschehen, weil er sonst zähe wird.

Zwölfte Abtheilung.

Kalte und warme Getränke.

---

360. Chaudeau aus Tassen zu trinken.

Stelle in einem breiten Topfe ein Quart starkes Weißbier und zu gleicher Zeit Wasser in eine Kasserolle zum Kochen. Kocht das Bier, so quirle von 16 Eiern das Gelbe hinzu, (soll jedoch weniger bereitet werden, so nimmt man auf 1 Tasse Bier 2 Eier) stelle nun den Topf mit dem Bier in das kochende Wasser, so daß derselbe ¾ darinnen steht, quirle es sodann ½ Stunde auf dem Feuer ununterbrochen, nimm es dann aus dem Wasser und quirle es, daß es noch abkühlt. Zucker, Zimmet, etwas Citronenschaale thue nach Belieben hinzu.

361. Punsch.

Von 4 bis 5 Citronen preßt man den Saft auf 1 Pfund Zucker aus und reibt von einer Citrone die Schaale, gießt 2½ Quart kochendes Wasser und ¾ Quart feinen Rum dazu, auch kann man statt des Wassers Thee nehmen.

362. Eier-Punsch.

Das Gelbe einer Citrone wird auf Zucker abgerieben, hierzu kommt der Saft von 5 bis 6 Citronen, 1 Pfund

Zucker, 1 Quart weißer Wein, ⅓ Quart Rum und 10 bis 12 Eier; alles dieses wird in einem Kessel auf Kohlenfeuer gestellt und mit der Schaumruthe geschlagen, bis Schaum erfolgt und in die Höhe steigt. Dieser Punsch wird aus Biergläsern getrunken.

363. Vanille-Punsch.

Sechszehn Loth Zucker werden mit ½ Loth Vanille nicht ganz fein gestoßen; man thue beides in eine Serviette, welche über eine Terrine oder sonstiges Gefäß gebreitet und drücke den Saft von 3 Citronen hinzu, gieße 1 Quart Kaiserthee und ½ Quart Rum und 1½ Quart kochendes Wasser darüber und stelle es sodann warm.

364. Glühwein.

Es werden in einem Topfe 8 Eidotter gequirlt, hierzu gieße man allmählich 1 Quart Wein, 16 Loth Zucker, das Gelbe von einer Citrone und ½ Loth Zimmet hinzu, stelle den Topf mit dieser Masse an Kohlenfeuer und fahre mit dem Quirlen so lange fort, bis dieselbe schäumig wird.

365. Limonade.

Nimm 1½ Quart frisches Wasser, ¾ Quart Mosel- oder Rheinwein, ¾ Pfund Zucker, und von 2 bis 3 Citronen den Saft, reibe von einer Citrone die Schale, oder schäle dieselbe recht dünn ab, weil sonst das Getränke trübe wird; stelle es kühl, bevor es getrunken wird.

366. Bereitung einer schäumenden Limonade.

Nimm 1½ Quentchen gepulvertes doppeltkohlensaures Natron, 1¼ Quentchen Weinsteinsäure und 2 Loth Zucker, schütte dies in ein Trinkglas, welches mit einem halben Quart Brunnenwasser gefüllt ist, und rühre es darin um.

367. Punsch-Extract.

Zwei Flaschen guten Jamaica-Rum, eine Flasche Caor, eine halbe Flasche Madeira, den Saft von 4 Citronen, von zwei Citronen die Schaale auf Zucker abgerieben, ein Pfund Zucker.

Das Ganze läßt man ohngefähr zehn Minuten in einem bedeckten Geschirr kochen. Nachdem es abgekühlet ist, füllt man es auf Flaschen.

Will man nun Punsch haben, so nimmt man kochendes oder heißes Wasser, gießt es in ein Glas, oder eine Terrine und setzt von diesem Extract nach Belieben hinzu.

368. Bereitung eines Caffees von vorzüglicher Qualität mit Ersparniß von wenigstens einem Viertel an Caffee.

Bei der Bereitung des Caffee's, wird dem gewöhnlichen Brunnenwasser, auf eine Tasse Caffee ein halbes Gran des verwitterten, oder ein Gran des cristallisirten, kohlensauren Natron zugesetzt und damit wie gewöhnlich der Caffee in einem Trichter oder Beutel übergossen.

369. Bereitung eines dem Champagner sehr ähnlichen Weines aus süßen saftigen Birnen.

Die Birnen werden mit den Schaalen auf einem Reibeisen zerrieben und der davon entstehende Brei ausgepreßt; dann füllt man den Saft, welcher davon entsteht, in ein dazu bestelltes Fäßchen, deckt die Oeffnung ganz leicht mit einem Stück Leinwand zu und läßt es ruhig stehen.

Nach 2—3 Tagen beginnt in dem Safte eine lebhafte Gährung, er wirft auf seine Oberfläche eine bedeutende Quantität Schaum und dringt zu der Oeffnung des Gefäßes heraus.

Wenn der Schaum sich legt und alles in Ruhe kommt, so füllt man das Fäßchen mit einer andern Portion des gegornen Saftes vollkommen an, verschließt nun die Oeffnung so fest wie möglich und läßt das Ganze 4—6 Wochen lang ganz ruhig liegen.

Man bohrt hierauf vier Zoll über dem Boden des Fasses einen Hahn ein, und zieht die Flüssigkeit, welche sich vollkommen geklärt hat, auf starke Weinbouteillen, verkorkt sie sorgfältig, bindet den Kork mit Drath fest und verpicht sie.

Die Flaschen enthalten jetzt einen sehr angenehmen, kräftigen und stark moussirenden Wein, der vom ächten Champagner schwer zu unterscheiden ist.

Von einem Scheffel (Berliner) guter saftiger und süßer Birnen gewinnt man im Durchschnitt 24 Berliner Quart frischgepreßten Saft, und daraus 25 Champagner-Flaschen fertigen Wein.

Wird der Scheffel Birnen mit 2 Thlr. 20 Sgr. bezahlt, und für die Bereitung 10 Sgr. gerechnet, so kostet die Flasche Wein gegen 3½ Sgr.

Setzt man zu drei Theilen Birnen einen Theil gequetschte Himbeeren und behandelt den Saft wie vorher, so gewinnt man ein Oel de Perdry, von einem überaus angenehmen und geistreichen Geschmack.

Anhang.

Speisen und Getränke für Kranke und Genesende.

---

370. Hirschhorn=Gelée.

Man nehme 16 Loth geraspeltes Hirschhorn, koche es bei gelindem Feuer in einem dicht verschlossenen Topfe mit 1 Quart Wasser 3 Stunden oder auch bis es dick wird, gieße es durch ein Tuch oder Haarsieb, stelle es an einen kühlen Ort und lasse es erkalten. Von diesem Gelée kann man auch den Kranken mit Wasser und Wein ein Getränk bereiten.

371. Hirschhorn=Gelée mit Wein.

Zu ¾ Pfund frisch geraspeltem Hirschhorn nimm ein Quart Rheinwein und ½ Quart Wasser, thue es in einen neuen, vorher mit Wasser wohl ausgekochten irdenen Topf, mit Hinzuziehung der dünn abgeschälten Schaale von einer halben Citrone, decke denselben wohl zu und lasse es bei gelindem Feuer so lange kochen, bis es zwei Finger breit eingekocht ist, sodann nimm mit einem silbernen Löffel etwas heraus, stelle es an einen kühlen Ort und siehe nach einiger Zeit zu, ob es steif genug ist; ist dieses nicht der Fall, so lasse es noch etwas einkochen. Ist nun der Gelée steif genug, so gieße ihn ein= oder auch zweimal durch eine grobe Serviette in eine porzellanene Schüssel, thue Zucker, auch etwas Citronensaft hinzu und lasse ihn erkalten, daß er steif wird.

372. Gelée von Aromehl.

Man rühre 2½ Quentchen Aromehl mit etwas kaltem Wasser ein, koche es mit ¼ Quart weißem Weine, thue etwas Citronenschaale, Zimmet und Zucker hinzu, jedoch den Zimmet nur dann erst, wenn es vom Feuer genommen.

373. Reisgries-Suppe.

Zwei Loth Reisgries werden mit einem guten halben Quart Wasser eine Stunde gekocht, und ist der Gries beinahe gahr, so thue man ein Stückchen Citronenschaale hinzu, nehme es vom Feuer und füge Zimmet und Zucker nach Geschmack hinzu.

374. Sago mit Wasser.

Zwei Loth Sago werden in einem halben Quart Wasser gekocht, sodann 2 bis 3 Theelöffel Citronensaft und etwas Zucker, so auch nach Umständen ½ Quart Rheinwein hinzu gethan.

375. Reisgries mit Aepfeln.

Zu 2 Loth Reisgries nehme man 3 geriebene Borstorfer oder auch 2 Renett-Aepfel, koche dieses mit ¾ Quart Wasser eine Stunde, thue Zimmet und Zucker nach Belieben dazu.

376. Reismehl mit Milch.

Zwei Loth Reismehl werden in 1½ Quart Milch gekocht und mit einer beliebigen Menge Zucker versüßt. Auf gleiche Weise kann man auch Hirse, Sago und Graupen mit Milch kochen.

377. Milch-Suppe.

Zwei Loth weißes Brod oder Semmel werden in ½ Quart Milch gekocht, mit dem Gelben von zwei Eiern abgerührt und mit Zucker versüßt.

378. Brod-Suppe.

Drei Loth hart geröstetes und gestoßenes Roggenbrod oder auch Roggenzwieback werden mit ½ Quart Wasser, drei Loth Zucker, dem Saft von einer halben Citrone oder auch nach Umständen mit einem Glas Rheinwein gekocht.

379. Biscuit-Suppe.

Man schneide den Biscuit in Stückchen, gieße Weißbier darauf, lasse es ½ Stunde kochen, thue gestoßenen Zimmet, fein geschnittene Citronenschaalen und Zucker hinzu und quirle es mit einigen Eiern ab.

380. Weißbrod-Muß.

Man röste dünn geschnittene Weißbrod- oder Semmelscheiben gelblich, lege sie auf einen Teller, gieße Zimmetwasser darüber, daß sie weich werden, streue Zucker darüber, zerreibe dieses, wenn es ganz weich ist, mit Mandelmilch zu Muß.

381. Semmel-Schnitte.

Semmelscheiben oder Zwiebacke werden auf einem Teller mit so viel weißem oder rothem Wein übergossen, als nur irgend einziehen will, dann mit Zimmet und Zucker bestreut und über ein Kohlenfeuer oder Spiritusflammen bis zum Heißwerden gestellt. Ist es abgekühlt, wird es mit Theelöffeln genossen.

382. Brod-Gallerte.

Man koche 16 Loth ordinaires Weißbrod in 1 Quart Wasser eine Stunde, rühre es sodann durch ein feines Suppensieb und stelle es wieder auf gelindes Feuer, so lange, bis es dick wird. Von dieser Gallerte nehme man zu Milch, Hühner oder Kalbfleischbrühe, um sie seimig zu machen.

383. Malztrank.

Drei bis vier Löffel voll feingestoßenes Malz werden mit 1 Quart kochendem Wasser übergossen, sodann einige Stunden stehen gelassen und durch ein feines Haarsieb geseihet. Auf 1 Quart dieses Trankes kann man nun nach Umständen ein halbes Glas weißen Wein und etwas Zucker thun.

384. Malztrank auf andere Art.

Zu 4 Eßlöffel gestoßenem Malz werden 2 Loth geröstete Brodrinde oder auch Roggenzwieback fein gestoßen, einige Pomeranzenschaalen mit 1 Quart Wasser eine Stunde gekocht, sodann durch ein Haarsieb gegossen und wenn es erkaltet ist, ein Glas Mosel- oder Rheinwein mit etwas Zucker zugesetzt.

385. Brodwasser.

Ein Pfund schwach geröstetes grobes Brod oder auch Roggenzwieback übergießt man mit 1 Quart kochendem Wasser, läßt es erkalten, gießt es durch und setzt nach Umständen Johannisbeer- oder Citronensaft, auch wohl ein Glas Moselwein hinzu.

386. Eierwasser.

Das Gelbe von 2 Eiern wird mit ½ Quart lauwarmem Wasser oder Brodwasser gequirlt, sodann ein Glas Rheinwein zugegossen, Zucker nach Geschmack zugesetzt. Dieses Getränk kann lauwarm oder kalt getrunken werden.

387. Apfelwasser.

Man nehme 5 bis 6 ungeschälte Borstorfer Aepfel, schneide über Kreuz ein, nehme hierzu 1 Quart Wasser, 4 Loth kleine oder 2 Loth große Rosinen, lasse es eine Stunde kochen, gieße es sodann ab; es kann kalt oder auch lauwarm getrunken werden.

388. Wein mit Eiern.

Es wird das Gelbe von 2 Eiern mit 2 Eßlöffeln Medoc oder Rheinwein und 2 Eßlöffeln gestoßenen Zucker gequirlt.

389. Citronenwasser.

Man nehme zu ¾ Quart kalten Wasser 8 Loth Zucker und von 2 Citronen den Saft.

390. Isländisches Moos-Decoct.

Zwei Loth geschnittenes Isländisches Moos werden mit heißem Wasser abgebrüht, sodann 1 Quart kaltes Wasser darauf gegossen und bis zur Hälfte eingekocht, sodann durchgegossen, und nach Geschmack und Belieben Zucker zugesetzt.

391. Kirschtrank.

Ein Pfund gebackene oder ½ Pfund frische saure Kirschen werden mit 1 Quart Wasser und einem Stückchen Citronenschaale weich gekocht, sodann durch ein feines Sieb gerieben und etwas Zucker hinzu gethan; sollte es zu dick werden, so kann man es mit kochendem Wasser verdünnen.

392. Eiermilch.

Zu 1 Quart Milch werden 4 bis 6 süße Mandeln zerstoßen und mit Zucker zerrieben, sodann ein Stückchen Citronenschaale hinzu gethan und aufgekocht, sodann quirle man das Gelbe von 4 Eiern mit einem Löffel Wasser recht schäumig und gieße die Milch kochend hinzu.

393. Kaffee von Roggen.

Man brenne, aber recht stark, ganz rein verlesenen Roggen, wie Kaffeebohnen, lasse 2 Loth mit 4 Tassen Wasser etwas lange kochen, lasse es etwas stehen, gieße es dann durch einen Kaffeebeutel, wo es mit Zucker und Sahne getrunken, sehr angenehm schmeckt.

394. Wasser-Chocolade.

Man nehme feine Chocolade, wo möglich ohne Gewürz und zwar auf jede Tasse 2 Loth, bricht sie in Stückchen und läßt sie bei beständigem Umrühren aufkochen; dann nehme man sie vom Feuer, lasse sie 10 bis 15 Minuten stehen, quirle sie schäumig und setze Zucker nach Belieben und Geschmack zu.

395. Reiswasser.

Koche 2 bis 4 Loth Reis in 1¼ Quart Wasser eine Stunde lang, gieße es durch ein Haarsieb und setze Zucker nach Geschmack und Belieben dazu.

396. Hirschhornwasser.

Man gieße in einen neuen, mit Wasser wohl ausgekochten Topf 2 Quart Wasser mit 4 Loth geraspelten Hirschhorn, lasse es fest zugedeckt zwei Finger breit einkochen. Sodann thue man die dünn geschälte Schaale von einer halben Citrone nebst etwas Zucker in einen porzellanenen Napf, gieße das Hirschhornwasser, nachdem es sich gesetzt, durch ein dünnes leinenes Tuch dazu, decke es wieder zu, bis es erkaltet ist, und setze ein bis 2 Gläser Mosel- oder Rheinwein hinzu.

397. Himbeersaft.

Man thue recht frische und reife Himbeeren in einen spitzen leinenen Beutel und drücke sie (aber nicht zu stark) durch. Auf 1½ Pfund Saft nehme man 1½ Pfund Zucker und ein Bierglas Wasser, beides letztere lasse man aber zuvor in einem messingenen Kessel kochen, bis es bräunlich wird, gieße dann den Saft dazu, quirle alles wohl, fülle es in kleine, recht trockene Bouteillen, stelle diese an einen kühlen Ort und decke sie blos mit Papier zu; nach einigen Tagen pfropft und verpicht man sie und bewahrt sie im Keller auf. Einige Löffel dieses Saftes in Wasser, nach Umständen mit etwas Wein, geben ein wohlthätiges und wohlschmeckendes Getränk.

398. Salep.

Ein Quentchen Salep rühre man mit etwas kaltem Wasser ein, schütte es sodann zu 1 Quart kochenden Wasser und lasse es eine Viertelstunde kochen, nehme es vo.n Feuer und setze nach Umständen und Belieben etwas Rheinwein, Zucker und Zimmet dazu.

399. Haferseim.

Man nehme 4 Loth oder eine gute Hand voll Hafergrütze, koche sie mit 1½ Quart Wasser eine Stunde, gieße sie sodann durch ein Haarsieb, thue etwas Citronenschaalen, Zucker und wenn man will 2 Loth Himmbeer- oder Johannisbeersaft dazu; man kann auch statt des Saftes drei in Scheiben geschnittene Renett-Aepfel mit der Hafer-Grütze gleich mitkochen.

400. Gersten- oder Hafer-Tisane.

Vier Loth Gerste oder Hafer, welche vorher in warmem Wasser recht gut gewaschen sind, koche man mit 1¼ Quart Wasser, bis sich die Hülse der Gerste oder des Hafers ganz geöffnet, gieße es durch ein Haarsieb oder leinenes Tuch, lasse den Seim noch etwas stehen, nachher gieße man ihn recht behutsam ab, thue Zucker und etwas Citronensaft hinzu, oder auch nach Umständen ein bis zwei Gläser Rheinwein.

401. Kalbfleischbrühe.

Man nehme ½ Pfund mageres Kalbfleisch oder eben so viel von einem jungen Huhn, gieße hierauf 8 bis 10 Tassen Wasser, thue eine gelbe Rübe und 2 Körner Gewürz hinzu und lasse es bis auf die Hälfte einkochen, gieße es dann durch ein Sieb; auch kann man ein kleines Stückchen Muskatennuß, von der Größe einer kleinen Bohne, dazu thun.

402. Warmbier mit Roggenbrod.

Man nehme 1½ Loth gut ausgebackenes Roggenbrod, 2 Loth kleine Rosinen, 2 Loth Zucker, koche dieses mit ½ Quart guten Braunbier und gieße es durch ein Sieb. Dieses wird lauwarm getrunken.

403. Getränk von Aromehl.

Man rühre 1½ Quentchen Aromehl mit etwas kaltem Wasser ein, lasse es mit einem Quart Wasser ¼ Stunde kochen, nehme es dann vom Feuer und thue nach Geschmack Zimmet und Zucker dazu.

Auch kochende Milch damit abgerührt giebt ein nahrhaftes und angenehmes Getränk *).

404. Süße Molken.

Ein und ein halbes Quentchen getrockneten und zerschnittenen Kälbermagen weiche man in ½ Tasse kalten Wasser 12 Stunden lang ein, gieße 1 Quart frische Kuh- oder Ziegenmilch hinzu, lasse dieses bei schwachem Feuer bis zum Gerinnen der Milch stehen. Dann nehme man es vom Feuer und gieße die klare Flüssigkeit ab.

405. Saure Molken.

Zu 1 Quart frischer Kuhmilch wird beim Anfange des Kochens, entweder ein Quentchen gereinigter Weinstein, oder ein Eßlöffel Citronensäure, oder auch 2 Loth Tamarindennuß, nach der beabsichtigten Wirkung hinzugethan.

---

*) Dieses Getränk ist schwachen, kraftlosen Kranken, in allen Arten Abzehrung, besonders da als Folge eines zu lange fortgesetzten Stillungsgeschäftes, bei Husten u. s. w., gar sehr zu empfehlen.

Ist die Milch geronnen, so nehme man sie vom Feuer, und gieße die Flüssigkeit von den käsigen Theilen ab. Sollen die Molken bald getrunken werden, so stelle man sie in heißes Wasser.

406. Renetten-Molken.

Zwei Stück starkriechende Renett-Aepfel werden in kleine Scheiben geschnitten, ¼ Stunde lang in 1 Quart Molken gekocht, durch ein Sieb gegossen und mit Zucker versüßt.

407. Brod-Decoct.

Sechszehn Loth gut ausgebackenes Weizenbrod, 3 Pfund Wasser koche man in einem irdenen zugedeckten Topf eine Stunde lang, und gieße nach und nach so viel Wasser hinzu als abgedampft ist, seihe es durch Leinwand oder durch ein Haarsieb und thue zu einem Pfunde desselben 1 Loth Citronensaft, 2 Quentchen Zimmetwasser, 8 Loth Rheinwein und so viel Zucker, als zum angenehmen Geschmack nöthig ist.

408. Mandelmilch.

Vier Loth süße Mandeln übergieße mit heißem Wasser und ziehe die Haut ab, stoße sie dann in einem Mörser mit etwas Zucker zu einem Brei, gieße unter stetem Reiben oder Rühren Wasser, Hafer- oder Reisseim hinzu, drücke die Masse durch ein Tuch oder gieße es durch ein Haarsieb. Stoße das Zurückbleibende noch einmal, verdünne es und gieße es wieder durch und fahre so lange damit fort, bis alles klein ist. Die erhaltene Milch versüße mit Zucker.

409. Wasserkalteschaale.

Nimm 8 Loth fein geriebenes schwarzes Brod, 4 Loth kleine Rosinen, 1 Quart kaltes Wasser, Citronensaft, so viel, als zum angenehmen Geschmack nöthig, und so viel Zucker, als zur Versüßung erforderlich.

Für Personen, welche es vertragen können, kann man auch einige Gläser Rheinwein zusetzen.

410. Gerstenschleim.

Der Gerstenschleim wird aus den besten Gerstengraupen gemacht. Eine Portion nach Belieben weicht man in Wasser ein, wäscht und reibt sie ab. Hierauf thut man sie in ein irdenes Gefäß oder Topf, läßt sie 5—7 Stunden kochen, bis sie zu einem dünnen Brei geworden, welchen man mit lauwarmem Wasser mehr verdünnt, und durch Zusetzung von Citronensäure und Zucker einen angenehmen Geschmack geben kann.

Inhalts-Verzeichniß.

Erste Abtheilung.

Verschiedene Suppen und Klöße.

Zweite Abtheilung.

Verschiedene Speisen nach der Suppe und Saucen zum Rindfleisch.

Saucen zum Rindfleisch.

Dritte Abtheilung.

Verschiedene Gemüse und Vorkosten.

Vierte Abtheilung.

Verschiedene Pasteten und Geflügel zuzubereiten.

Fünfte Abtheilung.

Geschmoortes und Fricassées.

Sechste Abtheilung.

Verschiedene Fische zu kochen und zu braten.

Siebente Abtheilung.

Verschiedene Fastenspeisen und Puddings.

Achte Abtheilung.

Verschiedene Braten.

Neunte Abtheilung.

Von Gelées, Gefrornem, Blanc-mangers und Compots

Zehnte Abtheilung.

Von Kuchen und Gebackenem.

Eilfte Abtheilung.

Von verschiedenen Arten Eingemachten und Bereitung von Salaten.

Zwölfte Abtheilung.

Warme und kalte Getränke.

Anhang.

Speisen und Getränke für Kranke und Genesende.